便携式课程录制系统
应用教程

主 编 徐作庭 李 杰

东南大学出版社
SOUTHEAST UNIVERSITY PRESS
·南京·

内容提要

本书聚焦便携式课程录制系统的全流程应用,系统解析在线课程制作的核心技术与实践路径。书中详细介绍便携式课程录制系统组成与应用,涵盖视频采集设备器材、音频采集设备器材及录播工作站的搭建与操作,深入讲解信号通路设置、网络直播技术等关键环节,并结合数字音频格式、通用软件编辑等内容,构建从设备认知到素材处理完整的知识体系。全书以丰富案例为导向,提供单机位录制、多机位录制、音频课及屏幕录制等类型课程的全场景实践指导,详解操作步骤与技巧。同时兼顾便携式录播系统内置编辑功能与行业通用软件的后期制作方法,助力读者掌握从前期录制到后期合成的全流程技能。

本书适合在线课程开发技术人员、教师及教育信息化从业者学习,旨在降低技术门槛,提升课程建设效率与信息化教学能力,为教育数字化提供实操指引。

图书在版编目(CIP)数据

便携式课程录制系统应用教程 / 徐作庭,李杰主编.
南京:东南大学出版社,2025.6. -- ISBN 978-7-5766-2079-5
Ⅰ.G436
中国国家版本馆 CIP 数据核字第 202553BG08 号

责任编辑:史 静　　责任校对:子雪莲　　封面设计:毕 真　　责任印制:周荣虎

便携式课程录制系统应用教程
Bianxieshi Kecheng Luzhi Xitong Yingyong Jiaocheng

主　　编	徐作庭　李 杰
出版发行	东南大学出版社
出 版 人	白云飞
社　　址	南京市四牌楼2号(邮编:210096　电话:025-83793330)
经　　销	全国各地新华书店
印　　刷	广东虎彩云印刷有限公司
开　　本	787 mm×1092 mm　1/16
印　　张	11.75
字　　数	223千字
版　　次	2025年6月第1版
印　　次	2025年6月第1次印刷
书　　号	ISBN 978-7-5766-2079-5
定　　价	49.00元

本社图书若有印装质量问题,请直接与营销部联系,电话:025-83791830。

本书编写人员名单

主　　编 徐作庭　李　杰
副主编 卢　根　郑　国　李来胜
　　　　　徐惟尧　于守宁　李淑霞

参编人员（以姓氏笔画为序）
　　　　　王　成　卢世水　朱　超
　　　　　杨树林　陈国华　邰天麟
　　　　　孟志奇

前言

2024年《政府工作报告》中提出要"大力发展数字教育",通过数字化促进义务教育优质均衡发展,其中发展在线教育是关键一环。而没有丰富的在线学习资源,在线教育的发展将成为无源之水、无本之木。教学视频和音频作为最具生动性的在线学习资源,其开发离不开相应的制作工具。便携式课程录制系统是一套硬件和软件高度集成化的在线课程制作工具,它的推广与应用,不仅有助于降低录制音视频类课程的技术门槛,还能提高在线课程录制的工作效率。

本书的主要内容包括:便携式课程录制系统组成功能和应用;音视频采集的主要设备、相关配套器材和音视频素材信息采集的实施;便携式录播工作站、相关辅助设备器材和录播系统的搭建;基于便携式课程录制系统的编辑合成和利用通用软件的后期编辑制作;单、多机位课程、录屏和音频课程的录制案例等。书中既涵盖了音视频制作的基本概念,也提供了上手实操相关设备器材和系统软件的必备知识,还包括在线课程录制的实践指导和经验总结。编写本书旨在帮助从事在线课程开发的技术人员尽快熟悉便携式课程录制系统,掌握利用该系统快速录制在线课程的方法,提高课程建设效率。同时,期望本书能够帮助广大教学人员迈过录制在线课程的技术门槛,利用便携式课程录制系统自主开发在线课程和其他音视频类学习资源,提升信息化教学能力,从容应对教育数字化浪潮的挑战。

全书共设六章,分别为:便携式课程录制系统概述、视频采集设备器材、音频采集设备器材、录播设备器材、后期编辑与制作、在线课程录制案例。第一章由李杰等编写,第二章由徐作庭、李杰等编写,第三章由于守宁、卢根等编写,第四章由徐惟尧、郑国等编写,第五章由李淑霞、徐作庭等编写,第六章由李来胜、徐惟尧等编写。全书章节纲目内容设计及统稿工作由徐作庭、李杰、卢根、郑国共同完成。

在本书的编写过程中,许多同行和同事提供了无私的帮助。赵晖、郑重、金波、王海博、邓俊杰、彭辜艳、张绍阳、姚从贵等提出了宝贵的意见和建议,尉迟敬伟、王亚文、迟庆杰为资料搜集等工作提供了便利,在此一并表示感谢。由于编者时间、水平和精力有限,本书难免存在错误和不足之处,恳请广大读者批评指正,并提出意见和建议,以便我们修订完善。不胜感谢!

编者

二〇二四年七月

目 录

第一章　便携式课程录制系统概述 …………… 001
　　第一节　便携式课程录制系统组成 ………… 002
　　第二节　便携式课程录制系统应用 ………… 004

第二章　视频采集设备器材 …………………… 007
　　第一节　拍摄和录制设备 …………………… 008
　　　　一、拍摄设备 …………………………… 008
　　　　二、录制设备 …………………………… 024
　　第二节　摄像辅助设备器材 ………………… 028
　　　　一、支撑与稳定设备器材 ……………… 028
　　　　二、灯光 ………………………………… 032
　　第三节　视频采集 …………………………… 034
　　　　一、采集准备 …………………………… 034
　　　　二、采集实施 …………………………… 037
　　　　三、综合应用 …………………………… 042

第三章　音频采集设备器材 …………………… 047
　　第一节　音频采集设备 ……………………… 048
　　　　一、音频拾取设备 ……………………… 048
　　　　二、音频记录设备 ……………………… 053
　　第二节　音频采集辅助设备器材 …………… 055
　　　　一、话筒支撑器材 ……………………… 055
　　　　二、减震防风器材 ……………………… 056
　　　　三、调音设备 …………………………… 057

第三节　音频采集 ··· 058
　　　　一、数字音频格式与音频采集软件 ················· 058
　　　　二、专业场地环境中的音频采集 ····················· 060
　　　　三、现场音频采集 ·· 064

第四章　录播设备器材 ··· 065
　　第一节　便携式录播工作站 ····································· 066
　　　　一、监视显示部件 ·· 066
　　　　二、操作控制部件 ·· 067
　　　　三、便携机箱部件 ·· 070
　　　　四、外部接口部件 ·· 071
　　第二节　录播辅助设备器材 ····································· 075
　　　　一、智能交互大屏 ·· 075
　　　　二、导播切换台 ·· 077
　　　　三、其他辅助设备 ·· 080
　　第三节　录播系统搭建 ··· 082
　　　　一、录播系统基本使用 ···································· 082
　　　　二、信号通路设置 ·· 088
　　　　三、网络直播及录制 ·· 097

第五章　后期编辑与制作 ··· 105
　　第一节　便携式录播工作站后期编辑 ····················· 106
　　　　一、便携式录播系统主要功能 ························· 106
　　　　二、便携式高清录播系统编辑 ························· 107
　　　　三、便携式高清录播系统录制 ························· 114
　　　　四、基于录播系统现场录播的技巧与原则 ····· 117
　　第二节　基于通用软件的后期编辑与制作 ············· 120
　　　　一、基于常用非线性编辑软件的后期编辑 ····· 120
　　　　二、图文合成软件的应用 ································ 132
　　　　三、动画合成包装软件的应用 ························ 139

第六章　在线课程录制案例 ··· 143
　　第一节　单机位课程录制 ··· 144
　　　　一、单画面模式 ·· 144
　　　　二、人像课件切换模式 ···································· 148

三、画中画模式 ·· 149
　　　四、高分辨率摄像应用模式 ································ 151
　第二节　多机位课程录制 ··· 151
　　　一、常用多机位场景 ·· 152
　　　二、在线开放课程录制 ····································· 153
　　　三、资源模式课程 ··· 156
　第三节　音频课程录制 ·· 159
　　　一、音频课程应用与特点 ································· 159
　　　二、音频课程的录制 ······································· 160
　第四节　屏幕录制课程 ·· 167
　　　一、通用软件录屏 ··· 167
　　　二、专业软件录屏 ··· 169
　　　三、录屏课程制作案例 ····································· 171

参考文献 ·· 176

第一章 便携式课程录制系统概述

习近平总书记指出："教育数字化是我国开辟教育发展新赛道和塑造教育发展新优势的重要突破口。"[1] 这一重要论述深刻揭示了教育数字化的关键作用，为我们建设教育强国指明了方向和路径。

党的二十大以来，教育数字化已成为国家教育改革的重要战略部署。学习资源建设作为国家教育数字化战略行动的重要内容，以在线课程为代表的学习资源建设与应用已催生出7.68万门慕课，服务国内超12.77亿人次的学习。上线运行服务仅两年的国家智慧教育公共服务平台就汇聚了中小学资源8.8万条、职业教育在线精品课程超1万门、高等教育优质慕课2.7万门[2]，极大促进了优质教育资源的合理分配与区域教育的均衡发展。在教育数字化的加速推进中，混合式教学、翻转课堂、自主式学习等新型教学模式正得到越来越广泛的应用。不论是学习资源建设还是新型教学模式的普及，都离不开教学微视频录制这一基础性工作。各级各类学校和广大教师或引入社会力量，或利用自有条件自行开展微视频录制。录制条件一般为传统演播室，配备广播级摄录像设备、导播显示控制系统、真三维虚拟演播系统、在线图文创作编播系统、专业灯光及各种辅助设备器材等。功能完备但系统复杂且场地条件固定、建设投资大，需要一定数量专业人员协同作业，用于微视频录制时缺乏灵活性，整体效益不高。学校的录播教室虽然也配备一定的课程录制条件，但存在场地条件固定、录播形式单一的不足，不能很好地满足灵活、便捷录制微课和慕课的需要。针对微视频的特点和录制需求，具备2～3路音视频采集、导播记录、直播推流、后期编辑，乃至虚拟演播功能，并配备简易移动灯光的便携式课程录制系统应运而生。与传统演播室建设相比，便携式课程录制系统相对精简、操作使用简单易学、建设经费投入少、项目建设效费比高。便携式课程录制系统既可固定部署，也方便携行机动使用；既能满足专业技术人员的使用需求，也适合广大教师自行录制课程。因此，在在线课程建设领域中，便携式课程录制系统正得到越来越广泛的应用。

第一节 便携式课程录制系统组成

便携式课程录制系统的组成配置虽没有统一的标准，但满足便携、简易、高效的在线课程录制功能需求是明确的。一般支持至少1路音视频、1路课件实时采集，可以

---

[1] 佚名. 加快建设教育强国 为中华民族伟大复兴提供有力支撑[N]. 人民日报，2023-05-30 (1).
[2] 教育部. 介绍2024世界数字教育大会筹备情况和一年来推进教育数字化进展[EB/OL]. (2024-01-26) [2024-05-17]. http://www.moe.gov.cn/fbh/live/2024/55785.

进行信号切换和同步直播，拍摄的视频能实时抠像，并具有后期编辑处理功能。根据在线课程建设流程，便携式课程录制系统主要包括视频采集、音频采集、导播记录、剪辑合成等功能模块，如图1-1所示。

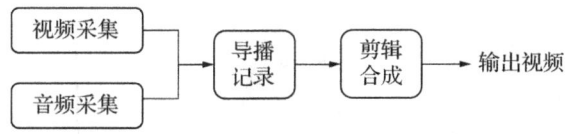

图1-1　便携式课程录制系统功能组成

视频采集模块主要负责视频信号的采集，采用的主要是摄像机、数码相机、运动相机、航拍无人机等能够获取视频信息的设备，以及辅助器材如三脚架、稳定器、轨道和摇臂等，还可以配套灯光和简易蓝箱等。音频采集模块主要负责音频信号的采集，一般采用的是话筒以及辅助器材（支架、吊杆和防风罩等）。导播采集模块主要负责视频、音频信号的调度切换与记录功能，有的还集成了虚拟演播室功能，一般采用基于计算机平台、高度集成的一体化录播设备。剪辑合成模块主要负责视频、音频素材的非线性编辑，图文、动画、字幕设计以及合成包装等功能，一般集成于录播主机中。图1-2展示了一套功能完整、配套较齐全的便携式课程录制系统，其携行航空箱（长宽高为90 cm×80 cm×90 cm）收纳了系统的主要设备，包括摄像机（2套）、运动相机、有线采访话筒、领夹无线麦克风、录播主机、LED平板灯（3套）及相关附件，另外还有抠像幕布套装、三脚架、灯光支架、话筒支架、挑杆等辅助器材，以及HDMI、SDI、五类网线和电源线等必要的线缆。

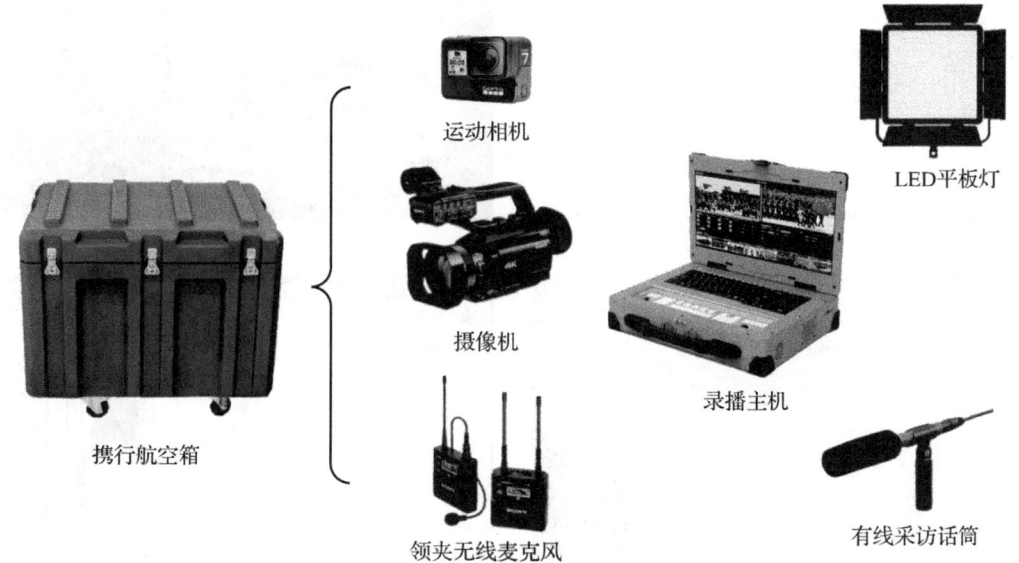

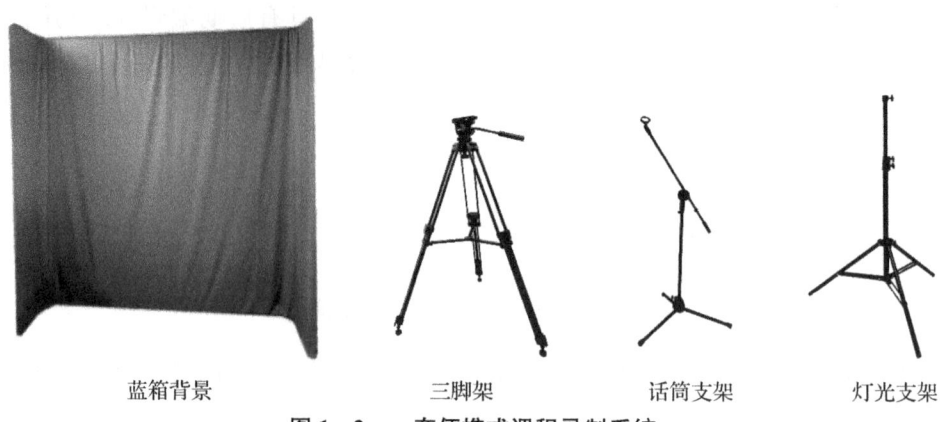

蓝箱背景　　　　三脚架　　　　话筒支架　　　　灯光支架

图1-3　一套便携式课程录制系统

第二节　便携式课程录制系统应用

将授课场景拍摄为在线课程，可以采用多种方式，呈现在屏幕上有不同的效果。既可以是简单的课件叠加教师头像的录屏方式，也可以是利用虚拟演播室技术，多机位记录教师在虚拟教学场景中进行讲授的方式，还可以是实际教学环境中真实授课场景的记录，以及结合交互式触摸屏进行授课的呈现方式等，如图1-3所示。便携式课

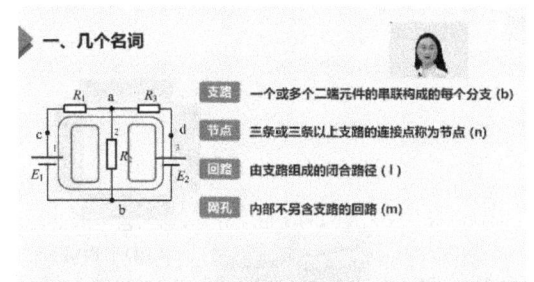

课件+人像录屏式

虚拟场景抠像式

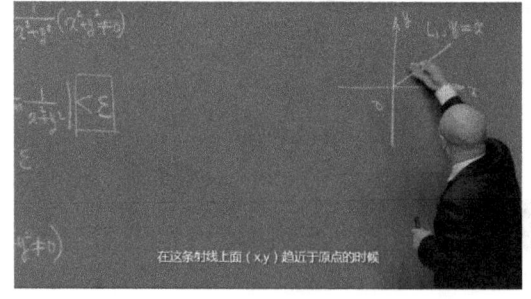

教学实景录制式

电子屏幕交互式

图1-3　在线课程的多种呈现方式

程录制系统虽然组成简单，但基本能够满足各类在线课程中微视频的录制需求。图1-4是利用便携式课程录制系统进行授课实景拍摄工作的场景示意图，图中采用双机位拍摄视频画面，同时采用课件抓屏方法采集教师授课的PPT课件信号，利用领夹式无线麦克风采集教师话音，采用有线采访话筒拾取学生发言的声音。所有音视频信号均传输至便携式录播主机进行集中控制，实现多路信号实时导播切换和网络直播推流，同步记录导播合成信号，便于后期编辑加工。在这样的系统应用中，既可实时完成课程录制任务，也方便后期编辑再加工，形成高质量的在线课程微视频。

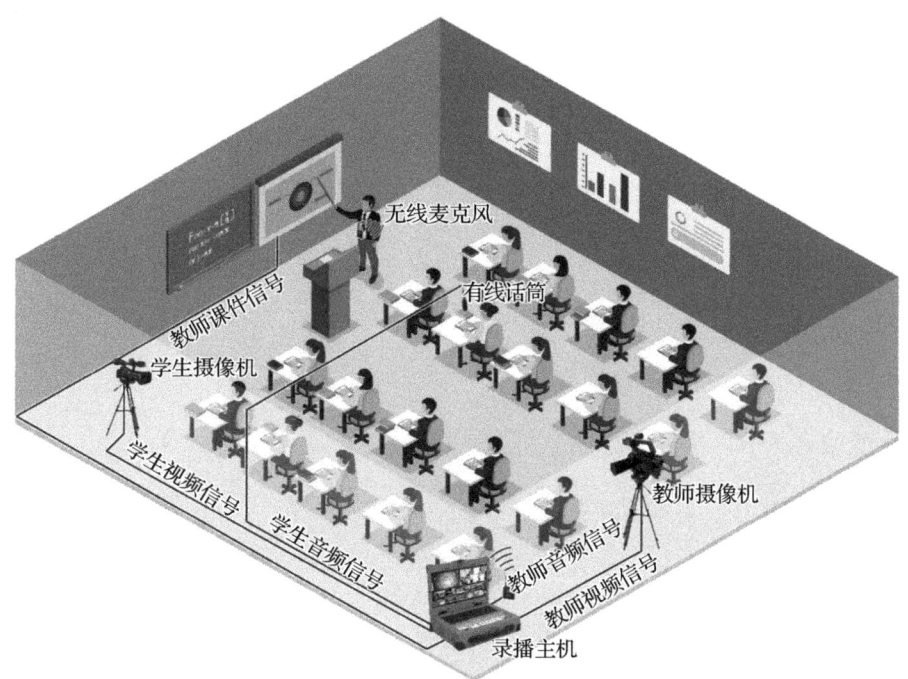

图1-4　现场授课中便携式课程录制系统组织运用图

第二章 视频采集设备器材

慕课、微课和视频公开课等都是以视频媒介为主要载体承载课程信息，视频获取的主要渠道就是采集，包括摄像和录制两种方式。视频采集设备是便携式课程录制系统的重要组成部分，本章主要介绍视频采集设备及辅助器材的使用方法。

第一节　拍摄和录制设备

21世纪，人类进入了信息社会，多数情况下，人们通过"看"和"听"获取信息。"看"就是通过人的视觉器官——眼睛来感知可视媒体，如文本、图像、视频等。视频作为一种更加具体、生动的信息承载媒体形式，与声音结合使用，能大大增强人们获取信息的效率。视频的获取方法概括起来主要有两种：一种是通过摄像机（或类似设备）进行拍摄获得，即现实物质世界的景象反射的光线，经由一定的设备完成光电转换，再经过对电信号的处理，产生可供人们编辑加工的视频信息；另一种方法是将人们已经利用现代科技产生的可视信息，通过一定的硬件设备或软件，转换记录为人们可以编辑加工的视频信息。我们把这两种用于完成视频信息获取的设备（或软件）称为摄像设备和录制设备。

一、拍摄设备

（一）影像技术发展

19世纪70年代，法国出现了摄影技术。1874年，朱尔·让桑发明了一种摄影机，能以每秒一张的速度拍下行星运动的一组照片，这被视为现代电影摄影机的始祖。1889年，美国的爱迪生发明了自己的摄影机并不断改进，最终取得了这种活动摄影机的专利。摄影技术刚诞生时，底片最早使用的是金属，后来用过玻璃，直到以明胶为基底的胶卷出现，拍摄连续运动的图像才成为可能，电影也随之被发明出来，并成为一种伟大的艺术形式。因此，摄影和电影是相伴而生的，前者的技术变革必然会影响后者，这是贯穿摄像设备发展的一个基础。早期的电影帧率只有12 fps，看起来非常卡顿。随着摄影技术的不断发展，影片的拍摄和播放速度不断提升，最终达到人眼观看运动画面而不觉得卡顿的下限，即24 fps，并成为电影标准被固定下来。至今，世界上许多电影的拍摄与播放设备仍按照这个标准运转。随着人们习惯用胶片记录电影，35 mm胶片逐渐成为一种标准，大部分电影摄影机都遵循这个标准，即35 mm电影机。随后，观众对荧幕尺寸和影像精细度有了更大、更高的追求，于是出现了65 mm甚至70 mm的底片。如今，胶片摄影机仍活跃在电影工业中。20世纪30年代前后，随着现代物理学研究的不断深入，科学家根据光电效应发明了电子管产品，并将其应用于图像扫描，生产出光电摄像管等实用科技产品，这些发明直接促成了电视的诞生。

自应用于电视节目的摄像技术诞生以来，摄像设备也搭上了电子信息技术高速发展的快车。20世纪50年代末期，第一台磁带摄像机问世，它能将模拟信号录制在特殊的介质基带上，电视节目也因此从直播演变为可以录播。早期阶段，摄像机与负责磁记录的录像单元是分离的，它们通过一根电缆连接传输信号。伴随着技术的不断进步，人们逐渐将摄像和记录单元集成在一起，从而出现了摄录一体机。同时，磁带记录的模拟信号也逐渐被数字信号所取代。到了20世纪70年代，数码照相机横空出世，逐步取代了胶片相机。同样地，作为拍摄单张相片照相机的扩展，数码摄像机也很快地被发明出来。数码摄像机的优势在于存储方便，一盒磁带、一张光盘或者一张闪存卡就能存储大量影像数据，非常轻便，而且可以反复写入，便于复制，信号也不会衰减。此外，数码摄像机操作简便，重量相对较轻，购买和使用成本也相对较低。由此，摄像设备逐渐细分为广播级、专业级和家用级三类。广播级摄像设备主要应用于广播电视领域，它们图像质量高，性能全面，但价格较高、体积也比较大。根据使用目的的不同，广播级摄像设备又可以分为演播室用摄像机、新闻采访（ENG）摄像机、现场节目制作（EFP）摄像机三种。专业级摄像设备一般应用在广播电视以外的专业电视领域，如电化教育、工业、医疗等。这种摄像设备要求轻便、价钱相对便宜，图像质量略低于广播级摄像机，但它紧跟广播级摄像设备的发展步伐，更新速度很快。家用摄像设备主要应用在图像质量要求不高的非业务场合，比如家庭娱乐等，其图像分辨率和信噪比都偏低，但体积小、重量轻，便于携带和操作。

进入21世纪以来，影像技术伴随着电子信息技术的进步而飞速发展。感光器件性能不断提升，信号处理算法不断更新，芯片运算和数据存储速度不断提高。人们获得数字视频的画面分辨率也不断提高，从标清（SD）到高清（HD），从2K到4K，再到6K、8K，已经可以与最好的胶片分辨率相媲美；数字视频的帧率也在不断提升，从标准的24 fps到48 fps、50 fps、60 fps、120 fps，运动画面越来越平滑，也越来越具有真实感和现场感。与此同时，高宽容度的数字影像逐渐普及，画面色彩更加丰富。数码摄像机的性能逐渐超越了胶片摄影机，诞生了数字电影机，迅速为电影的制作降低了门槛，使电影不再是高不可攀的艺术形式。摄像设备的品牌也从传统的索尼、松下、JVC、汤姆逊等，拓展出了RED、ARRI、BMD、佳能、尼康、大疆等新品牌。摄像设备也不再局限于电影机、摄像机等传统设备，数码相机、运动相机、航拍机、云台相机、手机等现在都是人们获取视频的常用设备。

（二）影像技术基础知识

1. 镜头

镜头是摄像机、数码相机的重要组成部分，拍摄画面的成像效果好坏很大程度上取决于镜头。镜头一般是由一组透镜组成，焦距是镜头的一个重要参数。图 2-1 是一支镜头的内部结构组成示意图。它由大大小小多个透镜组成，最右侧一条黑色竖线表示焦平面，这组透镜最终需要把像清晰地呈现在位于焦平面的感光器件上。以照相机镜头为例，24 mm、50 mm、100 mm 等是常见的镜头焦距数值。根据焦距数值大小的不同，可以对镜头进行分类。一般把焦距小于 35 mm 的称为短焦镜头，焦距位于 35～70 mm 之间的称为中焦镜头，焦距大于 70 mm 的称为长焦镜头。不同焦距拍摄出来的画面给人的感觉是不一样的，具体来说：短焦距镜头，也叫广角镜头，其取景范围比较大，常用于拍摄一些景别较大、能反映事物全貌的画面，画面会出现很强的拉伸感。长焦距镜头焦距长，视角小，具有远摄功能，适合拍摄演示操作的细节特写画面，或者拍摄某个大场景中的局部等，画面有很强的压缩感。中焦距镜头最接近人眼的视角，拍摄的画面的视觉距离和实际情况最为相符，视觉透视变形最小。

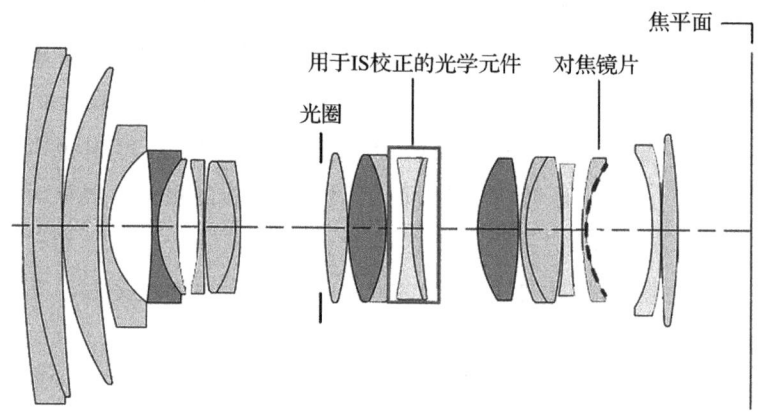

图 2-1　镜头内部结构组成示意图

常用的镜头还可以从焦距覆盖范围来划分，分为定焦镜头与变焦镜头。所谓定焦，就是这个镜头的焦距是固定不变的，不可调整，只能用这个焦距来拍摄；而变焦镜头指的是其焦距有一个范围，比如 24～105 mm 的镜头，其焦距可以从 24 mm 到 105 mm 任意设置。既然有变焦镜头，为什么还要有定焦镜头？一般来说，定焦镜头结构简单一些，成像质量更有保证，解析度可以更高，画面畸变更小，往往更受专业人员的青睐。可以变焦的镜头，根据变焦的操作方式，又可以分为手动变焦和电控变焦。用于照相机的镜头，一般都是手动变焦，镜头上有变焦环，需要变焦的时候，旋转它，焦距就会变化。改变焦距，也就改变了拍摄视角，比如，焦距变短时取景范围大，拍摄主体在画面中就变小。照相是时间凝固的艺术，只捕捉瞬间，所以不会关注变换焦距的过程，只关注结果画面是不是满意的取景构图。但摄像与照相不同，摄像是时间连续的艺术，拍摄记录的是一段连续时间内的影像。因此，变换焦距的过程本身就是值得研究运用的拍摄技法，而手动变焦显然无法满足这种需求，因为手动操作无法保证稳定、匀速，所以就有了电控变焦镜头，以满足在拍摄过程中的稳定、匀速等特殊要求。为保证变焦过程速度稳定、顺滑，摄像机镜头基本上都是带伺服的变焦镜头，如图2-2所示。

图2-2 伺服摄像镜头

2. 感光器件

感光器件是摄像机、数码相机的心脏。目前广泛使用的感光器件有两种：一种是电荷耦合器件图像传感器CCD，另一种叫互补金属氧化物半导体CMOS。无论是CCD还是CMOS，它们都采用感光元件捕获影像，感光元件的核心是一个感光二极管，它在接受光线照射之后能够产生电荷，而电荷的多少则与接收的光子数量有关。在感光二极管的周边组成上，CCD器件与CMOS器件并不相同，前者的结构相对简单，感光二极管占据了绝大多数面积，即CCD感光元件中的有效感光面积占比较大，在同等条件下可接收到更多光信号，对应的输出电信号也更大；而CMOS感光元件的构成就比较复杂，除感光二极管之外，它还包括放大器等，每个像元的构成中感光二极管占据的面积较小，这样在接受同等光照及元件大小相同的情况下，CMOS感光元件所能捕捉到的光信号就明显小于CCD元件，灵敏度较低。CCD感光元件获得的电荷需要通过移位寄存器转移到统一的输出节点，然后利用同一信号放大器进行放大输出，因此输出信号一致性非常好；而CMOS中，每个像元的感光元件都有各自的信号放大器，各自进行电荷-电压的转换，其输出信号的一致性较差，因此图像噪声相对大一些。CCD器件为了完成电荷高效转移，需要较高电压驱动，输出放大器的信号带宽较宽，相对耗电；而在CMOS中，每个像元拥有独立放大器，无需高压，所需带宽要求也较低，这就使它的功耗较低。另外，摄像机如果使用了3片CCD或CMOS器件，对自然光进行分色处理，最终的图像质量会比仅使用同样的单片CCD或CMOS器件好。综上所述，一般来说，相同尺寸的感光器件中，CCD成像质量优于CMOS，包括清晰度、色彩还原度更好，信噪比更高，但功耗要大一些；而 CMOS 则具有低成本、低功耗以及高整合度的特点。当然，如今芯片制造技术进步飞速，两者差异越来越小，新一代的 CCD 传感器一直在功耗上作改进，而 CMOS 传感器则在改善分辨率与灵敏度方面的不足，CMOS 芯片也逐渐应用于高端影像设备中，相信不断改进的 CCD 与 CMOS 传感器将为我们带来更加美好的数码影像世界。

3. 存储介质

数字影像数据量大。自 20 世纪 90 年代摄像机从模拟步入数字时代以来，先后出现过磁带、光盘、闪存和硬盘等存储介质用于存储数字视频影像。目前，磁带和光盘一般很少使用了。

随着数码相机的快速普及，闪存式存储介质得到了广泛应用，CF 存储卡和 SD 系列存储卡成为市场主流，也进入了数字视频记录领域。CF 存储卡体积比 SD 系列存储卡要大，虽然性能更好，但价格更高一些，因此不如 SD 卡受欢迎。主流的 SD 系列存储卡根据容量和外形不同，又可分为 SD、SDHC、SDXC 和 micro SD（即 TF）卡，其中 micro SD 卡可通过卡套转换成普通外形的 SD 卡使用。SD 卡的容量不超过 2 GB；SDHC 卡是 SD 的一代升级版本，卡片容量在 4～32 GB 之间；SDXC 卡是 SD 的二代升级版本，卡片容量在 64 GB～2 TB 之间。不同存储容量可记录不同时长的视频，如表 2-1 所示。

表 2-1 不同容量闪存卡记录不同视频时长对比表

存储卡容量/GB	4K 高清视频 3 840×2 160　25 fps	全高清视频 1 920×1 080　24 fps	小高清视频 1 280×720　24 fps	高清照片 25 M RAW 格式
	拍摄时长/min			拍摄照片数量
128	224	320	640	5 242
64	112	160	320	2 621
32	56	80	160	1 310
16	28	40	80	655

对于闪存式存储卡而言，一个非常重要的技术参数就是读写速度。写入速度是指拍摄时将素材记录到相机中的速度，更快的写入速度意味着可以记录数据率更高的视频；在用于记录照片时，拍照间隔时间可以更短。读取速度则是将存储卡中素材拷贝到编辑系统（如电脑）中的速度，读取速度越快，拷贝素材所需时间越短。读取速度一般会直接以数字标示在存储卡上，如"300 MB/s"。写入速度通常依据不同的等级标准来划分。例如，常用的 SD 系列卡就有 Class、UHS、VSC 三个等级标准。Class 等级标准是较早期的标准，包含 C2、C4、C6、C10 等级别。目前，大部分较低等级的

Class 卡已经在市场上见不到了，较为常见的是该等级标准中速度最快的 C10。UHS 等级标准表示 Ultra High Speed（超高速），是当前的主流标准，目前一共三种版本，高版本向下兼容低版本。VSC 等级标准则专门用于标识视频速度等级，对于存储视频而言，这个参数尤其值得关注。它包含 V6、V10、V30、V60、V90 等级别。一般来说，拍摄 4K 视频，存储卡至少需达到 V30；对于要求稍高的 4K 视频，存储卡则需达到 V60 或以上。表 2-2 列出了拍摄不同视频需要的闪存卡速度等级。

表 2-2 拍摄不同视频需要的最低速度等级

视频格式	速度等级/MB/s	UHS 速度等级/MB/s	视频速度等级/MB/s
8 K UHD 7 680×4 320			V90　90
8 K UHD 7 680×4 320			V60　60
4 K UHD 3 840×2 160		③　30	V30　30
Full HD 1 080 p 1 920×1 080	⑩　10	①　10	
HD 720 p 1 280×720	⑥　6		
Standard 720×480	④　4		

图 2-3 是一张常见 SD 系列存储卡，它标识的参数可以这样解读：这张卡是 SanDisk 闪迪品牌，Extreme pro 系列，SDXC 储存卡，64 GB 存储容量，读取速度 170 MB/s，视频速度等级 V30（即视频录制时，最低写入速度 30 MB/s），Class 等级 C10，支持 UHS-I 模式、超高速等级 U3（即在一般模式下，最低写入速度 10 MB/s；在 UHS-I 模式下，最低写入速度 30 MB/s）。

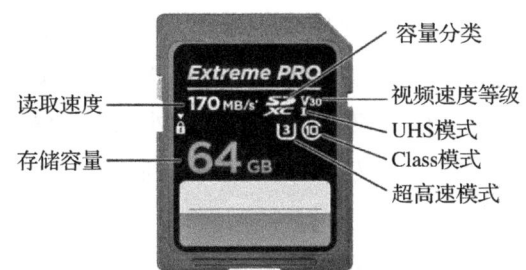

图 2-3 常见 SD 系列闪存卡标识

除了以上常见闪存卡外，还有一些专业影像设备厂商推出的专用存储卡，如索尼公司的 XQD、SxS、AXS 存储卡，写入速度分别可达 400 MB/s、200 MB/s、300 MB/s，用于记录 RAW 图像和高帧率 4 K 及 8 K 视频。

为了扩大存储容量和提高读写速度,人们也把微型硬盘用作数字影像存储介质,容量从几十 GB 到几 TB 不等。早期的主要是机械式硬盘,集中在消费类数码摄像机领域。目前在高端影像记录领域,多采用 SSD 固态硬盘来记录超高分辨率广播级、电影级数字视频影像。其速度快,连续写入速度可达 500 MB/s,而且稳定性和可靠性都较高,只是价格偏高。

4. 音视频的压缩编码

原始的数字视频是由一幅幅的图像组成,而图像则是由很多带有颜色的点组成,这些点可称为像素点。这些像素点由真实世界中的影像先经过感光器件的光电转换,再进行采样,而后进行模数转换编码后得到的。由于人眼对亮度信息最敏感,而对色彩信息不那么敏感,因此在对信号进行采样编码前,一般会把 RGB 三原色转换成 YUV 信号后再处理。采样方式一般有四种,即 4∶4∶4、4∶2∶2、4∶2∶0 和 4∶1∶1。采样后进行编码时,如果采用 8 bit 编码,这四种采样方式下每个像素编码后分别平均占用 3 字节、2 字节、1.5 字节和 1.5 字节。于是,高清视频每一帧画面有 1 920×1 080 个像素,对于帧率是 30 fps 的高清视频,1 s 视频原始数据量约为 119 MB,还是相当可观的,不方便存储、传输和后期处理。因此,人们要对原始数字视频进行压缩编码。常见的主流压缩编码标准有 MPEG-2、MPEG-4 PART10(即 H.264/AVC)以及 H.265/HEVC 等。MPEG-2 标准历史悠久,在制作领域还在用,优点是编解码效率高,缺点是压缩量有限,数据量也还是偏大。MPEG-4 PART10 标准目前应用广泛,与 H.264/AVC 标准基本相同,可以支持 4 K 视频。H.265/HEVC 是相对较新的标准,编码效率高,画面质量好,可以支持 8 K 视频压缩编码。这几个标准都应用于人们的常用拍摄设备中,但在设备的设置菜单里不那么直观。主要是因为各个摄像机、照相机厂商都在它们的基础上进行了自己的个性化文件格式封装。比如索尼公司的 XAVC 格式,既有采用 H.265 标准的,也有采用 H.264 标准的。不同厂商拍摄设备最终记录下来的文件格式一般不同,常见的如索尼公司的 MXF、MP4、MTS 等格式,松下公司专业设备多采用 MXF 格式进行文件封装。MOV 格式也是众多厂商设备常用的文件格式。这些不同的文件格式仅仅是一个文件外壳,不同公司相同文件格式的文件不一定能兼容。这个外壳的作用仅仅是完成了压缩后的音视频数据的封装。

(三)摄像机

摄像机是人们获取音视频最传统的摄像设备,也是拍摄课程的主流常用设备。摄像机作为一个完整独立的工作系统,可看成由六个部分组成:取景单元、成像单元、声音单元、控制单元、存储单元和电源等。取景单元由获取光学影像的相关部件构成;成像单元由接收、处理和显示图像的部件组成,它担负着捕捉影像的任务,是摄像机最重要的部件之一；声音单元由声音拾取部件构成；控制单元由可操作的控制部件构成；存储单元由记录音视频数据的部件组成；电源部分是为摄像机供电的部件。

当我们拿到一台摄像机，从外观来看，它也可看作是由镜头、寻像器、话筒、机身和附件等五部分组成，如图2-4所示。摄像机镜头有可拆卸和不可拆卸之分，一般广播级和部分专业级摄像机配备可拆卸镜头，方便更换不同的镜头进行拍摄；而部分专业级和家用摄像机则配备了不可拆卸镜头，集成度更高，更便携。不可拆卸镜头一般都是变焦镜头，变焦倍数由长焦与广角焦距之比决定。寻像器一般是一个小型的黑白或彩色监视器，是摄像机上可以活动的一个部件，主要作为摄像取景用；在回放本机拍摄的素材时，可作为监视器使用；也可显示摄像机的工作状态或各类警示信息。现在主流的摄像机不仅配备寻像器，还会配备一个液晶屏，其作用与寻像器基本相同，更加方便实拍监视和视频回放。话筒能将声音信号转换成音频电信号，用于拍摄时拾取现场声音。许多摄像机除了可以外接话筒，机身还内置了话筒。机身即摄像机的"躯体"，内部载有摄像机的核心电子元器件，能够实现信息处理、机器控制，表面设有各种操作开关、旋钮、输入输出插口等。附件主要包括电池、热靴适配器、电源适配器等。

图2-4 摄像机结构组成图

图2-5中展示的是两款配套在便携式课程录制系统中的摄像机，左图是索尼公司的PXW-Z90摄像机，这是一款能够满足课程拍摄的专业便携手持式4K摄录一体机；右图则是一款国产品牌博冠H1摄像机。

索尼PXW-Z90摄像机

博冠H1摄像机

图2-5 两款便携式摄像机

PXW-Z90 的取景单元是不可拆卸的广角变焦镜头,这是一款带伺服的蔡司镜头,具有 12 倍光学变焦能力,焦距 $f=9.3\sim111.6$ mm,相当于 35 mm 镜头的 $f=29.0\sim348.0$ mm。它采用高级快速混合 AF 系统,以及人脸检测和锁定自动聚焦技术,使得在拍摄时能够轻松聚焦和跟踪对象,当然镜头也可以设置为手动聚焦。光圈范围为 F2.8~F4.5,支持自动和手动调节。

PXW-Z90 的成像单元采用 1.0 英寸[①]背照式 Exmor RS CMOS 成像器,有效像素可达 1 420 万像素。由于增加了感光量,其最低照度标准可达 3 lx(在 50i 模式、1/50 快门速度、增益 33 dB 的条件下)。同时,机器内置光学 ND 滤镜有四档:关闭、1/4ND、1/16ND 和 1/64ND,能方便控制进光量。

PXW-Z90 的声音单元为机器自带的内置麦克风,采用的是全指向立体声驻极体电容麦克风。同时,机器有两个 XLR 接口,可以使用外接话筒实现声音输入,方便远距离和更高信噪比的收声。声音的监听既可以通过立体声迷你插孔外接耳机实现,也可以通过机身扬声器直接输出。

PXW-Z90 的控制单元集中在机身,不仅支持对光圈、白平衡的调整,还可以预设白平衡、控制电子快门等。通过功能菜单的设置,能充分发挥机器强大的信号处理能力,实现 4 K(QFHD)和高清录制。它支持以 30 p/25 p/24 p 进行 XAVC QFHD 100 Mbps 录制,以及 XAVC 高清长 GOP 422 50 Mbps、MPEGHD 422 50 Mbps、MPEG HD 420 35 Mbps 和 AVCHD 等格式录制信号。既支持通用的 4∶2∶0 模式,也支持高清下的 4∶2∶2 模式。慢/快动作支持最高 120 fps [1 080 p] 记录,即可实现 5 倍慢动作。采用超级慢动作拍摄时,全高清模式下,帧率可从 250 fps、500 fps 和 1 000 fps 中选择。视频监控既可通过寻像器(0.39 英寸 OLED,约 236 万像素)完成,也可通过液晶屏(3.5 英寸,约 156 万像素)完成。

PXW-Z90 的存储单元配置了双介质卡槽,可兼容 SDXC 和 SDHC 卡,以及记忆棒 PRO Duo(Mark 2)/PRO-HG Duo。接力记录模式可以在第一个存储卡记录满之后,自动切换为使用第二张存储卡进行录制;同步记录模式则可以使用两个存储卡同时录制。64 GB 存储卡大约可以记录 65 min 100 Mbps 的 XAVC QFHD 信号。

PXW-Z90 的电源采用 8.4 V 直流输入或 7.4 V 电池供电,整机功耗约 6.9 W。使用 NP-FV70A 电池时,运行时间约 140 min。

PXW-Z90 整机质量约 1 390 g,尺寸(宽×高×深)为 130.0 mm×181.5 mm×287.0 mm。机器接口丰富,配有广播级标准 3G-SDI 输出(支持 1 080 60 p/50 p),可与多摄像机现场制作单元配套使用,创建简单的直播解决方案。同时,也配备了

---

① 1 英寸=2.54 cm

HDMI、Multi/Micro USB 插孔和复合输出。在 QFHD 录制过程中，HDMI/SDI/复合输出可同时进行，其中 HDMI 支持 QFHD 分辨率，3G-SDI 支持高清分辨率，复合输出则限于标清。

使用 PXW-Z90 拍摄课程时，摄像机可按如下设置进行配置：

工作模式：[50i] 1 080 p。

光圈：手动光圈 4.0（尽量使用中档光圈，不加增益）。

快门：默认电子快门设置。

焦距：教师授课中景一般焦距控制在 17~25 mm 范围内，避免使用广角端。

记录格式：实景拍摄时，记录格式可选 AVCHD（1 920×1 080）@50 p，PS 模式（28 Mbps），以兼顾画面清晰度和所需存储容量；蓝箱拍摄时，记录格式可选 XAVC 高清（1 920×1 080）@50p MPEG-4 AVC/H.264 4∶2∶2 Long profile，50 Mbps，以更好地满足虚拟场景合成需要。

声音：一般采用外接话筒，以保证音频信噪比。

（四）数码照相机

数码照相机，英文全称是 Digital Still Camera（DSC），简称为数码相机（DC）。它是一种利用光电传感器把光学影像转换成电子数据的照相机，属于集光学、机械、电子一体化的影像产品，集成了影像信息的转换、存储和传输等功能，具有所见即所得、便于计算机处理等特点。它的工作原理与摄像机类似：光线通过镜头或者镜头组进入相机，经由成像元件（CCD 或 CMOS 等）转化为数字信号，数字信号再通过影像运算芯片处理后，储存在存储设备中。自数码相机诞生以来，主要用于照片拍摄，但随着技术的飞速发展，逐渐也被用于视频拍摄。目前，用于专业课程拍摄的数码相机主要是单反相机和微单相机。

单反数码相机，即单镜头反光数码相机，英文缩写为 DSLR（digital 数码、single 单独、lens 镜头、reflex 反光的组合）。在工作中，光线透过镜头到达反光镜后，投射到对焦屏并形成影像。透过接目镜和五棱镜，人们可以在取景窗中看到外面的景物。这种直接看到的光学影像比传统数码相机通过处理得到的电子影像更利于拍摄。单反数码相机的一个显著特点是可以更换不同规格的镜头，这是传统数码相机无法比拟的。当然，单反相机的这些优势和结构特点也决定了其缺点是体积和质量较大，不便于携带。市场上的单反相机的代表品牌有尼康、佳能、宾得、富士等。

微单相机实际上包含两个意思："微"即微型小巧，"单"即可更换式单镜头。也就是说，微型小巧且具有单反性能的相机被称为微单相机。微单相机去掉了单反相机中的反光板和机顶取景系统，修改了单反中的对焦系统，从而提升了微单机身的紧凑性，使其更便携。市场上的微单相机代表品牌有索尼、佳能、松下等。

单反相机和微单相机之所以被用于在线课程拍摄，原因有三：一是它们的成像器件较大，画面质量好；二是镜头可更换，相机市场丰富的镜头组合能满足创作需要；三是它们兼具摄像和照相功能，可以更好地满足课程拍摄对各类素材的需求。

随着数码相机在视频拍摄领域的逐步普及，越来越多人会选择索尼微单来拍视频。以索尼公司的 Alpha 7S Ⅲ 全画幅微单视频旗舰机（简称 A7S3）为例，这是一款能够满足在线课程拍摄需求的专业微单数码相机，其外观如图 2-6 所示。

图 2-6　索尼 Alpha 7S Ⅲ 全画幅微单数码相机

索尼 A7S3 相机的取景单元采用可更换镜头，镜头接口为 E 卡口，既可以搭配庞大的 E 口镜头群，也可以通过转接环使用其他卡口的镜头。值得注意的是，照相机的镜头一般不具有伺服功能。

该相机的成像单元采用的是背照式 Exmor R CMOS 全画幅影像传感器（35.6 mm×23.8 mm），有效像素约 1 210 万。这使得传感器上的像素点很大，从而带来超高感光度，感光度范围扩展后更可达 ISO 40-409600。视频拍摄可达 15+级动态范围，4 K 拍摄时可全像素读取，没有像素拼合，充分保证了画面质量。

索尼 A7S3 相机的声音单元包括机器自带的内置麦克风和外接麦克接口。使用外接话筒可以实现声音输入，方便远距离和更高信噪比的声音拾取。同时，机身顶部的 Mi 多接口热靴支持数字音频接口，可搭配兼容的索尼外接麦克风以获得更清晰的音频记录。当与 XLR-K3M 麦克风适配器套装共同使用时，可以实现 4 声道 24-bit 数字音频记录，无需线缆或外接供电，为视频制作提供了更多的自由。机器还自带扬声器，可以同步监听现场录制的声音，也可以通过迷你插孔外接耳机或音箱实现声音的监听。

相机的控制单元集中在机身，通过调整镜头的光圈、聚焦，预设白平衡，调整相机电子快门，设置成像感光度（ISO）等，实现对成像画面效果的控制。相机采用快速型混合自动对焦设计，具有灵活的视频拍摄自动对焦功能。可以使用实时跟踪和实时眼部对焦来持续跟踪对焦主体，即使被摄对象的脸看向别处，也可以精准稳定地检测。

图 2-7 是相机的功能设置菜单，用户可以在这里设置机器录制视频的模式，从而满足个性化的拍摄需求。索尼 A7S3 相机可以拍摄 4 K 120 fps 高帧率视频，在全高清模式下帧率可高达 240 fps。此外，相机还支持 10 bit 色深编码以及 4∶2∶2 色度采样，能够获得远超 8 bit 4∶2∶0 模式的丰富色彩细节，大大提高了影像渐变、后期处理和合成的灵活性。相机还采用全新 H.265 编码的 XAVC HS 格式，压缩效率约是 AVC/H.264 编码的两倍，不仅能提供出色的影像质量，还能减小视频文件的体积。相机还提供 All-Intra 帧内录制功能，能以高达 600 Mbps 的比特率对每帧画面进行独立编码，从而更加准确地捕捉复杂动作，并支持存储卡内录或外接监视录机。相机配备侧翻式可变角度 LCD 屏幕，适合用于不同视角拍摄。该屏幕为 3.0 英寸约 144 万点触摸屏，在明亮的室外也具有良好的可视性。当然，拍摄时还可以通过 OLED 电子取景器监看画面。这是一个高亮度、大尺寸（0.64 型）、944 万点 Quad-XGA 电子取景器，具有高清 OLED 显示屏和光学组件，分辨率表现非常出色。

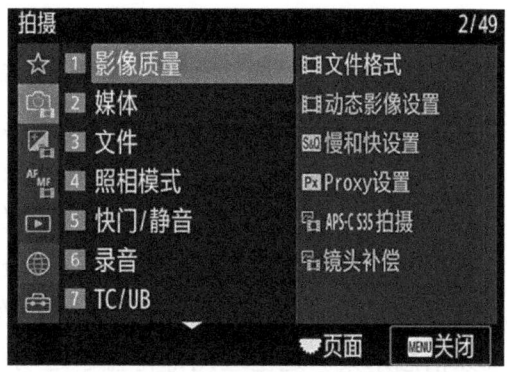

图 2-7　索尼 A7S3 相机的功能设置菜单

索尼 A7S3 相机的存储单元配置了两个卡槽，均兼容 CFexpress Type A 存储卡，同时也支持 UHS-Ⅰ和 UHS-Ⅱ SDXC/SDHC 存储卡，以实现快速读写。当拍摄高比特率 4 K 视频时，可以开启 Proxy 录制功能，同时记录高清 Proxy 视频（以 8-bit 或 10-bit）到存储卡。64 GB 存储卡大约可以记录 32 min 200 Mbps 的 XAVC S（H.264）QFHD 信号。

索尼 A7S3 相机功耗约 4.3 W，标配一块可重复充电电池 NP-FZ100（7.2 V），可拍摄不少于 500 张的静态影像，或拍摄不少于 130 min 的视频。用户可以使用相机的 USB Type-C 接口给安装在相机上的电池进行充电，也可以通过该接口为相机供电。

索尼 A7S3 相机的机身质量约 690 g（包括电池、SDXC 存储卡），尺寸约 128.9 mm×96.9 mm×80.8 mm。相机接口包括 HDMI A 型端子、USB Type-C 端子、Multi/Micro USB 端子、3.5 mm 立体声麦克风端子和耳机端子。此外，相机还支持 5 GHz/2.4 GHz 无线传输功能。

使用索尼 A7S3 相机拍摄课程时，机器可按如下设置进行配置：

镜头：选用 24～70 mm F2.8 标准变焦镜头。

光圈：手动光圈 4.0（尽量使用中档光圈）。

焦距：教师授课中景一般焦距控制在 50～70 mm，避免使用广角端。

记录格式：帧速率一般设置为 50 fps。实景拍摄时，文件格式选择 XAVC S HD，记录设置为 25 M 4∶2∶0 8 bit，以兼顾画面清晰度和较小的存储容量；蓝箱拍摄时，文件格式可选 XAVC S-I HD，记录设置为 185 M 4∶2∶2 10 bit，以满足虚拟场景合成的需要。

声音：一般采用外接话筒，以保证音频信噪比。

（五）运动相机

运动相机的概念最早出现在 20 世纪。20 世纪 60 年代，出现了可穿戴式运动相机，被用来拍摄极限动作或是汽车、摩托车比赛中的第一视角。但当时的运动相机普遍存在着体积过大、不易携带的问题。21 世纪初出现了第一款真正意义上的运动相机 GoPro，随后 GoPro 公司陆续推出了一系列产品。2012 年之后，随着运动相机应用的逐渐普及，市场进一步火热。运动相机对于紧凑坚固的防护性能的要求较高，尽管它叫"相机"，但使用者拍摄视频的需求远大于拍摄静态画面的需求。它通常被固定于装备、交通工具、运动器械或人体表面进行拍摄，在常见的极限运动、旅拍及日常 VLOG 拍摄中应用较多，也在大型活动中的第一视角和特殊机位拍摄等场景中广泛使用。在线课程，尤其是以实践教学内容为主的课程中，运动相机可用于手持、固定在人员头盔、胸前、后背进行纪实拍摄，还可安放在装备内外、车辆内外等不便架设传统摄像设备的位置进行视频信息采集。这些应用都得益于运动相机具有的体积小、重量轻、易携带、支持长时间录制高质量视频等特点。主流的运动相机看上去都像一个小方盒子，与普通拍摄视频的设备如摄像机、数码相机等区别明显，如图 2-8 所示。

大疆OSMO ACTION 3

GoPro HERO10 Black

小蚁4K+

图 2-8　几种运动相机

运动相机尽管是一种拍摄视频的设备，但其应用特点决定了它与一般视频拍摄设备不同，即它的集成度很高。下面以大疆运动相机 OSMO ACTION 3 为例，介绍运动相机的结构和功能特色：

大疆 OSMO ACTION 3 的取景单元是与机身集成在一起的超广角镜头，视场角达 155°，光圈为 f/2.8，焦点范围是 0.3 m 至无穷远，没有光学变焦功能，但可以数码变焦。相机的成像单元是 1/1.7 英寸的 CMOS 影像传感器，感光度范围为 100～12 800，可拍摄 4 000×3 000 分辨率的静态照片，视频拍摄则支持 4 096×3 072 或 3 840×2 160 的 4 K 视频。相机声音拾取由机身上的 3 个内置麦克完成，机身前面有 2 个麦克风，底部有 1 个防风麦克风，可以选择指向收音模式以加强相机前方声音效果；相机也支持外接麦克风，通过麦克风拓展功能，经由 USB-C 接口适配 DJI Mic 或其他支持 48 K/16 bits 数字类型的 Type-C 麦克风。相机的控制单元主要通过系统控制中心和参数设置界面对相机进行操控，可调整图像成像的曝光、白平衡、颜色、视角等参数，也可对音频参数进行设置；相机支持拍摄 4 K、2.7 K 120 fps 视频，以及 1 080 p 240 fps 视频，意味着可以轻松实现 4 K、2.7 K 的 4 倍慢动作和 1 080 p 下的 8 倍慢动作拍摄；延时拍摄区分为运动延时和静止延时两种模式，相机在运动中可以按照×2 至×30 共 5 挡进行延时拍摄，相机固定不动时，可以按照 0.5 s 至 40 s 共 16 挡时间间隔进行抽样记录视频信号；相机采用 H.264/HEVC 编码记录视频，文件格式为 MP4，色彩深度达 10 bit，最大码流为 130 Mbps。相机配备前后两块屏幕，用以监看拍摄画面和触控操作，前屏 1.4 英寸（分辨率为 320×320），后屏 2.25 英寸（分辨率 360×640）。相机无内置存储空间，可插入 microSD 卡（最大支持 256 GB）记录数据信息；标配 LiPo 1S 电池供电，容量为 1 770 mAh，大约可持续工作 160 min；相机质量约 145 g，尺寸 70.5 mm×44.2 mm×32.8 mm，顶部自带扬声器用于监听，配有 USB-C 接口用于传输数据和外接麦克风等，支持 Wi-Fi 和蓝牙连接；相机具有出色的防水能力，裸机可在水下 16 m 工作，使用防水壳时可达 60 m 水深。

使用大疆 OSMO ACTION 3 拍摄在线课程素材时，应根据应用场景设置合理的视角，通常设置记录格式为 1 080 p（即拍摄 1 920×1 080@60 fps 视频素材）就能满足在线课程制作需要；由于一般不用它来同步记录教师讲授的音视频素材，所以不必外接麦克风；而当用它作为主机位拍摄，或当做网络摄像头使用时，则可外接麦克风。

（六）航拍无人机

无人机在航拍中已经有了广泛应用。航拍无人机是一个集单片机、传感器、导航、通信、飞行控制、任务控制、编程等多种技术于一体，并依托于硬件的高科技产物。其拍摄影像具有高清晰、大比例尺、高视角等诸多优点，特别适合获取地面的影像，如山川河流等自然景观，公路、铁路、城市建筑等人造设施影像，户外演出、集会、社会生活等人类活动场景，以及抢险救灾现场等。在教育训练活动中，利用无人机航拍，不仅可以获得更加丰富的影像资料，还能为教育训练学习资源的开发提供更加全面、清晰的多视角素材，弥补传统视频素材拍摄的短板，对提高在线课程质量有重要作用。用于在线课程开发的航拍无人机主要是多旋翼无人机，它起飞降落受场地限制较小，操控灵活，稳定性、安全性好、小型轻便、低噪节能、高效机动、影像清晰，智能化程度越来越高。

航拍无人机一般由六部分组成：飞行器、相机、云台、图传系统、供电系统和遥控系统。

飞行器是无人机的主要平台，其他部分依托平台发挥作用。它包括机身、动力单元、飞控单元和避障单元等。机身是主要框架，承载其他部件；动力单元主要是电机通过电调控制带动桨叶旋转，为无人机提供动力；飞控单元是无人机的大脑，是核心模块，它接收地面遥控指令，并分发到各个控制模块执行，然后接收各个模块反馈回来的信息，传回地面遥控器，保障无人机执行飞手的任务命令；避障单元集成了感知系统，避免无人机碰撞障碍物。

相机是航拍无人机的任务载荷，完成照相和摄像任务。

云台为相机提供稳定的平台，使得无人机在高速飞行的状态下，相机也能拍摄出稳定的画面。

图传系统负责通信，是无人机和遥控器之间沟通的桥梁，能够传输控制指令和视频信息。

供电系统为无人机提供电力支持。

遥控系统主要通过地面的遥控器操控无人机飞行及相机拍摄。

图 2-9 展示了几种航拍无人机。

大疆DJI Air 3　　　　　JJRC X26高清双摄无人机　　　　　小米无人机4K版

图 2-9　几种航拍无人机

大疆 DJI Air 3 是一款应用广泛、适合在线课程拍摄的航拍无人机。由于相机配备了双摄，因此广角相机镜头具有 82°视角，等效焦距为 24 mm，光圈为 f/1.7，对焦点为 1 m 至无穷远；中长焦相机镜头具有 35°视角，等效焦距为 70 mm，光圈为 f/2.8，对焦点为 3 m 至无穷远。相应的成像单元也各配备了一块 1/1.3 英寸的 CMOS 传感器，有效像素都为 4 800 万，最大照片尺寸为 8 064×6 048，视频最大分辨率为 3 840×2 160，普通拍摄感光度为 100～6 400，夜景时可达 12 800。相机没有声音拾取功能。相机的控制单元通过 DJI Fly App 设置操控，软件界面如图 2-10 所示，可选择拍摄模式、切换中长焦或广角相机、选择相机在自动或专业挡位工作、改变存储位置、设置相机参数等。相机参数设置可以调整画面的曝光、白平衡、色彩空间、编码记录格式等，普通拍摄可选择视频分辨率为 4 K 或 FHD，竖拍时可使用 2.7 K 或 FHD；普通拍摄 4 K 帧率在 24 fps 到 100 fps 之间可选，能实现近 4 倍慢动作拍摄，FHD 时帧率可达 200 fps，能实现近 8 倍慢动作拍摄，竖拍时帧率最高为 60 fps。除了通过高帧率实现的慢动作拍摄，无人机还支持自由、环绕、定向、轨迹四种延时拍摄模式；色彩模式在普通模式下可记录 8 bit 4∶2∶0 的 H.264 或 H.265 视频信息，在 HLG 或 D-Log M 模式下可记录 10 bit 4∶2∶0 H.265 视频信息，最大记录码率为 150 Mbps；使用 DJI RC 2 遥控器时，5.5 英寸 1 080 p 触控屏可用于监看视频画面。无人机上配有 8 GB 的机内存储，还可通过 microSD 卡槽扩展存储空间。无人机起飞重量 720 g，最大飞行时间 46 min，最大续航里程 32 km，最大抗风速度 12 m/s；采用全向双目视觉系统和机身底部三维红外传感，实现全方位避障；采用 O4 图传方案，遥控器端最大实时图像传输质量可达 1 080 p/60 fps。

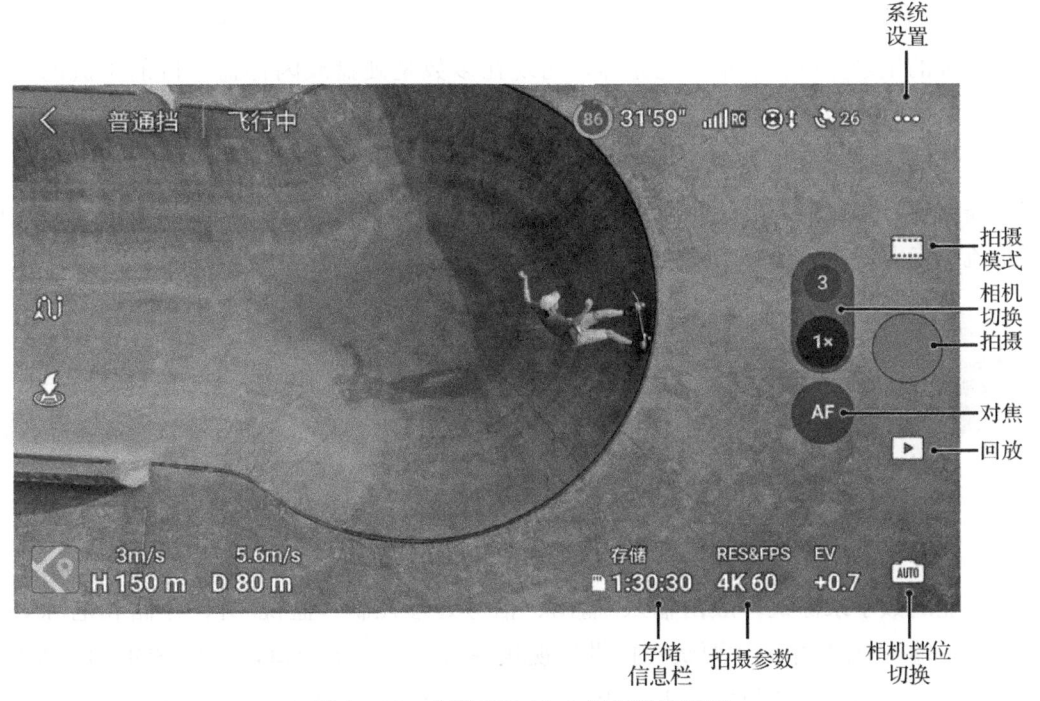

图 2-10　大疆 DJI Air 3 相机操控界面

使用大疆 DJI Air 3 拍摄在线课程素材时，应根据实际场景选择广角相机或中长焦相机，一般记录格式为 1 920×1 080@60 fps H.264 的视频素材就能满足在线课程制作需要。拍摄相对静止场景时，可优先使用航点飞行功能，以拍摄出更加满意的画面效果。

二、录制设备

(一) 录像机

开发在线课程所需的视频素材不一定都通过摄像设备获得。在日常工作和生活中，有许多视频信息源，我们可以将它们录制下来，用于在线课程的制作。比如，我们开发的计算机模拟训练软件，它运行在计算机上。如果要获得软件界面和操作过程，就可以把计算机的视频输出信号作为信源，利用相关设备记录下来。再比如，当我们在电视台播出的节目中发现可用于课程制作的素材时，也可以把电视机顶盒输出的视频信号作为信源，通过设备记录下来。录像机就是一种可以记录视频信息的硬件设备。

录像机与摄像机的主要区别在于：摄像机有成像和感光器件，能够将光信号转变为电信号，并处理成符合一定标准的视频信号后再记录下来；而录像机只是接收符合一定标准的视频信号，并将其记录下来，它自身并不能产生这些信号。传统的录像机可以接入模拟视频信号，有的直接记录，有的转换为数字视频信号后再记录下来。而现在多数的数字录像机只接收数字视频信号并记录下来。记录的载体也有了很大的变化，传统的记录介质有磁带、光盘等，而现在多数是硬盘或闪存盘。目前主流的专业录像机是硬盘录像机，它能直接将数字信号记录在硬盘上，在广电和安防等领域的应用中，还能直接记录到磁盘阵列中。在日常工作中，录像机除了用于录制以外，还可用于播放，且相比使用电脑等设备播放视频，其更加稳定可靠。广电领域的厂商生产了主流的专业数字录像机，图2-11是目前行业用户在用的一些录像机。

索尼PZW-4000C

洋铭HDR-80

BMD HD Studio 4K Pro

图2-11 几种专业录像机

专业的数字录像机一般由输入/输出、信号处理控制、监视/听、存储和电源等单元组成。输入/输出单元主要负责提供音视频等信号的进出通道，包括 SDI、HDMI 等标准接口；信号处理控制单元主要用于设置录像机的工作参数，实现本机或远程操控记录、检索、播放等功能；监视/听单元主要提供视频画面显示和声音监听功能；存储单元负责将经过处理的音视频信息记录在存储介质中；电源单元为数字录像机提供电力支持。Blackmagic Design 公司生产的 HyperDeck Studio 4K Pro 是一款非常不错的产品，有着广泛的应用场景，其外观接口与功能操控面板如图2-12所示。

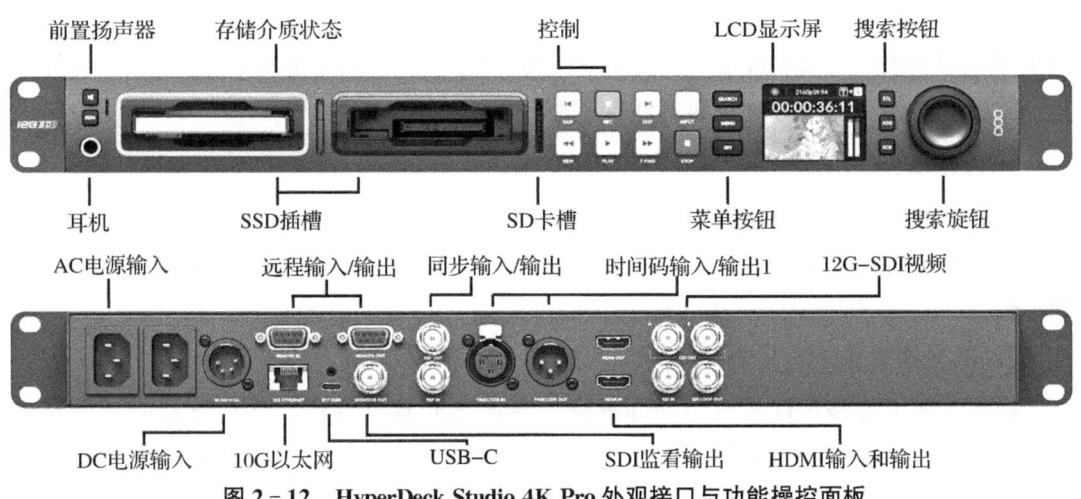

图 2-12　HyperDeck Studio 4K Pro 外观接口与功能操控面板

HyperDeck Studio 4K Pro 数字录像机的输入/输出单元提供了标准的 SDI 和 HDMI 数字音视频接口、时间码和同步信号接口。其中，SDI 接口有 1 路输入和 2 路输出，均为 12 G-SDI，支持播放 ProRes 4444 文件，适用于专业的 Ultra HD 填充和键信号，还配备 1 路环通 12G-SDI 输出；HDMI 2.0 视频输入和输出接口各 1 路，SDI 和 HDMI 接口可自动切换 SD、HD 及 Ultra HD 视频格式，包括 NTSC 和 PAL 制式 SD 格式、720 p HD 格式、隔行与逐行标准 HD 格式、4K Ultra HD 格式以及上至 4K DCI 格式；SDI 通道内嵌 16 路音频，HDMI 通道内嵌 8 路音频；此外，还设有 XLR 时间码输入和输出接口各 1 路，BNC 同步输入输出信号接口各 1 路。信号处理控制单元负责完成信号格式转换、压缩编码和本机/远程操控等功能，支持以 H.265、H.264、Apple ProRes 或 DNx 文件进行记录，且支持 PCM 或 AAC 音频。其中，ProRes、DNx 支持上至 2 160 p 格式，H.264 支持 SD 和 HD，H.265 支持 2 160 p 格式；视频采样为 4∶2∶2 YUV，色彩深度可达 10 bit；音频采样为 48 KHz 24 bit。录像机内置 16 个播放和设备控制按钮，有带电磁离合器的搜索旋钮。外部控制功能包括 RS-422 录机控制、SDI 开始/停止、时间码运行等，内含 Blackmagic HyperDeck 以太网协议等。监视/听单元自带 2.2 英寸彩色 LCD 屏幕，可用于视频、音频和时间码监看以及菜单设置。SSD 存储介质插槽外围配有环形指示灯，SD 存储介质插槽上方配有 LED 指示灯。此外，还内置单声道扬声器，提供 6.5 mm 监听耳机插孔。存储单元由 2 个 2.5 英寸硬盘插槽、2 个 SD 卡插槽和 1 个 USB-C 扩展接口组成。硬盘插槽支持 SATA-Ⅱ 或 SATA-Ⅲ 2.5 英寸固态存储介质；SD 卡插槽支持 UHS-Ⅰ 和 UHS-Ⅱ SD 卡；USB-C 3.1 Gen 2 扩展端口则用于外部记录 SD、HD、2K DCI、Ultra HD 和 4K DCI 信号。电源单元既有采用广播级 XLR 接口的 DC 电源，又提供了 2 套冗余 AC 电源。

采用 HyperDeck Studio 4K Pro 数字录像机采集视频时，一般建议将记录格式设定为 1 920×1 080@60 fps H.264，视频采样为 4：2：2 YUV，色彩深度 8 bit。这样采集到的视频素材就能很好地满足在线课程制作需求。

(二) 系统录制设备

新媒体时代的到来，加速了传统视频制作领域设备的不断升级拓展。记录视频信息已不再是传统录像机的专属，利用视频采集卡、直录播系统等也能够完成视频信息的采集。

1. 视频采集卡

视频采集卡能够在计算机与外部视频信号源之间建立通道，使计算机能获取到外部的模拟或数字视频，并将其存储和播放出来。很多视频采集卡能在捕捉视频信息的同时，还能同步获得伴音，确保音频部分和视频部分在数字化过程中同步保存。视频采集卡分为多种类型：有的只负责采集视频，视频压缩、解压缩及其他视频处理任务交由计算机的 CPU 实现，这类卡被称为软压缩视频采集卡；有的则自带视频压缩处理芯片，能够独立完成视频压缩处理功能，这类卡被称为硬压缩视频采集卡；还有的采集卡视频处理功能强大，能够配合软件完成视频编辑任务，这类卡就叫非线性编辑卡。视频采集卡还有内置和外置的区别，内置卡一般安装在计算机的 PCI 插槽内，而外置卡则安装在专门的盒子中，通过 USB、IEEE1394 或 PCI 扩展接口连接到计算机。图 2-13 显示的是两种采集卡，采用视频采集卡可以自主灵活的构建起视频信息采集系统。

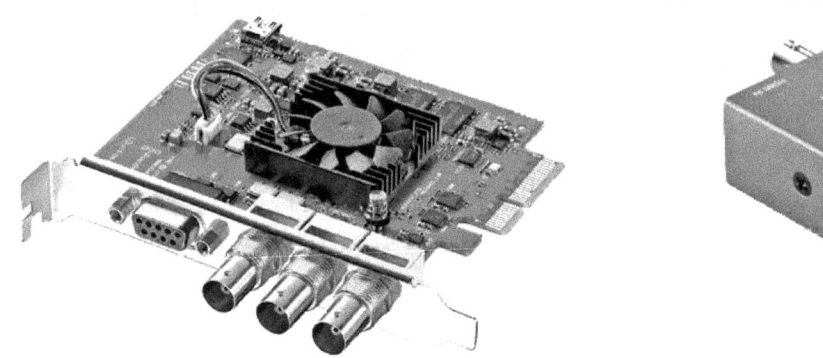

图 2-13　内置和外置采集卡

2. 直录播系统

直录播系统可以把现场摄录的视频、音频、电子设备的图像信号（包含电脑、视频展台等）进行整合同步处理，并将记录下来的信息用于存储、后期编辑制作，转换生成标准化的流媒体信息，用来对外直播、点播。图 2-14 是市场上三款直录播系统的主机设备。直录播系统的核心功能就是"录"和"播"。在直播和记录时，系统可以以单流或多流的方式工作。单流模式是指多路视频经过切换或叠加等方式整合为单个画面，直播或记录信号是整合后的单路视频画面。画面内容不但支持多路视频、VGA信号的切换显示，还支持画中画、单流多画面等各种显示模式，并可在各种显示模式间无缝切换。多流模式则是指多路视频及VGA信号同步录制，生成独立的文件，每一路录制的视频都是完整的，各路视频之间没有画面覆盖的情况，从而能保留最完整的素材资料。直录播系统在教育领域应用广泛，如用于精品课程录制、微格教学、远程教育、公开课等。直录播系统主要由支持同步采集音视频信号的采集卡、音视频信息处理、资源管理平台等部分组成。市场上有些直录播系统还配备了简易的非线性编辑软件，方便用户进行后期制作。

图 2-14　三款直录播系统主机设备

通过视频系统录制视频时，一般记录格式可设定为 1 920×1 080@60 fps，视频采样为 4∶2∶0，色彩深度 8 bit，采用 MPEG 4 编码，码率 25 Mbps。如果记录的是计算机 VGA 视频，码率为 10 Mbps 就可以满足在线课程制作需求。

（三）软件录制

将计算机屏幕上显示的信息记录为在线课程使用的视频素材，除了可以使用硬件类的设备系统外，还可以通过软件录制的方式获得，这种方式常被称为屏幕录制。通过计算机演示一项技术或者软件时，屏幕画面、鼠标移动与点击、键盘输入、解说声音等内容都可以进行同步录制，形成一个视频文件。计算机屏幕录制离不开操作系统和软件的支持，一般可以分为通用软件录屏和专业软件录屏两类。通用软件如新版 Windows 操作系统，自带了具有屏幕录制功能的软件，微软 Office 2016 及以上版本的 PowerPoint 也具有录屏功能。专业录屏软件在功能上更加强大，常用的有 EV 录屏、OBS、喀秋莎（Camtasia Studio）等。此外，部分视频会议软件或网络直播授课软件也直接支持直播录制，能够将录制的内容保存为视频文件，供在线课程后期编辑。这类软件录制视频时，分辨率一般可按需设置，帧率则根据画面内容确定，一般不超过 30 fps。可采用 H.264 编码，视频码率可以比较低，几 Mbps 的码率即可获得较好的视频质量。

第二节　摄像辅助设备器材

摄像设备可以拍摄得到视频信息，但在使用摄像设备时需要支撑固定它，以确保拍摄画面的稳定。在拍摄运动画面，尤其是摄像设备本身需要运动的时候，还需借助轨道、遥臂或运动稳定器等辅助支撑和稳定设备器材，以获得更加平稳流畅的画面。当拍摄场景光照条件较差时，还应当使用照明灯光来提升画面质量。

一、支撑与稳定设备器材

（一）三脚架

摄像用三脚架的作用首先是支撑固定摄像机，其次是在推拉摇移等运动拍摄过程中保持顺滑、稳定和精确，避免晃动和变形。此外，云台还能为较重的摄像机在俯仰操作过程中提供助力，使得摄像机不受摄像人员操作影响，受力比较均匀一致。

一套完整的三脚架由脚管（脚架主体）、云台以及其他脚架附件等组成。在日常工作中，各部件都有自己的功能和作用，能在不同使用环境中为摄像人员提供最佳的拍摄条件，确保镜头画面的稳定清晰。脚管（脚架主体）指的是脚架的三支"腿"管，是整套三脚架的基座，起到支撑、稳定的作用。脚管的结构形状、材质、管径粗细、管壁厚薄等因素都会影响三脚架的性能和使用效果。如碳纤维材质的三脚架通常比铝合金材料的要轻，携带更方便。脚管越粗、管壁越厚，稳定性相对更好，但自身重量也会增加。脚管多采用伸缩式设计，收纳携带时收缩，使用时拉伸出来。伸缩脚管有多种锁定方式，最常见且最容易使用的是板扣式，但这种方式要求做工精良，否则容易磨损并变松，无法锁紧；另一种是螺旋式，通过旋转脚管锁紧，没有突出锁件，非常便于携带和收纳。为了获得更好的稳定性，专业的摄像机三脚架大多采用2节（单级）或3节（双级）脚管设计，这与三脚架的高度也有一定关系。脚架的一个重要参数就是它的最大承重，实际选用时，应确保摄像设备和云台重量之和小于三脚架的最大承重，否则整套系统工作时会不稳定。图 2-15 是一款三节带脚垫铝合金液压云台三脚架，其最大承重为 10 kg，工作高度为 740~1 635 mm。

图 2-15　一款液压云台三脚架

云台用于连接摄像机与脚架，便于进行水平和俯仰转动。摄像用三脚架一般配套采用液压云台。液压云台凭借其特性，可以为摄像师在影视拍摄中提供诸多优势和便利。第一是承重能力，云台的承重应大于摄像机及附件的重量，否则会影响液压云台性能。从小型手持摄像机、广播级摄像机到大型电影机，都能找到合适的液压云台，为不同的机器设备提供一个稳定的"运动"平台。第二是碗口设计，液压云台一般采用标准碗口设计，如 75 mm、100 mm、150 mm 以及 Flat 平底等，不同品牌在结构外形和性能上会有所差异。第三是阻尼系统，阻尼系统的设计是为方便摄像师根据拍摄需求调整云台转动速度。需要快速摇移摄像机时，就可以将阻尼挡位调到最小；如要获得缓慢且稳定精准的拍摄效果，则可以将阻尼挡位调到最大。第四是动态平衡系统，它是液压云台独有的一个性能，能在拍摄俯仰动作时让摄像机在云台的任何俯仰角度下定位，用最小的力量抗衡完成云台控制、最小的力度来操作完成镜头的拍摄。图 2-16 是一款液压云台结构组成。

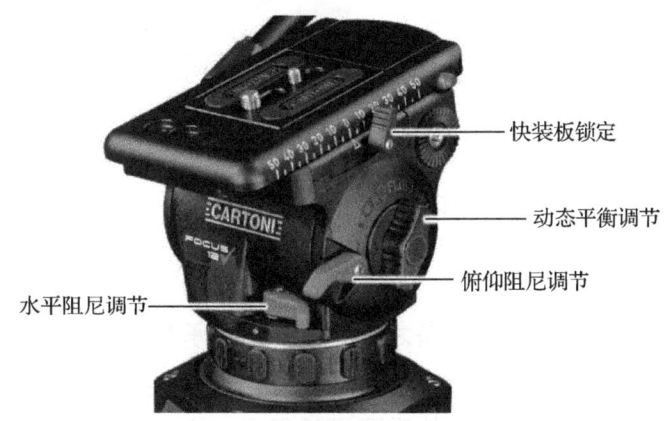

图 2-16 液压云台结构组成

延伸器、脚垫和滚轮是脚架的常用附件。延伸器能增加三脚架的稳定性，防止因承重过大而导致三脚架出现"侧倾"。脚垫用于三脚架防滑，在使用时可根据现场环境选择合适的脚垫。普通脚架往往采用固定式硬胶木脚垫，坚硬耐磨，适用于大部分地面类型；高端脚架可以选配橡胶脚垫和钉式脚垫。橡胶脚垫防滑性能好，不易滑动，主要适用于室内地面，如地毯、木地板、大理石等；钉式脚垫采用金属材料制成，末端很尖，主要适用于户外地面，特别是野外、山坡等环境。为三脚架安装滚轮则是方便移动拍摄位置，在光滑的地面上进行拍摄时，依靠滚轮还可以拍摄机位运动的画面。

（二）轨道

三脚架虽然可以辅助拍摄出稳定的画面，但只能完成固定机位的画面拍摄。手持摄像机虽然可以实现运动机位的拍摄，但画面容易晃动。而借助轨道和轨道车，则可以实现平稳的运动拍摄，使画面更具表现力。在视频拍摄中，摄像轨道和轨道车是常用的辅助工具,用于摄像机位在水平方向移动时的镜头画面拍摄。常用的摄像轨道和轨道车结构简单,多由不锈钢或铝合金材质制成。轨道通常分为直轨和弯轨,使用时可根据拍摄需求随意组合,设计铺装固定的运动轨迹,如图 2-17 所示。在拍摄前铺好轨道,架上轨道车,将摄像机架设在轨道车上,由工作人员推动轨道车,摄像师操控摄像机即可完成运动镜头、旋转镜头等的拍摄。

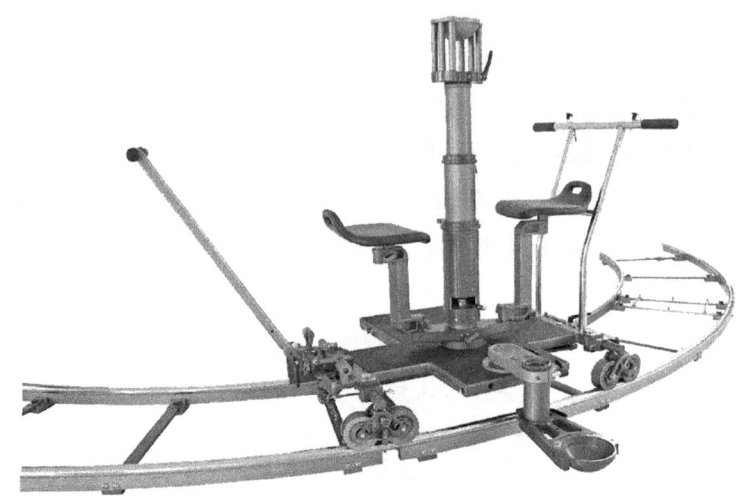

图 2-17 轨道与轨道车

(三) 摇臂

摇臂是前期拍摄的常用辅助设备之一,主要用于承托摄像机,并使摄像机镜头沿着轴向路径产生平滑运动,使画面中的被摄对象产生相对位置或构图的变化,创造出动感画面,形成画面节奏。摇臂比轨道要灵活得多,能在水平方向和垂直方向同时提供运动机位拍摄支持。根据拍摄需求和应用环境的不同,摄像摇臂主要可以分为车载摇臂、伸缩摇臂、电控摇臂、小摇臂等几大类。在线课程拍摄中一般使用小摇臂即可满足大部分需求。小摇臂也称为手动摇臂(也可以加装控制系统),在影视剧组中常被称为"小刀",臂长一般不超过 3 m。小摇臂结构比较简单,由臂杆、三脚架、云台等几部分组成。臂杆提供拍摄的摇移范围,三脚架提供支撑,云台部分安装摄像机,构成一个简单的摇臂摄像系统,如图 2-18 所示。在拍摄中,摄像人员可以通过手动方式直接操控摄像机进行拍摄,也可在摇臂的后端进行操作拍摄。

图 2-18 小摇臂的结构组成

(四) 稳定器

在进行移动拍摄时，虽然可借助轨道、摇臂等来降低摄像设备的抖动，但它们的运动范围有限，且受到拍摄地形环境等因素的限制。摄像稳定器是一种比轨道、摇臂有着更大灵活性和便利性的辅助设备，它可以拍摄比摇臂时间更长的长镜头，比轨道更适应山地、台阶等地形环境，完成更为复杂的移动镜头拍摄。摄像稳定器也可称为斯坦尼康（Steadicam），大致有三类：背负式稳定器、电控三轴稳定器和手持稳定器。高端的视频拍摄往往使用背负式摄像稳定器，它由减震臂、辅助背心、平衡组件等组成，如图2-19所示。背负式摄像稳定器是高度人机结合的设备，安装、调校比较复杂，使用时对行走的姿势、手臂的灵活程度、设备三轴向的配平等若干环节都要精准调控。背负式斯坦尼康摄像师已成为一个具备高级专业技能的工种。受益于技术的飞速发展，便携式在线课程制作中，无需配套背负式斯坦尼康，可以选用操控相对简单的电控三轴稳定器或手持稳定器来满足拍摄需求。

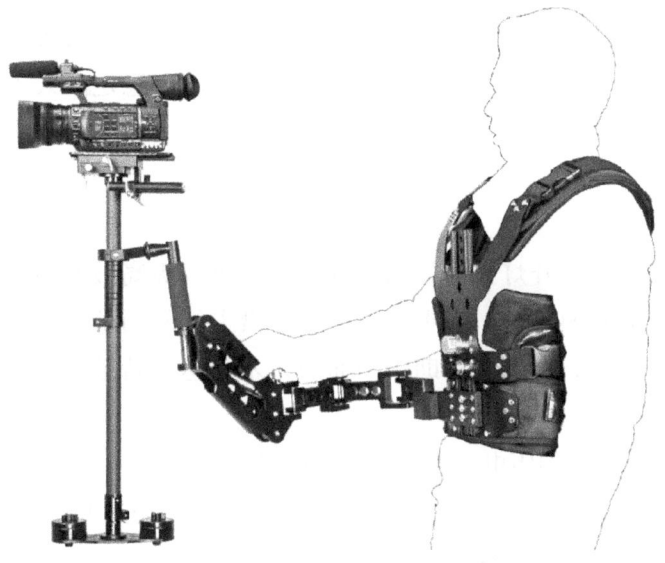

图2-19 背负式稳定器的结构组成

电控三轴稳定器多用于承载数码相机和手持式摄像机，完全可以满足在线课程的拍摄需要。电控三轴稳定器的核心是云台的三轴陀螺仪和配套的稳定算法。云台主要由航向方向电机、横向方向电机以及俯仰方向电机三个陀螺仪电机构成，它们分别控制一个维度。图2-20展示的是大疆如影DJI RS 3稳定器，它包括云台、手柄和快装板，云台可以承重3 kg。稳定器使用前要设定好系统平衡初始值。一旦运动状态发生变化，姿态模块就能成功检测到，然后电机迅速做出反应，通过控制方向和转速来进行运动状态补偿，从而让拍摄的画面保持稳定。

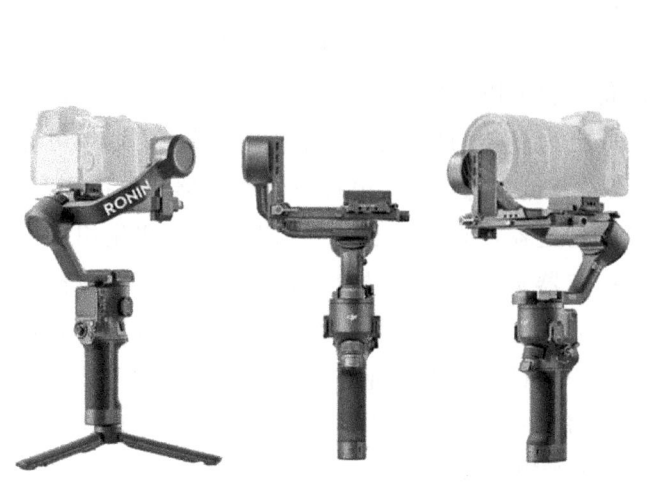 

图 2-20　大疆如影 DJI RS 3 稳定器　　　　图 2-21　手持稳定器应用示例

手持稳定器结构简单，不使用任何背心或电机控制技术，仅依靠机械结构来实现运动补偿的效果。这类设备一般价格相对较低，拍摄画面稳定的效果主要取决于摄像人员的操控技能。图 2-21 是一款手持稳定器应用示例。

二、灯光

在线课程的拍摄离不开灯光的使用。灯光不仅可以提高被照射主体的亮度，改善黑暗拍摄环境，提升画面质量，还能够塑造被拍摄主体的明暗对比，增强立体感，使画面更有感染力。另外，灯光还有助于画面的艺术表达，满足学习者认知过程中的审美心理需求。

视频拍摄中使用灯光的历史由来已久。20 世纪 70 年代以来，伴随着影视技术日新月异的发展，用作创造光影的照明灯具也在不断更新迭代。目前可用的照明灯具主要有钨丝灯、镝灯、荧光灯、LED 灯等。

第一种是应用最久的钨丝灯，它属于白炽灯的一种，因通电后灯泡内部钨丝产生热辐射光源而得名。钨丝灯具有体积小、亮度高、显色性高、色温稳定、无频闪、价格便宜等诸多优点；尤其是它 3 200 K 左右的暖光，对于人物肤色的表现尤为出众，成为影视拍摄中制造暖光源的有效工具。然而，它 90% 的能量都被用于点燃灯丝，只有 10% 的能量被用来发光，这样不合理的发光效率也让白炽灯逐步被淘汰。

第二种是镝灯，它通过灯管内的惰性气体与金属卤化物点燃灯管，具有显色性高、亮度高、结构牢固、光谱完善等优点。一般在外景拍摄时，通常都需要配备镇流器，用来保证电流与电压的恒定关系。镝灯的发热量较高（但比起钨丝灯要低很多），在开启时，需要等待几分钟让灯泡内的金属卤化物放电，慢慢升高温度，才能达到最大亮度。在关灯后需要再开灯时，也需要等待灯泡温度降低到常温后，才能重新点燃灯具。

第三种是荧光灯，它是在日光灯管的基础上改制而来的冷光灯。它的特点是可以多灯组合、体积轻薄、发光面积大、无频闪、基本无发热、光线发散且柔和，是理想的柔光光源。缺点是无法打出硬光，在作为主光使用时，需要靠近人物或选用功率特别大的灯具。

第四种是LED灯，这是一种相对新型的灯光。它拥有轻便小巧、发热低、发光效率高、易启动、易操作、价格便宜等优点。缺点是受散热与芯片技术的限制，目前单灯功率最高只能达到约1 200 W。所以在要求较高的外景拍摄时，依然会使用镝灯。但在室内、实景棚等场景，使用LED灯已成为当前的主流选择。

根据功能作用和形状，LED灯可分为聚光型、散光型、棒形和环形等，如图2-22所示。聚光型LED灯属于点光源，光线比较硬，光斑清晰，具有明显的方向性。在被拍摄者身上有鲜明的明暗反差，能形成明亮的强光效果，可以有效地表现被拍摄者的立体形态。由于光束直径较小，便于控制照明范围，在光束照射的范围内，中心部分最亮，边沿部分较暗，适用于局部照明。散光型LED灯一般是面板式的，属于面光源，具有发光面积大、光线柔和细腻的特点，发出的光线是软光。其照明区域大，亮度均匀，在被拍摄者身上形成的明暗差异小，光束边沿由亮到暗过渡均匀，明暗分解柔和，适合大面积的均匀照明。棒形LED灯可充电，体积小，方便携带，手持使用特别灵活，也可以使用灯架支撑，适合营造不同的画面氛围。环形LED灯属于补光灯，发光面积较大，光线均匀柔和，能够产生非常漂亮的眼神光，是目前直播领域的必备补光设备。

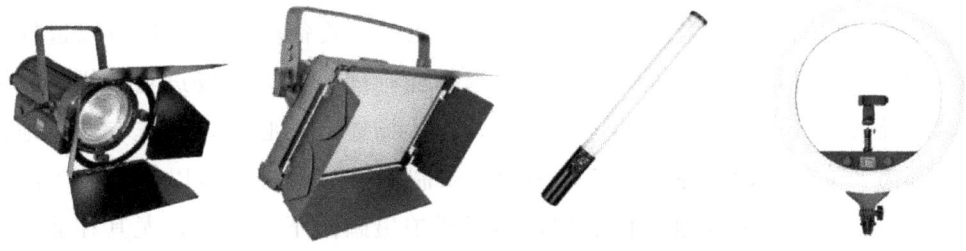

图2-22　几种LED灯的类型

色温、亮度和显色指数是灯光的重要参数。日常课程拍摄需要的色温范围一般在3 200 K至6 500 K之间。新型LED灯光能够通过控制红蓝光的混合比例实现色温连续可调。通过改变LED灯光的电流，能够调整灯光的亮度。显色性代表了灯光对被照物体颜色的还原能力。越接近太阳光的照射效果，被照物的颜色显示就越真实，显色性也越好。显色指数CRI被用来衡量灯光的显色性，以太阳光作为最高值100，一般CRI大于95的灯光可以满足在线课程拍摄需要。

第三节　视频采集

采集视频素材标志着在线课程建设进入实质录制阶段。技术人员需要全面细致地做好采集准备，精心实施采集工作，为课程后续的剪辑、动画包装等编辑制作工作提供丰富的高质量视频素材资源。

一、采集准备

视频采集前需要考虑的因素很多，包括视频采集环境、摄像和录制设备、辅助设备器材和灯光等方面的准备工作。

（一）环境准备

在线课程教师出镜讲授视频拍摄可选择在专业场地或非专业场地进行。专业场地一般指专门建设的演播室，配备有专业的灯光、吸（隔）音设备，以及成套的音视频采集系统。这类场地一般面积有限，适合单人讲授式教学或 2～3 人访谈式教学，既可安排实景拍摄，也可使用虚拟场景拍摄。实景拍摄应结合演播室内背景墙构建实物场景，或使用喷绘背景图的方式设置授课背景，布设相应实物道具，搭建成实际的拍摄场景。虚拟场景拍摄是指根据课程需要设计虚拟的授课场景，然后在演播室内蓝（绿）箱区域进行拍摄。非专业场地拍摄是根据课程内容、摄制设计需要，选择相应实际的拍摄场地环境进行拍摄。这些地方一般能够提供与课程内容相契合的环境，有助于学习者融入教学情境中。比如，装备操作类课程可以选择在装备训练场进行拍摄，心理训练类课程可以选择在心理行为训练场进行拍摄。环境准备要求各类场地首先要有充足的电力供应，专业场地自不必说，而非专业场地拍摄时一般都需要临时布设电源，以满足拍摄、录制、辅助设备器材以及灯光等的电力需求。其次，要对拍摄场地进行清理，确保所拍摄画面干净整洁，尤其在非专业场地拍摄时，尽可能移开可能会入画的各类无关物品。对于确实无法移开的，可通过加强场景设计，让它们融入拍摄场景。在线课程课件制作与后期剪辑中也会使用大量视频素材，这类素材拍摄应根据实际情况，一般在现场进行拍摄，参照非专业场地拍摄完成准备工作。

录制在线课程视频素材一般是指使用录制设备记录计算机类 VGA 视频信号。一般可携带录制设备前往产生计算机类 VGA 视频信号设备所在场地进行录制，也可将信号源设备带至演播室等录制设备集中地进行录制。

（二）摄像和录制设备准备

根据视频采集需要，合理选配摄像和录制设备。拍摄教师出镜讲授视频时，一般可选用摄像机或数码相机。固定机位拍摄时可选用性能更好的设备；拍摄机位需随时变换时，则应选用更加便携的设备。课件和后期剪辑所需的视频素材拍摄，一般选用摄像机，尤其是动态画面的捕捉，由于快速聚焦困难，摄像机的景深大，更适合拍摄这类画面。在进行动态跟踪拍摄、狭小空间拍摄以及水下等特殊条件下的拍摄时，可选用运动相机，充分利用其体积小、成本低的优势。拍摄训练地域、训练场的大场景，以及大型户外教学训练活动的大全景时，需要体现大纵深、大跨度的画面，一般使用无人机进行航拍。若选用可换镜头摄像设备，如数码相机时，还要考虑需拍摄画面的景别，配套相应焦段的镜头；若需同步采集现场声音，还要为摄像设备配套无线话筒，或为设备自有话筒准备延长音频线缆。

使用录制设备进行视频信息转录时，应尽可能使其与视频信号源设备的接口匹配。如果接口不同，则要准备信号转换设备，以确保转换后的信号能顺利接入录制设备并完成录制。

为所有设备配备数量充足的电池，并确保充满电，携带必要的充电和直供电附件。预估需采集的视频素材时长，并按照容纳不少于 2 倍时长的标准准备容量充足的存储卡。必要时应携带读卡器。注意，可以使用电脑删除存储卡上的视频以腾出容量，但尽量不用电脑格式化存储卡，因为有时摄像设备不识别电脑格式化的存储卡。必要时可使用摄像设备对存储卡进行格式化操作。

（三）辅助设备器材准备

在拍摄之前，应先观察拍摄场地，选择好最佳的拍摄机位或运动路线。再根据拍摄需要，确定架设辅助设备器材的位置。

架设三脚架时，需根据地面情况选择合适的脚垫安装在脚管底部。调整延伸器，使脚管张开合适的角度，并优先拉出使用较粗的管节。拉伸节数越多，稳定性就越不好，所以没有特殊情况尽量不要将脚管全部拉伸出来。与调整延伸器相配合，将脚架调整到合适的高度，锁紧脚管锁扣。为便于摄像师操控摄像设备，三脚架应有正确的朝向。调整方法是将两支脚管摆在前，其连线大致垂直于机位与被摄主体连线，这样摄像师可以站立在三脚架左后方的两支脚管之间，避免两腿跨于一支脚管两侧。这样可以更靠近拍摄设备，且在拍摄时不易碰到脚管引起晃动。根据云台水平仪指示，将云台调整至水平状态。安装拍摄设备时，通过云台托板调节拍摄设备在云台上的前后位置，确保设备重心在云台中心。轻晃整套设备，确保整套设备稳固。

铺设摄像轨道时，场地上的杂物如各类线缆等要清理，避免碾压造成损坏。铺设轨道时，地基一定要坚实平稳。在室内使用时，地基一般都比较稳定；但是在户外环境中，拍摄地点的地况较复杂，坑洼不平、松软泥泞的情况不可避免。此时应在轨道下方塞进若干木楔子，并借助水平尺调整轨道平面的水平。如果地面起伏非常明显，还需要用砖头或者利用现场的木箱等结实物体作为基础，然后再架设轨道。轨道与轨道之间的接头一定要连接紧密，对接好之后按下锁扣。不得让轨道的接头吃力不平整，否则既影响轨道车的使用，对轨道本身也会有损伤。轨道铺设好之后，要架上轨道车试一试推拉运行是否正常、有无声响。如果有声响，则可能是没有铺设平稳，需要调整木楔子、塞紧塞实，并校准水平。

小摇臂的正确安装是安全稳定使用的基础。安装位置地面一定要平实。先将三脚架架设稳定并调整至水平状态，然后安装摇臂杆。与三脚架之间的连接部分一定要平稳，固定手柄要拧紧。再将云台和摄像设备安装在摇臂前端，在后端安装配重，并拉出后平衡杆，直至将前后调整为水平状态。调试操控灵活度，在活动范围内不得触碰周围物品，以确保使用安全。

电控三轴稳定器使用前应充满电。将拍摄设备安装上后应进行调平操作。这不仅能充分发挥稳定器三个电机的最大功率，达到稳定影像拍摄的完美效果，更可以大大减少电池的能耗，让拍摄工作更持久高效。使用手持稳定器前同样要进行调平操作，这样方能拍摄出平稳的画面。

(四) 灯光准备

在线课程拍摄一般应营造轻松的学习氛围，因此灯光运用与影视拍摄有所不同。无需通过光影变化激发情感起伏，也不需要强烈明暗对比勾勒画面。以用光均匀为主，把主体拍得清晰、真实就好。演播室等专业场地内配置有充足的灯光。课程拍摄前，可根据需要选择使用部分光源，不宜过多、过亮，能满足需要就好。需要注意的是，演播室中往往顶部吊灯较多。在利用蓝（绿）箱拍摄教师授课抠像画面时，要注重地灯等低角度灯光的使用，加强人物腿脚部照明，避免出现人像全景时上半身色彩、亮度正常，下半身颜色灰暗的情况。在非专业场地室内拍摄教师授课画面时，一般应携带必要的专业灯光。以传统的三点式灯光为基础（图 2-23），再适当补充必要灯光，完成现场灯光布设。当外出拍摄携带的灯具数量不足时，应首先利用现场条件照明，再用自带灯光做补充，并调整所带灯光的色温，尽量与现场自然光色温一致，以保证画面色彩真实自然。当外出拍摄没有携带灯具时，应使用制式反光板为拍摄主体补光，也可利用现场的白色泡沫板等白色物体代替制式反光板。

图 2-23 三点式布光法

二、采集实施

学习掌握摄录设备器材的基本知识,为采集视频素材奠定基础。充分的准备工作为采集实施创造条件。进行视频素材采集应熟悉一般的实施步骤,掌握拍摄的基本方法,合理使用相关的辅助设备器材,在实际操作中不断积累方法技巧,总结经验,提升专业技能。

(一) 设备启动

采集视频信息时,首先打开摄录设备,确保设备处于正常工作状态。检查设备的主要功能参数、按键设定,包括工作模式、音视频格式、帧率、音频来源、记录在哪个声道等。按下录制按钮试着拍摄几秒,以确认设备工作正常。

(二) 拍摄

使用摄像机、数码相机拍摄时,第一步要确定拍摄设备的持机方式,可分为固定机身方式和徒手持机方式两种。固定机身方式是指将拍摄设备固定在辅助器材上进行拍摄的方式,包括使用三脚架、摄像轨道、摇臂以及稳定器等,也可根据现场条件将拍摄设备放置于桌、椅或其他固定器物上,作适当调整后进行拍摄。只要现场条件和时间允许,应尽可能采用固定机身方式拍摄,尤其是教师讲授视频的拍摄,更应该采用这种方式。三脚架是最常用的辅助器材,使用时右手握持三脚架把手,控制云台各个方向摇动，左手负责变焦、聚焦、摄录以及其他功能按钮的操作。徒手持机是一种便捷、多见的拍摄方式，便于对拍摄现场情况变化做出快速反应，但拍摄的画面不如固定机身的方式稳定。徒手持机时，双腿分开站立，以站稳舒适为准；上身平直，确保身体稳定；操控摄像机时，右手持握机器，食指、中指控制变焦，大拇指控制摄录钮，左手调整聚焦和其他功能按钮；两肘尽量贴近身体，以增加设备稳定性。腰部要与手臂动作配合，"摇"摄时腰部转动，"移"摄时腰部起缓冲作用。便携式拍摄设备体积小、重量轻，可采用托式、举式或拎式拍摄。采用托式时，尽量用右眼贴住寻像器取景，这样可以让画面更加稳定，左眼时闭时睁，不时观察现场，关注周围情况，尤其是注意被摄主体的运动趋势。采用举式主要用于抬高机位，此时只能通过旋转显示屏角度观察取景，由于拍摄设备离身体较远，因此画面不容易稳定。拎式既可用于降低机位拍摄低角度画面，又可减弱"移跟"拍摄运动目标时画面的晃动，此时右手拎着拍摄设备，左手负责变焦和聚焦。

第二步是确定拍摄机位。需要从距离、方向、高度和轴线四个方面进行考虑。应根据画面拍摄要求和现场具体情况确定拍摄距离的远近。对于教师出镜讲授和实验操作等画面时，拍摄距离一般较近，便于使用中长焦距拍摄人像中景、短中焦距拍摄人像授课全景、长焦距拍摄实验操作细节等。对于表现训练活动现场整体情况的画面，拍摄距离一般较远，也可使用无人机进行航拍。拍摄方向是指拍摄设备与被摄主体在水平面上的相对位置。正面拍摄时，拍摄机位在被摄主体的正前方，能较好地展示人物等主体的形象特征，是在线课程拍摄时采用最常用的拍摄方向。侧面拍摄时，拍摄镜头轴线垂直于主体朝向，有利于表现主体运动方向、状态和路径，还能反映主体立体形态，也适合表现主体人物之间的交流、对抗行为。背面拍摄是从被摄主体背后进行拍摄，可将主体与背景融为一体，画面与主体人物视向一致，有"主观镜头"意味。斜侧面拍摄是指拍摄镜头轴线与主体视向成一定角度的拍摄，此时画面具有较强的立体感和纵深感，透视效果明显，更加生动活泼，也更有利于安排画面中的主体和陪体，区分主次关系。拍摄高度就是确定机位的高低，不同高度可产生俯视、平视和仰视等不同角度的构图变化。平视拍摄最符合人眼观察习惯，被摄主体不变形，画面平稳，拍摄的人物显得真切亲近，是教师出镜讲授时的主要拍摄方式。仰视拍摄时，被摄主体高于拍摄机位，此时地平线较低或在画外，有利于突出主体的高大挺拔，能夸大人物运动幅度，但镜头画面不宜过长，否则会给人造成画面不稳定的感觉。俯视拍摄时，拍摄机位高于被摄主体，有利于展示场景内景物层次或表现环境规模，可以清楚看出场景内人物活动、空间关系，常用于拍摄现场教学训练活动的大全景。轴线是拍摄时不可回避的一个重要因素，现场拍摄时处理不好，会给后期编辑造成麻烦。如果最终呈现给学习者错误的越轴镜头，会给人带来错乱的时空逻辑，严重影响学习效果。轴线是由被摄主体的朝向、运动或被摄体之间的交流关系形成的一条虚拟直线。为保证被摄对象在画面空间合理的位置关系和统一的运动方向，在进行相同场景中一组连续镜头的拍摄时，应遵守轴线原则，即相邻镜头中呈现的运动方向或位置关系保持不变。这要求拍摄机位始终保持在轴线的一侧区域内，确有需要变换到另一边时，可插入跨越轴线拍摄的镜头或空镜头等作为过渡镜头。遵守轴线原则时，画面节奏平稳和顺，画面内容表现合理且具有逻辑性，学习者观看时视觉流畅、心理稳定，有利于提高学习效果。

第三步是准确控制曝光和聚焦。首先设置拍摄设备的白平衡。当使用自动白平衡无法真实还原被摄主体颜色时，应使用手动白平衡。可以根据现场灯光色温直接使用预设的白平衡挡位，如果色彩还不准确，则应该现场即时调整白平衡。方法是先将标准白色卡（或白纸）放在被摄主体所在位置，调整拍摄设备光圈为自动，通过镜头的变焦，将白色卡充满取景框，按下白平衡调整按键，几秒后拍摄设备将自动校准白平衡。其次是调整光圈，使被摄主体曝光准确。当被摄主体是人物时，应以面部曝光合适为准合理设置光圈。为了快速设置准确的光圈，可在光圈设置为自动时拍摄人物面部特写，然后锁定光圈为手动，此时的曝光基本是准确的。另外，也可借助斑马线来调整光圈到最佳。最后是设置镜头聚焦方式。一般可使用自动聚焦，当自动聚焦不准或易跑焦时，应设置聚焦方式为手动，然后通过变焦推镜头至最长焦端拍摄被摄主体，旋转镜头聚焦环直到画面最清晰为止。若被摄主体为人物，则应确保人物眼睛最清晰，此时为最佳聚焦。

第四步为取景和构图。取景是视频采集人员在教学和训练场景中，通过镜头的变焦截取最理想的部分，使之成为影像画面的过程。取景时，要注意把握学习者应该看到的画面和学习者想看到的画面这两点，抓住学习者的认知心理进行取景。通过取景可得到不同的景别。景别是指被摄主体和画面形象在屏幕框架结构中所呈现出的大小和范围，可分为大全景（远景）、全景、中景、近景和特写等。以教师出镜讲授为例，大全景可展示开阔的教学现场，人物在画面中所占面积较小，不适合用作在线课程的主要景别，但它能满足学习者了解"课堂"全貌的心理，因此也是必需的；全景既能完整表现教师的全身和形体动作及部分教学环境，也方便为课件显示留出空间，可以作为授课时的常用景别；中景表现教师膝盖以上的形象，既能清晰展现教师的教姿教态，拉近教师与学习者之间的心理距离，也能兼顾同屏展示课件，乃至表现教师结合课件教学的场景，因此可以作为教师出镜讲授时的主要景别；近景显示教师胸部以上的画面，表现面部表情神态，适用于访谈对话时使用，或者用于反映操作装备器材的场景；特写表现人物肩部以上的部分，面部表情神态更清晰，但视觉冲击力较大，一般不用于授课中的教师画面，多用于表现操作设备的细节，或者装备器材的局部结构等。景别与构图密切相关。构图是指将被摄对象与画面中其他造型元素有机地组织在画面中，构成具有较完美视觉形象的艺术创作；构图时画面应横平竖直、均衡稳定、适当留白，考虑学习者的视觉中心，被摄主体应接近画面中心，满足学习者的认知和审美心理。通常可采用中心构图、对称构图、井字形构图、三角形构图、对角线构图等。

  第五步为合理设计运用固定和运动镜头。固定镜头是指拍摄设备镜头处于静止状态时所呈现的画面，也就是在固定机位（拍摄距离、角度）、镜头焦距也不变的情况下所拍摄的画面。它的视觉效果仿佛是在凝目审视某一事物，这与人们日常生活中静止观看的视觉习惯相同，符合人们为了详尽观察某一事物，而在静止状态下集中注意力进行观察的规律。由于对在线课程画面的基本要求是看得清，因此，拍摄在线课程时，多采用固定镜头。当然，这并不意味着固定镜头所表现的画面是静止的，它可以表现出拍摄对象的"动"。比如固定镜头拍摄老师出镜讲授的画面时，老师的手势、体态动作、面部表情等都是动态的。如果拍摄的是天线架设等实操类画面，一组固定镜头配合使用可以把天线架设的过程表现得很清楚，非常有利于学习者掌握步骤、技巧。运动镜头是指通过改变机位、镜头光轴或焦距进行拍摄的画面。运动镜头的"动"主要有推、拉、摇、移、跟以及多种运动形式结合使用的复合运动。一个完整的运动镜头应当包括起幅、运动、落幅三部分。起幅是运动镜头开始时的固定画面，取景画框保持不动，应当有适当的时间长度，如 2~3 s，以便交代清楚画面内容；落幅是运动镜头结束时的固定画面，应构图完整，镜头稳定，也要保持一定的时间长度，如 1~2 s；运动画面位于起幅与落幅之间，拍摄时应把握镜头运动的速度，快慢要适当，尤其是注意保持速度均匀一致。推镜头是通过改变镜头焦距由短到长产生的运动镜头，画面拍摄的范围由大到小，场景中的次要部分逐渐离开画面，起到突出被摄主体和强调局部细节的作用；拉镜头与推镜头在操作上刚好相反，是通过改变镜头焦距由长到短产生的运动镜头，画面表现的场景由小到大，逐渐显露出更多的场景要素，起到交代被摄主体所处位置及与周围环境关系的作用；摇镜头是转动镜头光轴产生的运动镜头，既可以是水平摇，也可以是垂直摇，能起到表现教学场景空间、引导学习者视觉注意、反映被摄主体的空间位置关系等作用；移镜头是没有镜头光轴转动时移动机位拍摄的画面，可分为平移、升降和进退等，它符合人的日常视觉体验，如在运动中观看周围的环境，能够产生画面内容和结构上的变化，对教学训练场景进行多角度、多景别、多层次、立体化的完整、连贯表现；跟镜头是拍摄设备跟随被摄主体一起运动，表现主体运动状态的拍摄方法，既可以是摇跟，也可以是移跟，主体表现明确，在画面中相对静止，更加适用于教学训练中操作示范动作类画面的拍摄。

  第六步，摄录。当拍摄一个镜头的时机成熟时，即可轻按拍摄按钮启动拍摄。在拍摄期间，要实现画面的稳、平、实、美，即稳定拍摄设备，确保画面稳定；手持设备或进行运动拍摄时宁晃勿抖，因为画面抖动比晃动更难以让人接受。要正确构图，做到景别格"准"构图"平"，画面形式要美观。要精确聚焦，确保画面记录全过程焦点都要聚实，尤其是要处理好运动镜头拍摄时的聚焦；画面记录过程中，当画面场景中光线发生变化时，如果拍摄设备工作在自动聚焦模式，可能会出现短暂失焦的情况，因此拍摄固定镜头时尽可能使用手动聚焦。根据拍摄意图，正确控制曝光，在同一个镜头中，一般保持曝光不变。每个镜头应有足够的持续时长，固定镜头至少拍摄 5 s 以上；运动镜头的起、落幅不少于 2~3 s，可适当延长起、落幅时间，为后期编辑留足创作空间。当完成一个镜头画面的记录后，应及时再次按下拍摄按钮以结束拍摄。

（三）辅助设备器材使用

使用三脚架拍摄固定画面时，身体不要接触三脚架，尤其在拍摄设备记录期间，不得意外触碰；拍摄运动镜头时，一般右手持握手柄，控制云台水平和俯仰摇动，左手操控拍摄设备，控制镜头聚焦、变焦和拍摄按钮；为了拍摄更加稳定的画面，有时也可用双手抱握拍摄设备进行摇摄，或者双手握持液压云台上盘至托板部位进行摇摄。需要变换机位时，一般要先从云台上取下拍摄设备，三脚架重新设置完成后再安装回拍摄设备；变换拍摄位置时，要确保三脚架稳固地放在地面上，避免出现晃动，必要时可在三脚架上悬挂重物，增加稳定性。

使用轨道辅助拍摄时，关键是要推稳轨道车。当拍摄设备和摄像人员在轨道车上就位后，推车人员应先推动轨道车感受整体重量和需要的推车力度，然后根据镜头拍摄需要标记运动起点和终点，预演几次把握运动速度。拍摄速度较慢的镜头时，将手臂向前伸出，手握车把手，手臂微微弯曲，并提前用力，在开始推的一瞬间，将身体重心向前，借助身体前倾的力量，通过手臂弯曲将力量进行缓冲，使得起幅柔和平稳。拍摄较快速运动的镜头时，双腿前后交叉，让整个身体前倾，开始推的一瞬间用腿发力，这样会让轨道车的启动初始速度较快，同时更容易进行轨道加速。拍摄速度极慢的镜头时，可蹲下身体，人处于轨道车侧面，手扶轨道车边缘，用手臂的力量移动轨道车。运动期间，步伐应平稳，步频应一致，为了保证画面没有明显的抖动，并且保证多次拍摄同一画面时的一致性，需要注意起幅、落幅的平稳顺滑。

小摇臂常用于升降、水平摇摄，以及斜向 45°运动拍摄，在使用时，尽量一个人操作，以避免两个人操作时合力影响拍摄时的运动轨迹。使用时多在前端操作，直接控制云台手柄或拍摄设备，就可以完成较复杂的运动镜头拍摄，得到具有空间调度感的画面。另外，小摇臂虽然臂长有限，但也比人、三脚架取景高度范围更大，既可以升起俯拍装备结构、操作示范等画面，也可以非常低的机位拍摄小运动范围摇摄画面。

手持拍摄设备或使用稳定器时，尽可能穿一双鞋底相对柔软的平底鞋，鞋底较硬的皮鞋或者高跟鞋不利于平稳走动。移动时，双膝微曲，将重心降低，向前走时，脚后跟先着地，向后退时，脚尖先着地，尽量平稳、匀速地行走。双手握持稳定器时，双臂要收拢，可以减轻由于走动时身体上下颠簸带来的晃动。

（四）录制

采用录制方式采集视频素材，准备工作期间应已经完成设备准备和信号连接，需要记录的信号已经正确接入录像设备或采集系统，以录像设备或采集系统的输出视频为验证依据。视频应清晰、稳定，如果画面有异常，应检查视频分辨率、扫描频率、帧率等参数。根据后期编辑的需要，设置好记录视频信号的格式，按照课程内容需要启动信号源播放，按下录制按钮开始记录。对于较长的操作演示类内容，可以分段记录、多次重复记录，以确保记录下满意的画面。

三、综合应用

视频拍摄仅仅是一项专业技能，而在线课程的视频采集则是一项具有挑战性和创造性的工作，需要担负课程建设任务的技术人员结合制作需求和实际情况，发挥主观能动性，灵活调配使用各种拍摄和录制设备、器材，充分激活便携式在线课程录制系统的应用效益。

（一）单机位拍摄

依托自有技术力量建设在线课程时，经常面临人员、设备数量有限的情况。当只能设置单机位拍摄教师出镜讲授视频时，要充分发挥拍摄设备性能，综合考虑教师实际情况设计拍摄方案。如果拍摄设备能够进行 4 K 及以上的高分辨率拍摄，可考虑利用所拍摄画面分辨率高的优势，在后期编辑时通过画面的裁切和重新构图，形成新的 1 920×1 080 高清画面，与原始画幅配合，实现双景别画面的编辑。例如，使用 4 K 模式拍摄教师出镜授课的全身景画面，在后期编辑时，通过画面裁切形成教师半身的近景画面，这样就可以实现教师全景与近景画面混切的视觉效果了，如图 2-24 所示。如果拍摄设备不支持 4 K 及以上的高分辨率拍摄，或者后期设备性能无法满足 4K 编辑需要，则应按照主用景别构图拍摄高清版的完整基本视频素材。有条件时，再按需拍摄次用景别的相同教学内容，以方便后期编辑时灵活进行多画面剪辑。例如，拍摄教师出镜授课时，一般先把主用带人像的中景画面拍摄完整，再根据需要重新拍摄部分近景或全景授课画面。有条件的可完整拍摄，这样通过后期剪辑，就可呈现双机位拍摄的效果。这既可以通过画面的切换引起学习者的注意，防止长时间观看相同景别画面带来的视觉疲劳、注意力下降现象，也能通过画面的切换，剪掉教师讲授"卡壳"、口误、吐字不清等画面，确保不跳帧和画面的连续性。不仅是教师出镜时的拍摄需要采用上述策略,即使在拍摄人物不出镜时的各种素材片段时,也应参照上述方法,尽可能用单个机位拍摄出教学训练场景的多角度、多景别画面,给后期编辑预留更大的创作空间。

全景画面　　　　　　　　　　　　　　裁切后的近景画面

图 2-24　4 K 模式拍摄时的裁切效果示意图

(二) 多机位拍摄

随着信息化教学训练保障条件的改善,使用多台设备拍摄在线课程授课场景也越来越普遍。实践中,要综合考虑机位安排、景别设计、音频记录、色彩一致性等因素,做到科学合理、精准适配,充分发挥好保障条件的应用效益。

在线课程拍摄机位安排和景别设计要统筹考虑,使得采集到的画面有利于营造出真实的教学情境。这就要求在进行多机位同步拍摄时,既要有表现全景的画面,又要有表现丰富细节的画面。以使用双机拍摄双人访谈式课程为例,应安排一个全景机位,位于访谈对话的两人正前方拍摄全景,画面不仅要把两人全部收入,还应适当包含访谈现场的置景。机位距离人物不宜太近,避免广角拍摄引起画面失真变形。机位高度以摄像机镜头高度不低于人物眼睛为宜,如果机位较远,可适当升高机位,以增加人物访谈区域的空间层次。另外,要设置一个近景机位,应尽可能靠近全景机位,拍摄角度要兼顾访谈两人的正面近景。机位距离不近于全景机位,机位高度以摄像机镜头高度与人物眼睛保持水平为宜,不高于全景机位。在实施拍摄中,全景机位取景完成后一般不必再进行操控调整,而近景机位应有摄像人员实时操控摄像机,对正在说话的人物进行跟踪取景。需要注意的是,拍摄近景的摄像机在跟拍发言人物时,光圈一般是保持恒定的,因此访谈的两人面部用光要恰当,保证对两人采用相同曝光参数时画面明暗都合适。再者,近景跟拍时取景构图动作要快,确定构图以后要稳住摄像机,确保画面不再摇动。在做后期剪辑时,近景机位跟拍时摇动的画面会被全景机位画面替换。

多机位拍摄时,现场话音记录需要结合实际进行合理规划。现场只有一个人说话时,使用一支话筒采集声音,接入一台摄像机进行记录;同时,其他摄像机也应使用自带话筒记录下现场的话音,作为后期剪辑时校准不同视频编辑点的参考音。现场不止一个人说话时,最理想的声音记录方案是为每人配一支话筒,每支话筒采集的声音都接入摄像机进行记录。每台摄像机至少可以记录两路外接的声音,这样在后期编辑时可以灵活地进行编辑处理,不过后期编辑调整的工作量比较大。如果现场有调音台,可把各话筒采集的音频统一接入调音台,混音后输出一路合成好的声音交由一台摄像机记录即可。同样,其他摄像机也应使用自带话筒记录下现场的话音,用作后期编辑的参考音。这种方案后期编辑音频的工作量较小。拍摄现场说话的不止一人,且话筒数量不足,不能为每个人配一支时,可以将话筒放置在各人面朝向的中间位置,兼顾各人话音的采集;也可让发言人轮流使用话筒,逐人分段拍摄,当然这样安排的现场教学效果可能会受到影响。

多机位拍摄时,需要保证不同机位拍摄的画面色彩、明暗的一致性。在拍摄前应科学合理布光,使得现场照明光源色温一致,各取景区域光线照度均衡。各机位的摄像机尽量使用同一品牌型号,并按照取景分工,针对所拍摄的区域进行白平衡调整。为了弥补不同品牌摄像机的成像色彩差异,校准白平衡时,可以使用不同的色卡。摄像机应工作在手动曝光模式。在调整不同摄像机位画面色彩和明暗时,要仔细比对不同机位拍摄相同人物的面部画面,确保视觉效果一致。

(三)视频采集系统运用

教育数字化是大势所趋,不少课程建设单位都投资建设了专业演播室或直录播教室。课程建设团队可以利用这些场地功能完备的视频采集系统进行课程拍摄。有些课程的拍摄离不开特定的教学训练场所,在这些地方临时搭建视频采集系统进行课程拍摄也很常见。视频采集系统不仅包含摄像设备,一般还有信号传输、转换设备器材,画面和声音监看监听设备,导播切换设备,信息记录设备等,如图2-25所示,这是一个视频采集系统的组成框图。运用视频采集系统拍摄在线课程,应按照以下步骤进行:熟悉系统功能配置,确定拍摄方案,周密组织协同拍摄。

组织拍摄前,第一步,要熟悉了解视频采集系统的设备器材及功能配置情况,以及它可以实现的功能,为根据课程拍摄需求制定拍摄方案提供依据。需要掌握的信息包括:视频采集系统包含哪些子系统,各子系统由哪些设备组成,摄像设备的数量和性能,导播切换设备信号容量,虚拟系统配置,记录设备性能,信号监视和格式转换关系,以及导播通信控制情况等。第二步,根据课程拍摄需求确定拍摄方案。拍摄方案要能很好地满足教师授课需要,为教师提供方便灵活的授课条件,营造良好的教学氛围,便于教师顺畅开展授课活动。从技术角度,要兼顾采集信号的质量要求和拍摄工作的效率需要,平衡好系统复杂度和工作流程的关系,充分发挥视频采集系统功能,降低后期编辑技术复杂度,缩短制作周期。采集视频可采用单机位分别记录、系统综

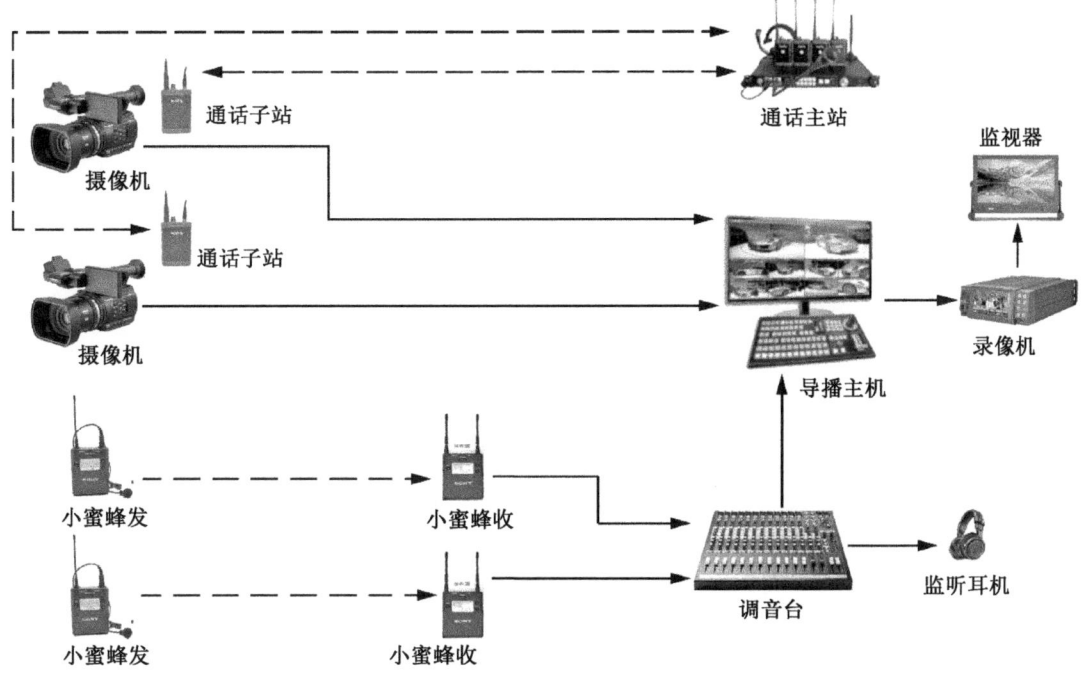

图 2-25 视频采集系统组成框图

合调度调控完成课程素材拍摄的轻量化运用方案;也可采用根据授课进程实时导播切换,记录为成品课程的完整运用方案;还可以利用系统实现授课虚拟场景合成记录、实时授课课件视频完整记录等特定任务,完成课程素材的采集,便于素材直接上线剪辑,大大减少后期编辑的工作量。第三步,周密组织协同拍摄。利用视频采集系统拍摄在线课程是一项比较复杂的综合性工作,根据拍摄方案做好设备器材和人员统筹是完成好素材采集任务的基础。视频采集系统一般配置多机位同步拍摄,在布设拍摄机位时,要确保各机位拍摄的画面互相不穿帮,即画面中不得出现其他机位的摄像机(员)。合理设置教师授课的拾音话筒,做好话筒线缆的隐蔽,既能确保拍摄到的视频画面美观,也能保证拾取到的话音质量。导播、摄像、提词和课件播放等各岗位工作人员要密切配合,利用内部通话系统及时沟通,协助授课教师顺畅授课,共同推进授课现场录制工作,同步做好场记,方便后期合成剪辑。

第三章 音频采集设备器材

音频是在线课程中不可缺少的基本媒体元素，它不仅可以伴随视频画面共同呈现教学内容，形成在线开放课程、视频公开课等，还可以单独应用，制作为音频课。对于学习活动来说，声音和画面都有着重要的作用。法国电影理论家克里斯蒂安·麦茨（Christian Metz）认为，视频是通过影像、出现在屏幕上的文字及图形、语言（对白和旁白）、音乐和音响（效果声和环境声）等五种渠道提供信息的，而声音传播的信息往往比画面更为丰富。在观看视频的同时，我们听到的声音极大地影响着我们对画面的理解。同样的一组画面配上不同的声音，可以赋予其完全不同的意义。声音的加入能使画面活起来、更加生动自然，能多层次、多方位地表现画面内容，增加画面信息量，让学习者更好地理解学习内容，大大提高学习效率。

在线课程中的微视频，其声音有三种表现形式：人声、音乐、环境背景音。人声即授课老师的声音，或者画面中其他人物发出的声音，可以充分引导学习者；音乐可以渲染气氛、烘托情感、深化学习内容；环境背景音用于交代环境，让学习者感受视频中的现场情境，增强"现场"学习体验。

音频获取的主要渠道是录音，音频采集设备是便携式课程录制系统的重要组成部分。本章主要介绍音频采集设备及辅助器材。

第一节　音频采集设备

音频是承载信息、传递知识的重要载体，获取音频是利用它的前提。声音由物体振动产生，通过介质（空气、固体或液体）传播。在线课程中的声音主要通过空气传播，并由专门设备将空气振动的动能转化为电能，然后再进行传输、记录、处理和应用。用于在线课程建设的完成这种能量转换的专门设备通常称为话筒，而摄像机和音频工作站等则可用于记录声音。

一、音频拾取设备

无论录音技术怎样发展，人的声音、自然界的声音都必须先通过话筒进行信号的电子转换后才能进行后续的数字化处理。换言之，话筒是模拟声音信号的入口，是决定声音质量的第一道关口。话筒的质量直接决定了录音音质的好坏，同一个话筒的不同位置、不同角度的摆放处理会得到截然不同的声音效果。

目前，比较公认的世界知名话筒品牌如表 3-1 所示，图 3-1 展示的是几种常见话筒。话筒的作用是将声能转换成电信号，所以它的另外一个名字叫做换能器。根据不同的分类方法，话筒可以分为不同的种类。根据换能原理的不同，话筒可分为动圈式和电容式；根据从空间不同方向拾取声音的灵敏度，话筒可以分为全指向性、双指向性和单指向性；从声音传输方式上，话筒可以分为有线和无线等。

表 3-1 世界知名话筒品牌

国家	话筒品牌
德国	纽曼（NEUMANN）、森海塞尔/声海（SENNHEISER）
奥地利	爱科技（AKG）
美国	舒尔（SHURE）、EV
日本	铁三角（audio-technica）

纽曼一拖二话筒

舒尔话筒

铁三角话筒

图 3-1 几种知名品牌话筒

（一）动圈式话筒

动圈式话筒是利用电磁感应现象制成的，将声音振动信号转变为电信号。当声波使振膜振动时，连接在振膜上的线圈一起振动，音圈在磁场里振动，产生感应电流，即电信号，其原理如图 3-2 所示。

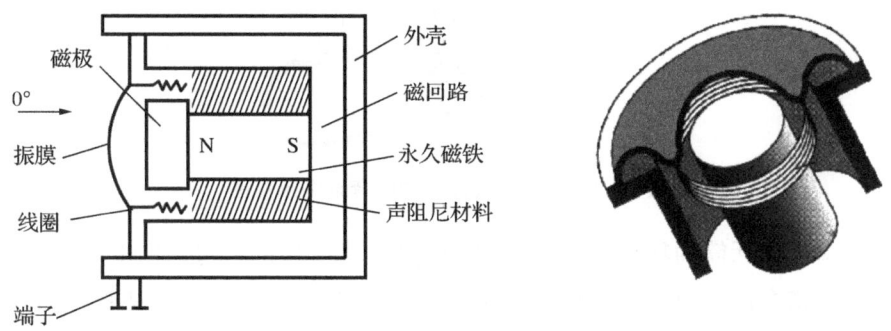

图 3-2 动圈式话筒结构原理示意图

动圈式话筒的主要特点是结构简单、坚固耐用，不需要供电，噪声较低，价格也比较便宜。动圈式话筒主要应用于授课、演讲、演唱和一些乐器演奏等场合。

（二）电容式话筒

电容式话筒是利用电容大小的变化，将声音信号转化为电信号。利用导体间的电容充放电原理，以超薄的金属或镀金的塑料薄膜为振动膜感应声压，以改变导体间的静电压直接转换成电信号，结构原理如图3-3所示。

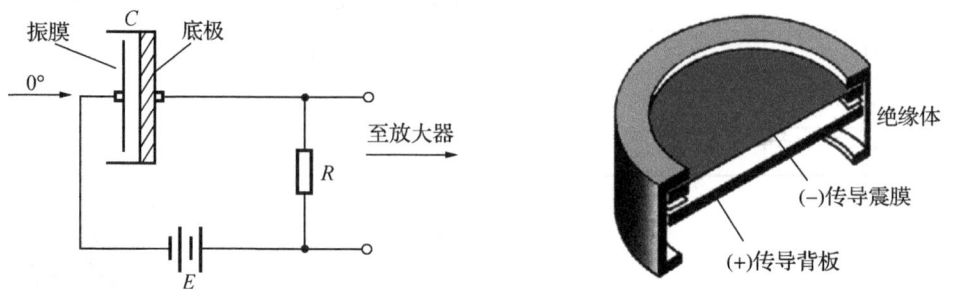

图3-3　电容式话筒结构原理示意图

电容式话筒的主要特点是灵敏度高、动态范围宽，音质好、频率响应宽而平坦，体积小巧；但使用时需要供电。电容式话筒主要应用于人声、乐器等远距离拾音，以及录音、广播、会议等场所。

（三）全指向性话筒

话筒指向性是话筒对来自空间各个方向声音灵敏度模式的一个描述，是话筒的一个重要属性。全指向性话筒，也称为无方向性话筒，对所有角度的声音都有相同的敏感度，意味着它可以从所有方向均衡地拾取声音，其收音范围如图3-4所示。

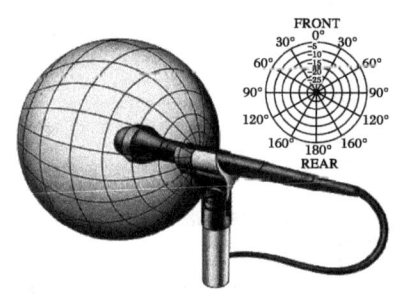

图3-4　全指向性话筒的收音范围示意图

根据全指向性话筒的特性，话筒不必指向某一特定方向，最适用于拾取房间内的环境效果。全指向性话筒主要应用于个人、乐队演唱会表演或坐在座椅上围绕单个话筒的电视节目等场景中，也可以在课堂教学实录时，布设在学生区域。全指向性话筒的缺点是不能有效地降低或消除不希望有的声音，如摄像机的噪声、现场周围的噪声、广播扩音器的噪声等，不能单独提高主要说话者的声音，有时还可能会产生回音和啸叫。

(四）双指向性话筒

双指向性话筒，也称为"8"字形指向性话筒，对来自话筒正前方和正后方的声音信号具有很高的灵敏度，但是对来自话筒侧面的信号不太敏感。这样，它的拾音范围在图纸上呈现出一个"8"字，而话筒的位置就正好处于这个"8"字的切分点上，故而得名，其收音范围如图3-5所示。

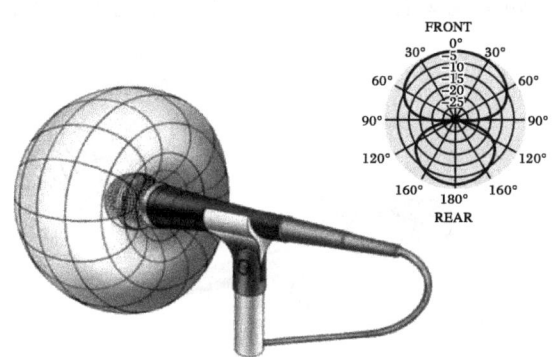

图3-5 双指向性话筒的收音范围示意图

根据双指向性话筒侧面对声音信号灵敏度极低这一特性，话筒主要应用在两个乐器之间或是两个人面对面站立的室内场景中，供两处声音一起录制，同时保留了二者的独立性。拍摄两人面对面访谈式课程时，可以考虑使用这种话筒。

(五）单指向性话筒

单指向性话筒对来自一个方向的声音敏感。根据声音特性曲线可以分为4类：心型指向性话筒、超心型指向性话筒、过心型指向性话筒和特心型指向性话筒等。

心型指向性话筒的正前方对音频信号的灵敏度非常高，而到了话筒的侧面（90°处），其灵敏度虽然也不错，但是比正前方要低6个dB；对于来自话筒后方的声音，它则具有非常好的屏蔽作用，其收音范围如图3-6所示。在声音录制时，心型指向性话筒可对房间混响、声泄露、反馈和背景噪声实现最大化隔离。这种话筒作为歌手最常用的话筒类型，是演出现场或录音棚中的常客，也适合于教师讲授话音的收音。

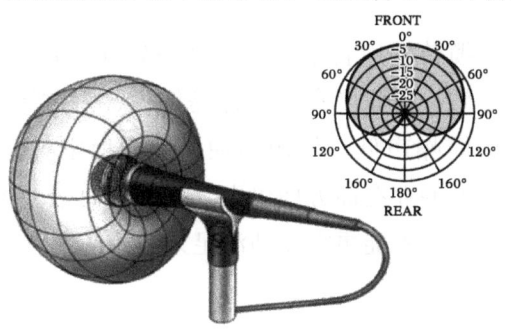

图3-6 心型指向性话筒的收音范围示意图

超心型指向性话筒的拾音区域比心型指向性话筒更窄，可以接收前方较远范围的声音，同时能够抵消更多来自话筒侧面方向的声音，其收音范围如图3-7所示。超心型指向性话筒主要应用于室内乐队的多轨录音中，以减少来自附近其他乐器的声音干扰；还适用于吵闹的环境中拾取单一声源，能够最有效地消除干扰声；多人访谈类在线课程录制中，可为每人布设一支这种话筒。值得注意的是，超心型指向性话筒后端也会拾取声音，因此，如果现场有监听扬声器，要注意把它放到正确位置。

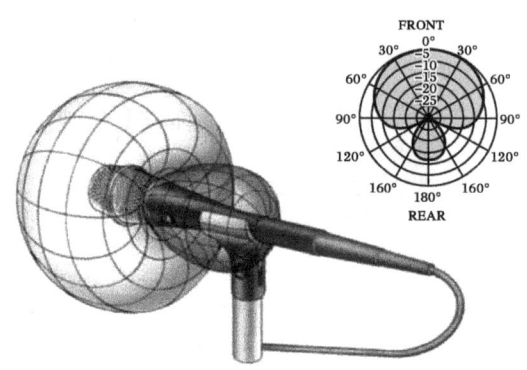

图3-7　超心型指向性话筒的收音范围示意图

过心型指向性话筒与心型指向性话筒和超心型指向性话筒非常相似，它们对话筒前方声音的灵敏度都非常高。但是，它们的最低灵敏度所处的点位是不同的。比如，心型指向性话筒的最低灵敏度在话筒的正后方，超心型指向性话筒在200°到210°处，而过心型指向性话筒在150°到160°处。这就说明过心型指向性话筒的指向性要比心型和超心型指向性话筒更好。实际中，过心型指向性话筒多用于需要最大限度隔离音源的录音环境中。

特心型指向性话筒更具方向性，可接收前方更远的声音，但两侧的声音接收不到。由于它的超强指向性，可以最大限度地屏蔽环境噪声。话筒接收声音的夹角很小，夹角外的声音大部分将被抑制。但使用时必须正确地指向声源，并随说话者的移动而调整话筒指向。

（六）有线话筒

有线话筒通过信号线缆传输声音信号，实现与处理设备（如功放或调音台）的直接连接。有线话筒收音灵敏，还原度高，无论是解说、唱歌还是录音聊天都能轻松搞定。其中，动圈式有线话筒噪声低，使用简便，性能稳定可靠，因此应用非常广泛；电容式有线话筒也因有线缆的存在而方便供电。有线话筒最大的缺点就是移动不方便，需要布线到发声的音源位置，不能更方便地满足人们的使用需求。

(七）无线话筒

无线话筒是利用无线电波在近距离内传递声音信号的传声器。无线话筒一般由发射器和接收主机组成，信号由接收主机通过线缆传输至处理设备。

无线话筒按照频段主要分为 V 段和 U 段。V 段的价格低廉，但传输距离比较短，且容易受到周围信号的干扰。U 段的价格是 V 段的两倍多，不但可以在更远的距离使用，而且可以减少周围信号对声音信号的干扰，目前使用较多的为 U 段。无线话筒多分为 1 拖 1、1 拖 2 或 1 拖 4，即 1 台主机1 支、2 支或 4 支话筒。话筒可以是手持式、领夹式，也可以是鹅颈式。索尼"小蜜蜂"就是我们录制在线课程时常用的无线话筒，如图 3-8 所示。

图 3-8　索尼"小蜜蜂"无线话筒

与有线话筒相比，无线话筒在便利性上更有优势，没有那么多的限制，可移动性更好；但无线话筒有时候会受其他电波干扰，从而影响音质。有线话筒一般信号传输质量高，但线缆过长也会影响声音信号的信噪比。无线话筒的使用距离一般小于500 m，主要取决于主机功率；而有线话筒的直连使用距离往往较短，一般不超过几十米。专业录音室、演播室等专业场地多使用有线话筒，而演出活动现场、课程录制现场则往往适合使用无线话筒。

二、音频记录设备

话筒是用来拾取声音的，而音频的记录还需要摄像机、音频工作站以及其他专用录音设备等。

（一）摄像机

摄像机种类繁多，但其基本原理都是一样的，即把自然界景象的光学图像转变为连续数字视频电信号，以便于存储、传输和处理。由于视频信号是时间连续的，在记录画面的同时，同步记录下声音，以更好地还原现实世界的真实情境。因此，专业级和广播级摄像机一般也具有音频记录功能。摄像机记录的声音信号既可来自机身配备的话筒拾取的声音，也可来自外部接入的音频信号。外接音频多通过 XLR 接口（也称"卡侬接口"）进入摄像机，既可以 MIC 模式接入，也可以线路音频模式接入，如图 3-9 所示的索尼 HXR-NX30C，它的外接话筒使用 MIC 模式将声音送入摄像机进行记录。

图 3-9　索尼 HXR-NX30C 可通过外接话筒拾取声音

(二) 音频工作站

音频工作站是一种用来处理、交换音频信息的计算机系统。它是随着数字技术和计算机技术的飞速发展，将两者相结合而诞生的新型设备。音频工作站的出现，实现了广播系统高质量的节目录制和自动化播出，同时也创造了更加良好、高效的工作环境。20 世纪 90 年代以来，随着数字技术处理音频信号技术的出现和成熟应用，尤其是计算机软硬件技术和多媒体技术的日趋完善，各种性能优越、功能齐全、质量上乘、自动化程度高的数字化产品纷纷面世。近年来，音频工作站已经发展成为专门的计算机化硬盘录音系统，支持丰富的音频输入输出接口，具有更加强大的音频信息处理能力，兼容各种音频标准，可以记录从无损到高效优质压缩的音频信息。图 3-10 是一款音频工作站。

图 3-10　音频工作站

第二节　音频采集辅助设备器材

音频采集设备可以采集音频信息，但在使用的时候还需要一些辅助器材，以获得高质量的音频。在直接拾取声音时，需要支架来固定或支撑话筒；通过使用挑杆让话筒时刻靠近音源；减震架和防风罩能够减少机械震动和空气流动造成的干扰。调音台和音频处理器能够帮助调度音频信号，提高声音质量。

一、话筒支撑器材

（一）话筒支架

话筒支架是用来支撑、置放话筒的，可以将话筒调整到一个适当的高度和角度，方便授课老师或表演者使用。根据不同场景及个人喜好，可选择不同的话筒支架。在演播室中和舞台上，常见的话筒支架有很多种，如落地三脚架、悬臂支架和桌面支架等，如图 3-11 所示。

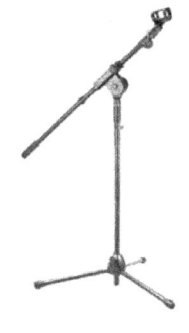
落地三脚架

悬臂支架

桌面支架

图 3-11　几种常见的话筒支架

落地三脚架一般适用于户外演出、室内站立录音、乐器录音等。落地三脚架的优点是可折叠、站立稳、高度可调节，升高可达 1~2 m，低至腿部、膝盖甚至地面高度；缺点就是体积大，携带不方便。

悬臂支架最早应用于广播电台中，近年来在直播行业日渐普及。悬臂支架的优点是占用空间小，灵活可调节；缺点是只能固定在桌子一角，需确保桌子的厚度和支架匹配，长时间使用可能会松动并带来技术风险。

桌面支架一般适用于讲座授课等。桌面支架的优点是体积小，易携带、挪动；缺点是占用桌面空间，调节不够灵活等。

（二）话筒挑杆

话筒挑杆是一种常用的话筒支撑器材，话筒通过固定装置与话筒挑杆连接，悬挂在杆的顶端，保障便捷、高效的声音拾取。话筒挑杆的关键作用是使话筒尽可能靠近声源，从而提高录音质量。话筒挑杆可以是手持的，也可以固定在某一物体上，很像机械的起重臂。目前常用的话筒挑杆，按材质分有碳纤杆、玻璃纤杆和铝杆等。

话筒挑杆的主要参数包括挑杆的长度、举起的重量、走线的方式（外部走线或内部走线）、各连接接口情况、平衡状况和强度等。一般情况下，话筒挑杆主要与指向性话筒组合使用，但也可选用其他类型的话筒，这需要根据实际录音需求而定。

二、减震防风器材

（一）减震架

减震架，又可以称为防震架、避震架。它是一个话筒的载具，通过旋钮、吸铁、螺丝、橡皮带等不同的方式，将话筒固定或锁紧在减震架上，防止话筒松脱或掉落。图3-12是两种常见的减震架。所谓减震的"震"泛指在录音时所有对话筒本身（如话筒架震动传导）造成的震动。防止这些震动，可以有效避免收音时收到震动传导、碰撞音，影响收音质量。尤其是使用电容式话筒时，其灵敏度较高，若没有减震架，支架的外力碰撞、脚踏地面的低频震动都会不时被记录下来，造成"砰砰砰"的非必要干扰声。

图3-12　两种常见的话筒减震架

（二）防风罩

防风罩是话筒使用必不可少的配件，基本上所有的课程拍摄场合都需要用到，即便是在室内，空气流动（如室内的风）也会导致明显的低频噪声干扰。风的干扰会带来低频噪声，当干扰逐渐增强时，话筒输出信号会发生间断，若风将话筒振膜吹到极端位置，输出信号就会被完全切断。

不同防风罩具有不同程度的防风效果，有些需要和话筒类型匹配才能达到最好的

图 3-13 防风罩及防风毛衣

效果。图 3-13 是常见的防风罩和防风毛衣。基于话筒的工作原理，全指向性话筒可以用泡沫防风罩把话筒完全包裹起来以达到防风的目的。带指向性话筒会自带一个简单的泡沫防风罩，但防风效果一般，无法满足较大空气流速场合的收音需求。采用大直径的防风罩防风效果会更加显著，但是它的尺寸和重量也会相应增加。所有的防风罩都会使声音有所改变，防风效果越好，对声音的改变也越大。因此，选择防风罩时要注意防风效果与收音质量的平衡。

（三）防喷罩

当说话人面向话筒录音时，会有气流流向话筒，当气流较强时会造成"扑扑"的响声，这是喷话筒现象，俗称喷麦。话筒防喷罩是一个可以有效地避免喷话筒现象发生的防护罩，能够避免录音时的爆破音和临近效应。防喷罩一般为双层网膜设计，能有效避免喷音，同时对话筒起到一定保护作用，可以更清楚有效地将声音送入话筒，完成高质量的录音。图 3-14 是一款防喷罩，防喷罩的材质有弹力尼龙、泡沫覆盖的金属网等，通常金属网材质的防喷罩效果更好。

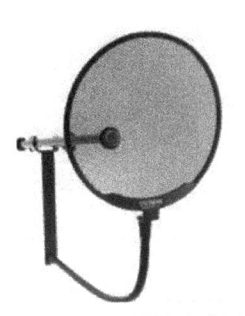

图 3-14 话筒防喷罩

三、调音设备

（一）调音台

图 3-15 调音台

调音台是专业音响系统中必不可少的核心设备，又称调音控制器。它常常被誉为专业音响系统的"中枢"，以它为中心，连接各种信号源设备、音频处理设备和音频输出设备。调音台是电台广播、电视台、音响节目制作等系统中进行播送和录制节目的重要设备，专业课程录制也离不开它。调音台按信号处理方式可分为模拟式调音台和数字式调音台。图 3-15 是一款常见的传统调音台。调音台主要由输入、母线和输出三部分构成，母线负责把输入和输出部分联系起来。不同的调音台在输入输出通道数量、接口类型、面板功能键和信号指示设置等方面有所不同。

(二) 音频处理器

音频处理器是一种数字化的音频信号处理设备，其作用是将多通道输入的模拟声音信号转化为数字音频信号，然后对数字音频信号进行一系列算法处理，以满足改善音质、矩阵混音、消噪、消回音、消反馈等应用需求，再通过数模转换输出多通道的模拟声音信号。图3-16是一款音频处理器，一般由输入、信号处理和输出三部分组成。输入部分包括输入增益控制、输入均衡（若干段参数均衡）调节、输入端延时调节、输入极性（相位）转换等功能；而输出部分一般有信号输入分配路由选择、高通滤波器、低通滤波器、均衡器、极性、增益、延时、限幅器启动电平等功能。

图3-16 音频处理器

第三节 音频采集

一、数字音频格式与音频采集软件

要做好音频采集，不仅需要音频采集设备及其辅助设备器材，还需要了解掌握一些基础知识，如数字音频格式、音频采集处理软件等。

(一) 数字音频格式

音频格式是在计算机内播放、处理和存储数字音频的格式，常见的音频格式有CD、WAV、MP3、WMA和AAC等。

CD格式是较高质量的音频格式。在大多数播放软件的"打开文件类型"中，都可以看到"＊.cda"格式，这就是CD音轨格式的音频文件。标准CD格式采用44.1 kHz的采样频率和16位量化位数。CD格式一般记录在CD光盘中，既可以在CD唱机中播放，也能在电脑里用各种播放软件来播放。

WAV格式是微软公司开发的一种声音文件格式，它符合RIFF（Resource Interchange File Format）文件规范，用于保存Windows平台的音频信息资源，被Windows平台及其应用程序所支持。"＊.wav"格式既可以采用PCM无损压缩编码，也支持 MSADPCM、ITU-T G.711 A-law 等多种其他压缩算法，可采用多种音频量化位数、采样频率和声道。一般地，WAV 文件也常和 CD 格式一样，采用 44.1 kHz 的采样频率和 16 位量化位数。

MP3 格式诞生于 20 世纪 80 年代的德国，它指的是 MPEG 标准中的音频部分，也就是 MPEG 音频层。根据压缩质量和编码处理的不同分为 3 层，分别对应".mp1"".mp2"".mp3"这 3 种声音文件。需要注意的是，MPEG 音频文件的压缩是一种有损压缩。MPEG3 音频编码具有超过 10∶1 的高压缩率，同时基本保持低频部分不失真，但牺牲了声音文件中 12～16 kHz 高频部分的质量，以换取较小的文件数据量。相同时间长度的音频文件，用 MP3 格式来储存，一般可以做到少于 WAV 文件十分之一的数据量，当然音质要次于 CD 格式或 WAV 格式的声音文件。由于 MP3 文件数据量较小且音质较好，在它问世之后得到了广泛的应用，直到现在，它作为主流音频格式的地位仍难以被撼动。MP3 格式压缩音乐的采样频率有很多种，可以用 64 kHz 或更低的采样频率以节省空间，也可以用 320 kHz 的标准以获得极高的音频质量。

WMA 格式是由美国微软公司开发，其音质要强于 MP3 格式，它采用减少数据流量但保持音质的方法来达到比 MP3 更高的压缩率，其数据压缩率一般都可以达到 1∶18 左右。WMA 格式的另一个优点是内容提供商可以通过 DRM（Digital Rights Management）方案加入防拷贝保护；此外，WMA 格式还支持音频流技术，即一边读取一边播放，适合在网络上在线播放。微软已经在 Windows 操作系统中加入了对 WMA 的支持，因此不需要安装额外的播放器就可以直接播放 WMA 音频。

AAC 格式中文名称是高级音频编码，是由 Fraunhofer ⅡS-A、杜比实验室、AT&T 和索尼等公司共同开发的一种音频格式。与 MP3 不同，AAC 采用了全新的算法进行编码，更加高效且具有更高的性价比。采用 AAC 格式，可以在不明显降低声音质量的情况下使文件更加小巧。

（二）音频采集处理软件

用于音频采集处理的软件很多，下面简单介绍两款最常用的软件。

1. Pro Tools 软件

Pro Tools 是 Avid 公司出品的音频工作站软件系统，是一款专业且功能强大的音频编辑工具。它基于精准的内部算法打造，支持撰写、记录、编辑、混合音乐等功能。该软件具备创建专业品质的音乐和视频所需的一切功能，从强大的录音、MIDI 和乐谱编辑工具，到工作室主配的声音处理器和完全混音自动化，Pro Tools 能够快速流畅地创作、编辑和混合包含多达 128 个音频音轨、512 个乐器音轨及 512 个 MIDI 音轨的大型作品。此外，它还提供了专业音乐和音频制作流程，支持多种音频和视频格式，让创作者可以尽情发挥创作才能。

2. Cool Edit Pro 软件

Cool Edit Pro 是一个集声音录制、混音合成、编辑处理于一体的数字音频软件。它支持多轨录音，利用声卡可以同时处理多达 64 轨的音频信号，具有极其丰富的声音处理手段和直观先进的参数调节功能，以及卓越的动态处理能力。它提供了一些"傻瓜"功能，例如，在音效处理方面，即使是新手也可以抛开微调各项参数设置，而直接选择软件自带的一种预置（Presets）模式，同样能获得满意的特殊效果。

二、专业场地环境中的音频采集

在线课程中的音频承载着至关重要的信息。音频采集需要把来自各种不同声源的声音，如老师授课的声音、同学回答问题的声音、实操演练的声音等，转换为数字电信号并记录下来，以便与画面合成形成教学微视频。在采集音频时，来自周围环境的噪声会严重影响音频质量，因此需要首先考虑降噪。专业场地环境，如录音棚、演播室等，对录制在线课程是极为重要的。这些场地不同于普通的房子，其墙体、墙面和屋顶都经过特殊处理，如使用填充岩棉、玻璃棉、泡沫、玻璃纤维等吸音隔音材料，地面铺设地毯，以及门窗做隔音处理、玻璃采用双层中空设计，都是隔音、减噪的有效措施，将音频采集环境噪声降到最低，提高采集信号的信噪比，保证在线课程的音频质量。

不同场地环境中，音频采集使用的设备器材、录音方式和注意事项等都有所不同。

（一）录音棚中音频采集

录音棚，又称录音室，是人们为了创造特定的录音环境声学条件而建造的专业录音场所，可用于录制音频课程、歌曲、音乐等。在录音棚中采集音频主要使用话筒、调音台、计算机、音频采集处理软件等设备完成。

采集音频时，播音人员需要事先熟悉文稿，通读几遍，在长句的语气断句点、拗口的地方、生僻字词等处做适当标注，播音时多加注意。对于读错的地方，需要从错误处之前几句开始重读，这样语气语调才能接得上。对于多页纸的长篇文稿，应尽量避免翻页过程中的声响，并把前后两张纸并排放在桌子上，方便换页时连续播音。

下面以使用 Pro Tools 软件录音为例，简要介绍利用录音软件采集记录音频的过程。首先，检查话筒、调音台、音频工作站、音箱等设备线路连接情况，确保整个录音系统连接关系正确；然后打开话筒、调音台、音响电源开关，启动音频工作站，确保各电源、设备状态指示灯正常显示。图 3-17 是工作状态正常的调音台。

图 3-17 工作状态正常的调音台

启动音频工作站中的 Pro Tools 12 软件，弹出菜单窗口，输入工程"名称"，文件存储"位置"选择为素材盘，其他选项使用默认设置，点击"创建"即可新建项目工程，如图 3-18 中左图所示。进入录制界面后，通过菜单"轨道"—"新建"，或鼠标双击工程窗口中的灰色区域，可以新建一个音频轨道，相关选项均为默认，如图 3-18 中右图所示。

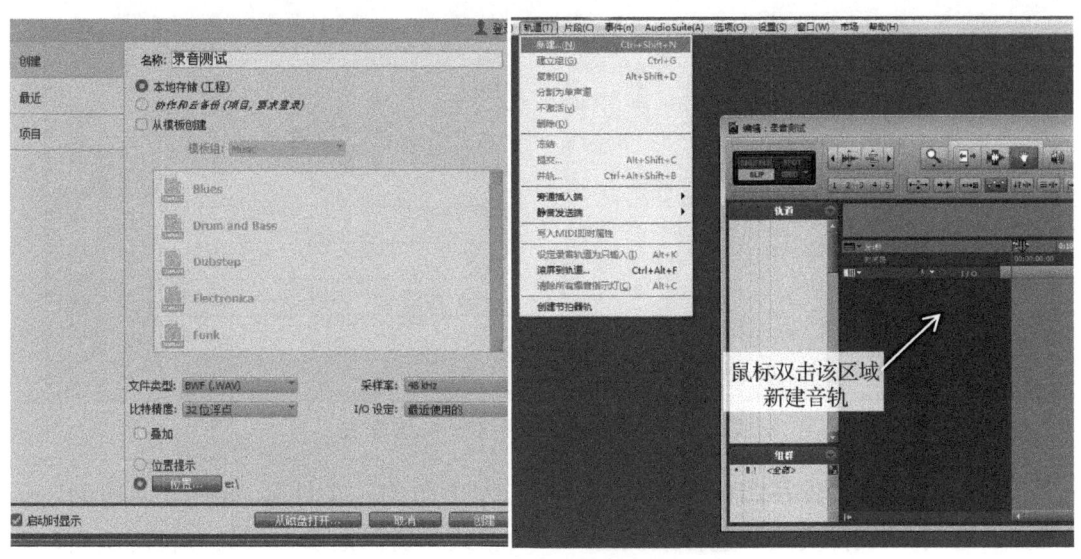

图 3-18 新建项目工程和音频轨道

依次点击软件控制台和音频轨道上的红色圆点录制图标,即可开启录音模式,如图 3-19 所示。观察控制台和音频轨道内电平指示的跳动情况:如电平指示有跳动且电平较低,说明录音通道畅通;如无跳动,则需要检查话筒、调音台和音频工作站线缆连接是否正确,以及调音台通道开关工作状态是否正常。

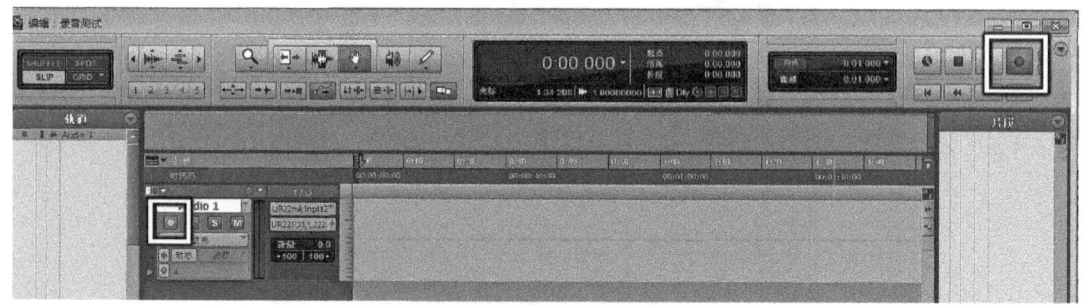

图 3-19 启用录音模式

在正式录音前,有必要进行试录。单击软件控制台播放按钮开始录音,播音人员开始播音,技术人员观察并记录音频波形的峰值电平。通过调整输入增益(即调音台通道增益),使记录音频的峰值电平控制在-6 dB 左右,如图 3-20 所示。调整完毕后,单击停止按钮,选中音频轨道内波形图,点击键盘上的 Delete 键删除此段试录音。然后再次点击软件控制台播放按钮,即可开始正式录音。

图 3-20 调整峰值电平在-6 dB 左右

录音完毕后如需保存此段音频,点击窗口左上角的"文件",选择"并轨到"—"磁盘"选项。"文件类型"选择默认的 WAV 格式,确保记录音频具有较高质量;也可勾选"添加MP3",同步存储数据量较小的有损压缩格式音频文件。点击"并轨"等待生成所需音频文件,如图3-21所示。录音完毕后,储存工程项目,退出软件。

图3-21 保存音频文件

(二)演播室中音频采集

演播室是视频节目拍摄的专业场所,也是在线课程录制的主阵地。在演播室中拍摄教师授课画面时,将同步记录教师话音。此时,音频采集有两种方式:一是利用演播室内的录制系统,通过话筒+调音台+录像机的方式完成采集;二是采用话筒+摄像机的方式直接采集音频。技术人员应根据现场条件和课程拍摄需求确定音频采集方式。话筒可以是无线话筒,也可以是有线话筒;为了方便教师在讲授中行动,往往使用无线话筒。

例如,可以使用索尼"小蜜蜂"作为演播室中录制课程的主用音频采集设备。索尼"小蜜蜂"分为发射机和接收机,两者工作频段必须保持一致。发射机可悬挂于授课教师或者主持人的腰带上(背后)或置于衣服口袋中;接收机通过3.5 mm转卡侬转接线接入摄像机的外部音频输入口即可。经过这样的简单连接,声音就可以与画面一起同步记录在摄像机的存储卡中。实践中应注意检查"小蜜蜂"工作是否正常、电量是否充足、频段是否匹配以及信号增益设置是否合理;同时要选择正确的摄像机外部音频输入通道;要通过对"小蜜蜂"发射机增益、摄像机输入电平的联合调整来保证记录音频电平峰值在-6 dB附近。

三、现场音频采集

在非专业场地环境中拍摄时，摄像机可以通过拍摄角度和构图的调整，避开那些不宜呈现在画面中的场景环境。但是对于声音采集，我们却无法避开不想要的环境声音。因此，在现场音频采集前，应进行必要的现场勘察，选择安静的场地环境，保证背景噪声尽可能低，同时，也不能有突发的噪声，如汽车喇叭声等，这样才有利于获得较高信噪比的优质音频。在封闭的室内，还要考虑声音回声形成的混响，混响太大也会大大降低采集音频的质量。

录音设备器材的选用也很重要。首先，要尽可能为授课教师提供领夹式无线话筒，靠近音源采集声音是在线课程录制的首要原则。使用有线话筒时，应选择指向性强的话筒，有助于降低环境噪声的影响。其次，可选用必要的声音采集辅助器材，如话筒挑杆。尤其是在室外进行活动范围较大的拍摄时，使用挑杆能使话筒尽可能靠近说话的教师。此时要注意，在移动话筒的时候，无论挑杆是外部走线还是内部走线，连接话筒的线缆都不能和话筒挑杆之间有相对的位移，否则很容易产生噪声。再者，在室外采集音频，由于空气流速较快，尤其是遇到大风时，还需要使用话筒防风套装，以有效降低风噪。

第四章 录播设备器材

建设在线课程离不开音视频信息的采集和处理。便携式录播工作站作为便携式课程录制系统的重要组成部分，具备音视频信息的采集、处理和播出等功能。本章主要介绍便携式录播工作站及其周边辅助设备器材的使用。

第一节　便携式录播工作站

便携式录播工作站也常称为便携式课程制作工作站，是集录、编、播功能于一体的信息化数字媒体设备。该设备集成度高、体积小、便于携带，可广泛用于院校教学实况、会议、培训、实训课、访谈和各类活动等有现场录播需求的场景。在不增加专业操作人员和设备的情况下，能够实现现场多机位监视、录制、导播、推流直播、多路混音、摄像机控制等功能。

本节将以目前使用较多的中庆 M2300 型号主机为例，从组成部件、功能分区等硬件角度对工作站进行详细介绍。

一、监视显示部件

便携式录播工作站的可视交互硬件承担着全系统的控制界面的主要显示功能，其中默认主显示器为 17 英寸（分辨率 1 920×1 080）全高清内置显示屏。屏幕主要用于输出虚拟演播系统操作界面，如图 4-1 所示。

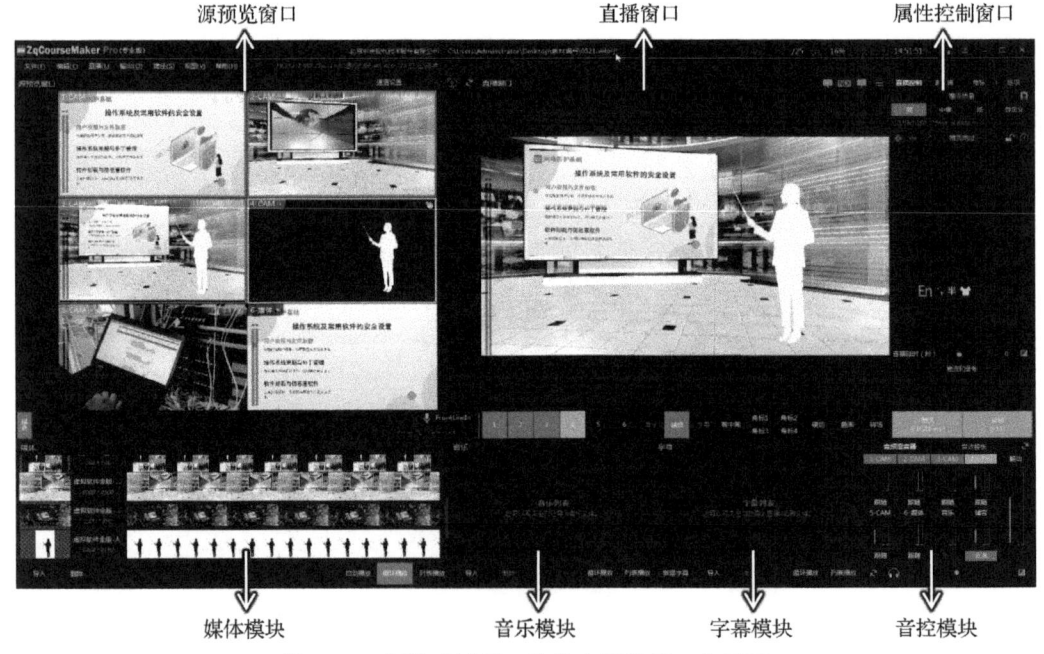

图 4-1　便携式录播工作站主要录播工作界面

为提升监视效果、扩大操作范围并灵活切换预监画面和导播画面,使用时可通过 HDMI 输出接口外接监视器。通过虚拟演播系统设置,可将外接监视器作为 PMW 线路信号输出,供合成监视使用。

二、操作控制部件

操作控制部件由主机键盘和导播控制台两部分组成,能够实现快速操作录播系统的常用功能,进行现场多机位导播和摄像机遥控操作。便携式录播工作站集成的导播控制台通常采用下沉式设计,将操作区与主机键盘分隔开,避免操作时出现误触,如图 4-2 所示。

图 4-2 导播控制台

导播控制台主要分为三个控制区域:录像控制区、视频切换区和摄像机控制区。这些控制区域均可在主机内自带的操作软件中进行导播快捷操作。M2300 型号主机使用的微课程录播系统为 Zone keyrecord 程序。

(一)录像控制区

录像控制区可以控制链路的预监、播出信号,如图 4-3 中左侧图片所示。导播台上设有"预监"和"播出"两个物理控制按键,通过按键灯光是否亮起,就能明确知道当前所控制的是哪个窗口。在"预监"窗口演练满意后,使用导播台的"同步"功能键(预监+播出),"预监"的内容会立刻加载到"播出"窗口上。

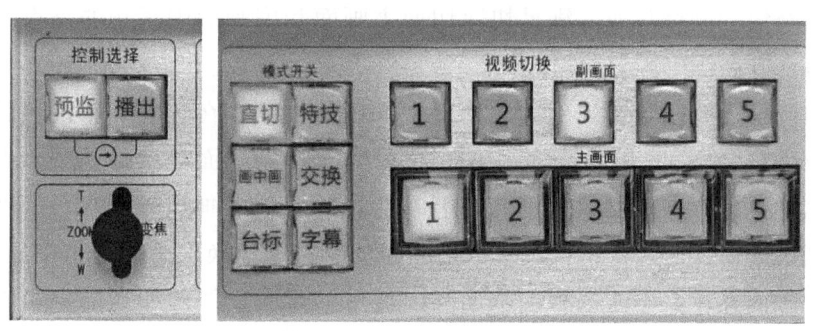

图 4-3 导播控制台的录像控制区和视频切换区

(二) 视频切换区

视频切换区控制主画面和副画面中视频影像的输入信号线路，以及镜头切换模式和常用功能的调出使用，如图4-3中右侧图片所示。

模式开关部分设有"直切"和"特技"控制按钮，可配合系统设置操作主画面中视频切换时的特效。按下"直切"按钮，直切按钮指示灯点亮，表示当前画面的切换特效为直切模式，即画面切换时直接切换没有特效。再次按下"直切"按钮，指示灯熄灭，关闭直切模式。按下"特技"按钮，特技按钮指示灯点亮，表示当前画面的切换特效为特技模式，画面切换时有特效效果。特技效果的选用可在系统内相应菜单进行；再次按下"特技"按钮，指示灯熄灭，关闭特技模式。"直切"和"特技"控制按钮为互斥按钮，只能选择一项，不能同时开启。

模式开关部分的"画中画"和"交换"控制按钮可配合系统设置操作主画面中副画面的嵌入显示方式。当按下"画中画"按钮时，该按钮指示灯亮起，表示开始启用画中画功能。在录播软件的主画面中会以设置的画中画模式显示，该模式常用于PPT课件讲解、直播连线采访、多机位座谈交流场景的拍摄。

常用的画中画模式有：左右模式，即当前在录播软件的主画面中主画面和副画面分别显示在左上角和右下角；平铺模式，即当前在录播软件的主画面中主画面和副画面左右并列显示，多用于双方对话、讨论场景的录制。还有其他一些模式可在系统内的相应菜单中进行选用。

在系统内同时只能选择一种画中画模式，在选择另一种模式时会自动关闭前一种。再次按下当前开启的画中画按钮，该按钮指示灯熄灭，表示关闭画中画显示模式。此时，录播软件的主画面中全屏显示主画面线路内容。如果在开启以上画中画显示方式前未选择画中画视频，画中画窗口会没有视频显示。选择相应副画面为画中画视频后，即可正常显示画中画视频。

"交换"按钮与"画中画"控制按钮配合使用，可以将画中画显示模式时主画面和副画面的线路信号进行互换，满足快速切换主画面和副画面中视频的需求。需要注意的是，只有在开启画中画显示模式时，"交换"按钮才有效。

副画面选择区域用来选择副画面窗口中显示的视频。在选中一路视频后，该路视频对应的按键灯会亮起。在实际使用中，可以先选择副画面显示的视频，再开启画中画显示。这样开启画中画显示后可以马上看到需要的画中画视频。在开启画中画显示后再进行副画面切换时，会根据选择的副画面视频自动切换副画面窗口中显示的视频。副画面与主画面互斥，不能选择主画面当前显示的视频，即假如当前主画面显示的是VGA线路信号，那副画面就只能选择除VGA线路信号外的其他线路。当开启画中画模式后，不能单独取消已选择的副画面。

主画面选择区域用来选择主画面窗口中显示的视频。在选中一路视频后，该路视频对应的按键灯会点亮。当未开启画中画显示模式时，主画面可以选择副画面已经选中的视频，并自动取消副画面的选择（副画面对应按钮熄灭）。当开启画中画显示模式时，主画面不能选择副画面已经选中的视频，但可以通过"交换"按钮将主画面和副画面显示的视频进行互换，从而达到主画面选择副画面已经选中视频的效果。

模式开关部分的"台标"和"字幕"控制按钮可配合系统在主画面中嵌入显示设置好的台标、字幕等信息。

（三）摄像机控制区

摄像机控制区的主要功能是控制电控云台球形摄像机的转动，设置和调用预置位，如图4-4所示。

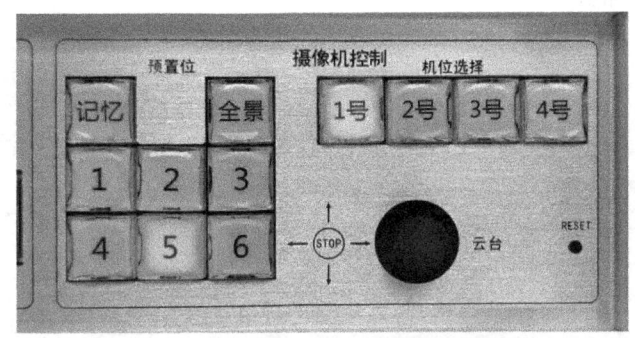

图4-4 导播控制台的摄像机控制区

机位选择键用来选择准备控制的摄像机，1、2、3、4号键分别对应相应的摄像机。在按下1号键时，该按键指示灯点亮，表示当前控制的是1号摄像机，系统最多可以控制四路摄像机。

通过云台摇杆可以控制摄像机向上下左右转动。往相应的方向推摇杆，摄像机就会向相同的方向转动。摄像机转动的速度会随着摇杆推动力度的变化而变化：轻轻推动摇杆，摄像机会慢速转动；用力或快速推动摇杆，摄像机会快速转动。

通过变倍摇杆可以控制摄像机镜头的推进拉远。向左推摇杆，摄像机镜头变焦"推近"，放大显示图像细节；向右推摇杆，摄像机镜头变焦"拉远"，显示全景图像。摄像机镜头变焦的速度会随着摇杆推动力度的变化而变化，力度越大，变焦的速度越快。

预置位设置区可以同时设置6个预置位。通过"记忆"按键记录摄像机镜头的变焦位置和光轴方向。当拍摄时，可调用预置位快速定位摄像机的变焦和光轴，避免机位切换时出现变换不及时、不到位的情况，从而提升视频录制的便捷性。

预置位设置方式：选择要控制的摄像机，通过云台和变倍摇杆控制摄像机转动到相应的位置，按下"记忆"按钮。当按钮指示灯点亮后，表示当前处于预置位的学习状态。此时按下想要设置的预置位数字键。当"记忆"按钮的指示灯快速熄灭后,表示该预置位学习成功。

调用预置位方式:选择要控制的摄像机,点击要调用的预置位的数字键,就可以将摄像机快速调整到位,获得指定的取景构图。

三、便携机箱部件

打开机箱可看到如图4-5所示的主控制面板。在键盘上方中间位置为"电源"开关键,用于控制主机的启动、关闭。电源开关键右侧依次为"电源指示灯"和"硬盘指示灯"。当主机开机时,"电源指示灯"为绿色常亮,"硬盘指示灯"为红色闪烁。当微课录播、虚拟演播系统等大项应用运行时或硬盘在读取或写入数据时,"硬盘指示灯"的闪烁频率会加快。

图4-5 便携机箱的主控制面板

机箱前端面板设置有双扬声器、扬声器开关和便携机提手,如图4-6所示。扬声器用于录播机回放声音的监听。按下扬声器开关上的"PUSH ON"按钮就会开启声音功能。便携机提手可用于近距离移动便携式录播工作站。

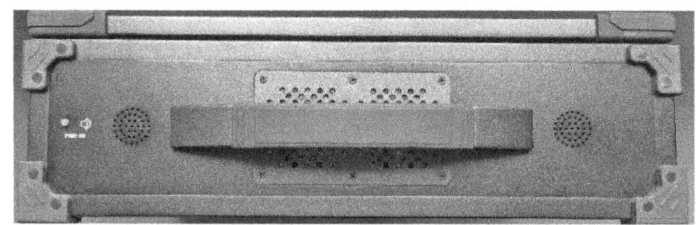

图4-6 便携机箱前端面板

机箱右侧为鼠标收纳仓,如图4-7所示。按一下 PUSH 按钮就可以打开鼠标仓拿出鼠标。机箱前侧、左侧设有散热通风口,全机箱风扇共4个,分别为前侧2个,左、右两侧各1个。前侧和左侧为入风口,右侧为出风口,日常使用时需保持通风口处通畅,避免影响机箱散热效果。

 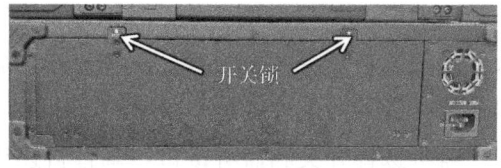

图 4-7　便携机箱右侧面板　　　　　　　图 4-8　便携机箱后侧面板

为了避免在移动时触碰各种接口,机箱后侧面板设置了按动式开关锁仓门。不工作时应将仓门关上,如图4-8所示。开启时需同时按下两侧开关,后接口仓门弹开。机箱后侧电源插口为全系统唯一供电接口,用于连接 220 V 50 Hz AC 电源。

四、外部接口部件

常见的录播系统主机外部接口部件,一般由全场景调音台、视频采集模块、云台控制接口、主机外联接口等四部分组成,M2300型号主机具备这些接口部件。

(一) 全场景调音台

M2300主机后侧翻盖内设置有微型全场景调音台,如图4-9所示,拥有5路模拟音频输入接口,包括2路卡侬音频接口、2路RCA莲花音频接口、1路 6.5 mm 大三芯 TRS 音频接口;1路 3.5 mm 小三芯 TRS 监听接口;2路RCA莲花音频输出接口。全场景调音台为内嵌式设计,与录播系统的连接设置在机箱内部,外部只能看到音频输出和监听接口,没有设置实体的总线调节衰减器,需要配合录播软件系统在软件内进行总线音量控制。

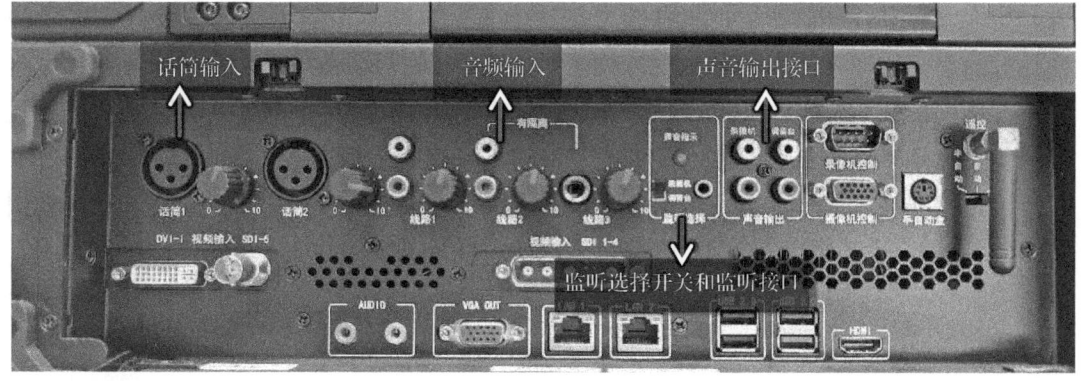

图 4-9　全场景调音台外部接口

话筒输入接口：调音台设置 2 个卡侬接口，标记为"话筒 1""话筒 2"，用于输入麦克风和"小蜜蜂"的音频信号。和传统调音台的操作相同，可通过调节接口旁边的旋转衰减器，实现控制效果，调节对应线路的音量大小。旋钮顺时针方向转动为增益，音量提升；反之，逆时针转动是衰减，音量降低。旋钮、线路为一一对应关系。

音频输入（线路 1、2、3）接口：3 个接口皆为线性输入口，可通过 RCA 莲花、6.5 mm 大三芯 TRS 音频线路输入音频信号进入录播系统。音频输入接口主要用于接入外置调音台混音输出信号、便携音频播放器输出信号、电子乐器信号等，3 路输入接口与旋转衰减器也为一对一关系。

监听选择开关和监听接口：调音台还设置有 3.5 mm 小三芯 TRS 监听接口，可使用音频线连接耳机。通过控制黑色线路开关拨杆，选择监听信号通道。当选择"录播机"选项后，可听到录播系统合成声，其中将包含调音台线路输入音频、录播系统内嵌入的音乐、视频、课件音频信号；当选择"调音台"选项后，可听到调音台输出总线混合音频信号，其中将包含麦克风、"小蜜蜂"、外接播放器等设备的输入信号。

声音输出接口：声音输出接口分为录播机和调音台输出两对独立 RCA 莲花接口，呈纵向排列。两信道受监听选择开关拨杆控制，可独立输出录播机或全场景调音台声音信号。在实际使用过程中，可利用该接口连接监听音箱进行左右声道监听，也可将主机作为独立调音设备，将信号输出给其他系统使用，如音视频现场导播、音频课制作等场景。

（二）视频采集模块

视频采集卡（Video Capture Card），又称视频捕捉卡，用于获取数字化视频信息，将摄像机、电脑输出的视频数据或视频音频的混合数据输入系统，并转换成电脑可辨别的数字数据存储在系统中，成为可编辑处理的视频数据文件。它是录播系统必配的基础硬件。根据其结构的不同，视频采集卡可以分为内置和外置两种制式。外置式视频卡也叫视频接收盒，它是一个相对独立的设备，大都可以独立于电脑主机工作，也就是说无须打开计算机和运行软件即可利用它来接收视频信息。外置视频盒安装和操作比较简单，更像在使用一种家电。内置的视频卡除提供标准视频接收功能外，也具备不同程度的视频捕捉功能，可以把捕捉的动态/静态视频信号转换成数据流。在接收视频信息之余，还能配合模拟制式摄像装置构成可视通信系统。

为了携带和操作方便，便携式录播工作站一般都采用内置采集卡。本节案例 M2300 主机同样采用内置采集卡，支持多种视频输入接口，如 SDI、分量、HDMI、DVI，如图 4-10 所示。但受限于体积约束，部分接口需要使用系统配套提供的连接转换头连接。

图 4-10　视频采集模块接口

在采集卡设备使用前,需要首先确认采集卡是否安装了对应的驱动,安装成功后才能够在"我的电脑:设备管理器"中找到对应驱动。在线路连接前,根据线路端口选择对应的接口连接器,视频输入 SDI 1—4 接口需选择 8 进 1 转换器,可同时将 4 路 SDI 视频信号和 4 路单声道音频信号导入。另一侧是 DVI-Ⅰ和 SDI-5 二选一接口,DVI-Ⅰ是录播软件的 VGA 信号,SDI-5 是主机内置采集卡的另外一个输入接口,如果接入了 DVI-Ⅰ信号,那么 SDI-5 信号就不能读取,反之亦然。所有的信号源都可通过录播系统信号选择菜单进行选择、调配。

（三）录播控制接口

便携式录播系统为了扩展使用场景,顺应当前信息化教学、智慧教学的大趋势,往往会在主机上增加多种非传统外接拓展接口。比如本书所列举的机型 M2300 就增加了由 DB9、DB15、RS232 接口组成的录播控制接口组在其主机背面。

DB15（D-sub 15-pin 接口）是一种拥有 15 个引脚的 D-sub（D 型排座）接口,如图 4-11 中所示的摄像机控制接口。这种接口在计算机领域中应用广泛,其中最著名的应用是 VGA 接口,常用于将计算机连接到显示器、投影仪、电视等显示设备。在 M2300 主机上,DB15 接口可以连接外部摄像机控制器,或是以 VGA 的形式输出视频信号。

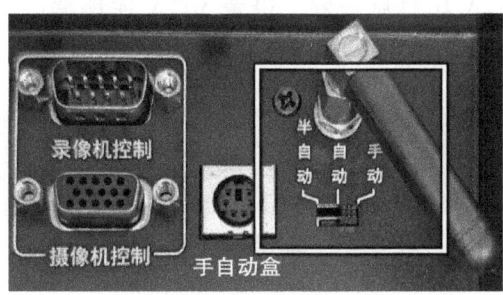

图 4-11　手/自动切换开关

RS232 接口（Recommended Standard 232）是一种串行通信协议,常用于计算机与其他设备之间的数据传输,如图 4-11 中所示的录像机控制接口。RS232 使用异步串行通信方式,支持短距离数据传输（通常在 15 m 内）。与 DB 类型接口不同的是,

RS232接口的应用更多地涉及数据交换、设备控制等场景。在M2300主机上，RS232接口主要用来连接外部录像机控制器。

手/自动切换开关：如图4-11的右侧区域所示，连接软件跟踪的时候，使用短距离接口转换线（也称小辫子）连接到录播后面板的"摄像机控制"接口。拨到"自动"的时候，录播软件通过云台控制服务控制摄像机；拨到"手动"的时候，导播台控制摄像机；拨到"半自动"的时候，导播台切换，软件跟踪控制摄像机。

通过录播控制接口模组，录播主机可以连接跟踪相机，并进行一些基本的镜头移动、切换、焦距调节等操作，同时结合软件系统实现自动追踪教师行动和位置的功能。这类设备常用于远程教育、翻转课堂、课程回顾、教学评估、大型讲座或会议中。通过与录播系统或直播系统的配合，在课堂上实时捕捉授课人的形象和声音，以便将教师在讲台上的表现传输给远程观众或录制下来。属于在线课程中的一种类型——课程实录。

教师跟踪相机的应用**能够丰富教学形式，提高课堂效果**。根据不同的教学需求，可以灵活选择使用场景，使得课堂更加生动有趣。教师可以通过回放自我反思、提高教学质量；学生能够远程观看并参与课堂，课后回放也方便查漏补缺。

（四）其他外联接口

便携式课程制作系统主机除媒体专用信息化设备接口外，还有其他传统电脑主机的部分接口，能够作为普通电脑主机进行相应的外接扩展，并承担部分终端功能。

图4-12中的"HDMI"是视频输出接口。此类型接口主要用于HDMI设备的外接扩展，除了传统电脑分屏、扩展功能外，便携式课程制作主机设备通常将此接口作为外接预监屏扩展接口使用。通过额外的HDMI线缆连接显示器或投影仪，同时在录播系统中选择"扩展预监屏"选项，系统会自动将最终输出画面扩展至第二屏幕。由于主机本身一般拥有内置扬声器，所以第二屏幕仅会输出画面，而不会输出声音。部分主机还会兼容传统VGA接口显示器，设置VGA连接端口，同样可以通过"VGA OUT"实现画面扩展至第二屏幕。

图4-12 视频输出和网络接口

图4-12中的"LAN 1"和"LAN 2"网络连接端口是终端设备之间进行数据传输的接口，它们通常被用于将计算机连接到局域网或广域网中，与其他设备进行通信和数据交换。目前大多数主机上常见的网络端口为RJ45接口，除了传统网络连接功能，通过录播软件还可以实现网络拉流、推流等网络直播功能。特别是通过网线连接各类

设备时，端口提供了高速、可靠的数据传输。相较于传统的视频数据线传输，这种方式可传输距离更远、信号更稳定、对线缆要求更低，使得设备之间的连接变得更加方便。

为了导出高品质的音频信号，扩展主机的兼容性和使用场景，内置调音台的主机往往会设置音频输出端口。图 4-9 中的音频输出接口采用了莲花接口，分为 L（左声道）和 R（右声道）两种，是立体声音频接口，传输的是模拟音频信号，不需要解码，可以直接连接后级放大处理。一般用红色标注右声道，白色标注左声道。在本书案例主机的背后设置有两组 RCA 莲花接口，可分轨输出录播机、调音台合成声。

第二节　录播辅助设备器材

便携式录播主机体积小，集成度高，具备在线课程录制系统的核心功能。为充分发挥其功能，还离不开一些录播辅助设备器材，如用于实时授课监视的智能交互大屏，用于协同工作的独立导播切换台，以及信号转接和传输设备器材等。

一、智能交互大屏

智能交互大屏是一种集成了多种技术和功能的交互式显示设备，可包括投影、白板、幕布、音响、电脑、电视、视频会议终端等诸多功能。它采用高清晰度的显示屏，可以实现多点触控、手写笔操作、投屏显示等功能。与传统显示器不同的是，大屏往往内置处理主机，可以运行安卓或 Windows 系统，能够作为独立的信息终端输出信号。同时，大屏还具备智能化的交互设计，可以通过触控交互、人机对话、语音指令等方式与用户进行互动。因此，智能交互大屏在教育领域有了越来越广泛的应用，如图 4-13 所示。

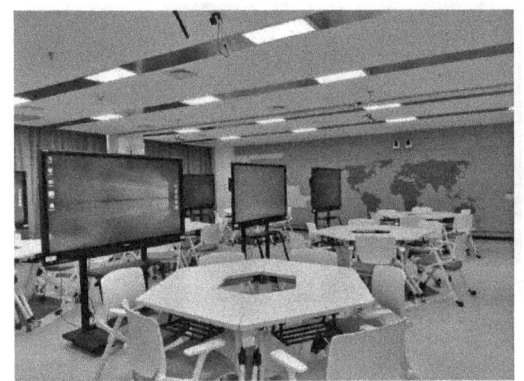

图 4-13　智能交互大屏在教育领域有着广泛的应用

得益于智能交互大屏一体化的设计，以往课程录制中为了呈现手写笔记需外接手写板、为了投屏 PPT 内容需外接电脑的操作模式被大大简化。多台设备连接已成为历史，无需考虑设备间的复杂布线，安装简单，稳定性与可靠性得到改善。除此之外，由于智能交互大屏能够作为独立的终端输出信号，显示信号可以直接分路接入课程制作系统主机，所以相较于大屏直拍录制模式，能够有效减少屏幕反光，对屏幕内容的呈现效果更好，拍摄模式也更灵活，教师授课也更自如。

在线课程拍摄时的大屏连接，根据线路连接方式和拍摄手法的不同可以分为直拍式和线路传输式。直拍式就是传统课程直拍模式，在授课人身边支一块智能交互大屏，授课人可以通过手势、笔迹等方式圈出课程内容的重点、书写公式、进行计算推导，为教师和学生提供更加直观、生动、高效的教学方式，提高教学效果。但是这种模式的缺点就是对整体环境布光要求较高，大面积的发光屏幕容易产生反光、炫光等情况，影响拍摄效果。优点是设备连接较为简单，不需要准备专用的线缆、软件即可完成拍摄环境搭设。

还有一种就是线路传输式，这种模式需要结合虚拟演播系统才能发挥最大作用，但设置较为复杂。一方面要根据演播室蓝箱或绿箱颜色更改大屏框、大屏支架的颜色，做到除大屏显示部分以外的边框、支架与箱内颜色统一；同时需要安装"U-screen"软件，设置与环境统一的颜色蒙版，以便后期将显示画面在镜头中一并抠除。通过额外配置 HDMI 线缆或网线连接主机，将大屏画面以视频信号的形式传输进主机中，从而实现既保留授课人手部动作和授课时的笔迹，又能在最后合成的画面中将大屏画面完美地融入虚拟场景中，做到虚实结合紧密。图 4-14 中左图为课程录制现场，右图为录制完成的视频截屏。这种方式可以让教师保留线下教学习惯，减少适应演播室环境的时间，通过教师授课时丰富的肢体语言，避免长时间盯读提词器造成的神态呆板僵硬，让课程拍摄更加轻松自然。

图 4-14　智能交互式大屏在课程录制中的应用

二、导播切换台

导播切换台是进行多媒体视频节目制作的关键设备之一,它的作用是对信号源进行控制选择。图4-15是两种切换台的外观。它能够切换输入主机的各类音视频信号,如摄像机、录像机、电脑、网络传输来的视频信号等。导播切换台一般由多路信号输入端口和输出端口构成,无论是多路输入单路输出型,还是多路输入多路输出型,均可在多个输入信号间进行选择,使其中一路送到输出端。在实际使用过程中,直播和非直播录制需求都可以在工作流程中使用导播切换台。

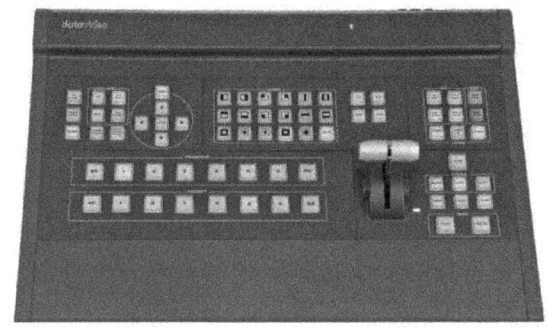 

图4-15 导播切换台

导播切换台的使用是为了实现实时的视频信号选择、跳切、控制和美化。比如,一台摄像机的视频信号源为SDI信号,另一台摄像机为HDMI信号,则可以在SDI或HDMI通道中进行选择,或者在多路SDI或HDMI信号中选择一路,作为最终合成信号,效果如图4-16所示。输入导播切换台的视频信号还可以来自录像机的回放信号或其他生成式信号源。有些导播切换台功能较为强大,不仅可以管理图文、设置键控、记录和运行宏命令,甚至可以通过配置的推子和先进均衡器、动态控制的全套调音台来进行混音、加强音频等功能。

图4-16 导播切换台的画面分割预监

(一) 画面分割多信道预监

为了保证监视效果，连接好视频源后，可将一台 HDMI 显示器连接至导播切换台的 HDMI 输出上，以检查所有输入是否工作正常。这也是检查信号源的好机会，可以查看各个镜头间的切换是否顺畅。导播切换台一般都会配备多画面分割功能，可以实现在一个屏幕上同时监看所有输入、节目和预监输出，如图 4-16 所示。多画面分割还可以显示媒体播放器、流媒体状态、硬盘记录状态、音频电平以及 Fairlight 均衡器和动态提示等信息。

(二) 画面切换多信号转场

在视频播出中，从一个视频源切换到另一个时，就发生了切换转场。信号源可以是连接至视频输入接口的任何视频信号，也可以根据需求添加静帧画面、键控或色彩生成器、彩条、黑场等任何内部信号。当输入切换到预监（PVW，preview）或节目输出（PGM，program）时，对应的输入分割画面外围将以绿色或红色 Tally 边框显示，在切换台上也可根据按钮颜色区分信号状态。一般来说，显示为绿色的 PVW 信号为待切换状态，显示为红色的 PGM 信号为最终播出的视频信号画面。多路输入状态下其他输入信号线路按钮和显示框无附加颜色，但也可以利用多画面分割进行预监。当切换视频信号源时，立即从一个信号切换到另一个的模式称为"硬切"，这是一种没有过渡效果的转场。或者以一个定义的时长、特效的形式，从一个信号逐渐过渡到另一个信号。不同的导播切换台有不同的风格可供选择，但一般都有交叉叠化、混合、划入等转场效果，可以按相应的转场风格按钮来选择转场形式。图 4-17 显示了不同转场效果。

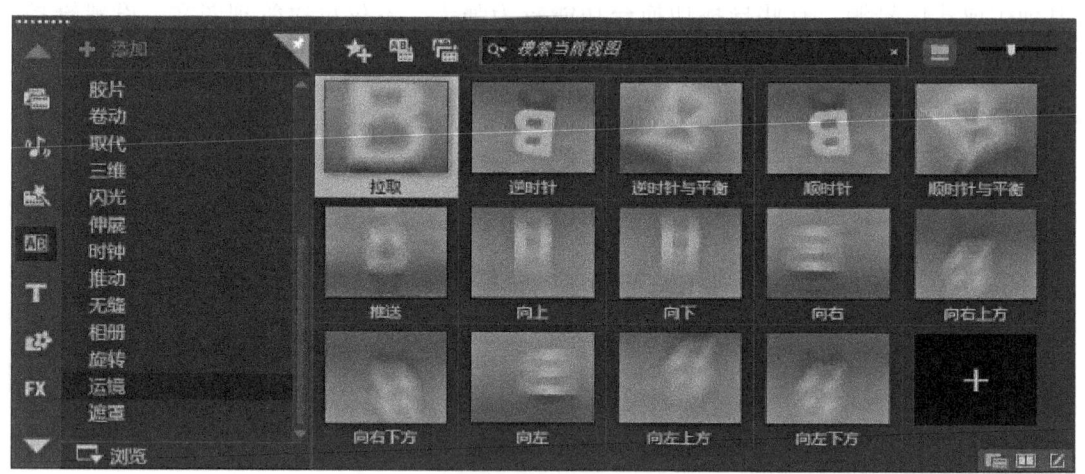

图 4-17　导播切换台的多种转场效果

(三) 画中画效果及键控

在很多切换台上都有画中画（PIP）特效效果按键，可在播出视频上方叠加一个自定义的小窗口，用于显示第二路信号。例如，如果输入 1 号源是默认的信号源，想要叠加显示其他信号，只要将摄影机连接至输入 1，画面就会在画中小窗内显示。

常见的键控分为上游键控和下游键控。上游键控可以理解为在节目视频信号（PGM）送出前叠加在视频信号上的键控。当使用转场特效时，会在节目视频信号（PGM）和预监信号（PVW）之间切换的键控即为上游键控。简单来说，如果把信号比作水流，上游键控负责在底端随水流变化而产生变化，下游键控在水面上无论下面水流怎么涌动都稳稳浮在表面。例如：当镜头切换时，相应的人物姓名条也会随着转场而隐去。与此对应的下游键控，可以理解为节目视频信号（PGM）输出后的键，譬如台标、下方滚动栏，无论输出信号如何切换，它都始终叠加在信号前端显示。图 4-18 是上游键控和下游键控的使用效果示意。

 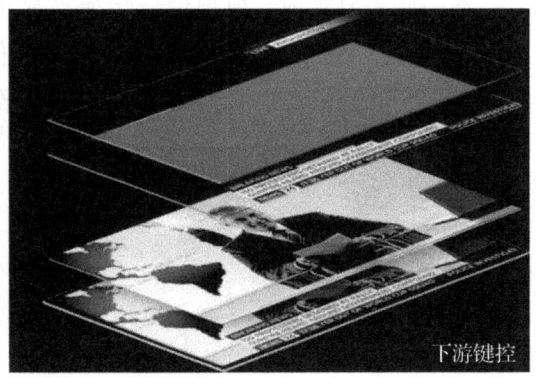

图 4-18　上游键控和下游键控的使用效果示意图

上游键控使用最多的就是色键，通过系统软件导播台可快速实现抠像效果。同时，部分设备中还可以实现包括色彩、溢出及光斑抑制、前景调色等键控参数控制。常见的视觉特效、字幕和图文也属于上游键控，为线性键控。下游键控中最具代表性的就是图标和下横栏滚动条，通过软件设置可以插入图文，比如在直播画面中添加图标、台标和字幕等信息。

(四) 云切换台

云切换台是导播切换设备中的新秀。与传统物理切换台不同的是，它利用云计算技术进行资源整合，将多台摄像机、矩阵、录像机等设备与软件系统进行集成。通过网络将各个设备的信号实时传输到服务器端，再通过服务器统一调度切换，从而实现多机位操作。部分系统还可融入 AI 算法实现智能化。云切换台属于智能导播系统，与传统导播系统相比更加智能化、人性化，可扩展性更强。其系统组成一般由云切换台主机、信号调用器、信号采集器、摄像机控制器等组成。在实际应用中,云切换台功能强大、操作方便、工作效率高,可有效提高节目制作效率,避免人工操作的失误。但是由于其智能化程度较高,在使用中有可能存在一定的风险,比如网络延迟导致切换指令执行滞后,网络云端服务故障导致直播信号中断,未加密直播易遭截获攻击,导致内容泄露与篡改等。

三、其他辅助设备

(一)视频信号转换器

视频信号转换器是将模拟或数字的视频信号转换成另一种信号格式的辅助设备,通常用于连接不同类型的显示器或导播系统,主要有 HDMI 转换器、VGA 转换器、SDI 转换器三种。转换器可以根据需要调节显示设备的刷新率和分辨率,解决了输出和显示不兼容问题。它们广泛应用于广播、影视、监控等行业。

1. SDI-HDMI 转换器

在一些需要实现音视频信号转换且显示设备仅能支持 HDMI 接口的应用场景下,可将 SD-SDI、HD-SDI 信号转换为 HDMI 信号,也可以将 SDI 信号中的音频单独解嵌出来接入到音频设备上。这是实现从一种数字格式信号到另一种数字格式信号转换的设备。图 4-19 是两款 SDI-HDMI 转换器。

图 4-19 两款 SDI-HDMI 转换器

在一些需要较长传输距离且终端显示设备仅支持 HDMI 的应用场景下,可将 SDI 信号线缆作为主要传输通道。它的传输距离更长,单根线缆传输距离可超过 100 m。在经过长距离传输后,可在显示设备前通过转换器将信号转为 HDMI 信号用于显示。

2. HDMI-VGA 视频转换器

HDMI-VGA 视频转换器是一款集 HDMI/VGA 高清信号转换及传输为一体的多媒体数据转换传输设备。它兼容多种音视频接口,可实现高清晰信号的输入输出,为音视频系统提供了多样的解决方案。这类设备实现的是数字信号与模拟信号之间的转换,即可以将模拟的 VGA 信号转换成数字信号通过 HDMI 高清接口输出,转换器如图 4-20 中左图所示;或者将 HDMI 数字信号转换为模拟信号通过 VGA 接口输出,转换器如图 4-20 中右图所示。

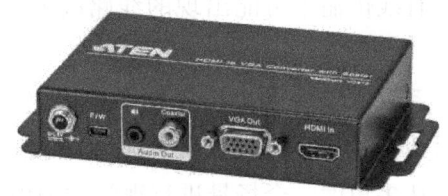

图 4-20　HDMI-VGA 视频转换器

(二) 视频信号分配/选择器

视频信号分配器是一种能够将一路视频信号或音频信号复制分配给多个终端设备的设备。它可以将输入的信号分配成多路相同信号输出，通常用于将视频或音频信号分配到多个显示器或接收器上，所以常被称为分配器。常见的分配器包括 HDMI 分配器、DVI 分配器、VGA 分配器、SDI 分配器等，图 4-21 中左图为 SDI 分配器、右图为 HDMI 分配器。

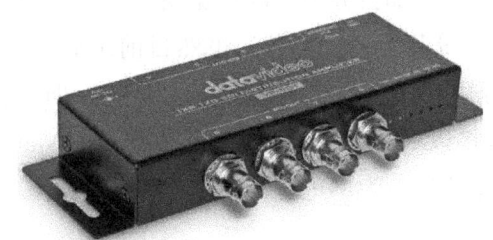

图 4-21　视频信号分配器

视频信号选择器又称为切换器，是一种能够将多路视频信号通过物理按键选择其中一路输出的设备。它由多个输入端口和一个输出端口组成，通过选择不同的输入端口来实现视频信号的切换。视频信号选择器常用于演播室、会议室、展示厅和家庭影院等场合，以便将多个设备（如摄像机、笔记本电脑、游戏机等）连接到单个显示器上。它能够实现不同输入源之间的无缝转换，使用户可以方便地选择不同信号源进行显示或传输。

(三) 无线信号传输设备

无线图传是无线图像传输系统的简称，是指不通过铺设线缆而是利用无线电波进行图像传输的设备。近年来，随着相关技术设施日渐成熟，无线图传的画面质量和传输距离得到了大幅度提高，被广泛应用于影视拍摄领域，如无人机航拍、现场直播等（图 4-22）。它可以将高清图像和视频直接通过无线信号传输到接

图 4-22　无线图传设备

收端，避免了有线传输中可能出现的线路故障和缠绕问题，同时也方便了设备的移动和使用。

无线图传系统可以帮助拍摄现场实现快速搭建、零布线、即装即用，增加了录播系统建设的灵活性和使用弹性。摄像师在拍摄时移动更加灵活、角度更加多样，方便多个移动机位从多角度、全场景进行视频的拍摄，让整个拍摄过程更加简便、高效。

第三节　录播系统搭建

录播系统的核心设备是录播系统主机，一般自带配套录播软件。其主要功能包括导播录制、画面合成、流媒体转发等。现有的便携式录播系统基本上都集成了采集、切换、编码、直播和录制等功能，是一体化音视频制作系统。

目前市面上常见的录播系统软件界面几乎都会分为"源预览窗口""直播窗口""控制菜单""媒体库""音频控制""字幕"等几个基础部分。虽然目前录播系统的 UI 设计越来越注重人机交互的用户体验和可用性，降低了一定的学习负担，但在拍摄前操作人员仍需对系统进行学习熟悉。此节将以 M2300 主机自带的 ZqCourseMaker Pro 微课程制作软件（以下简称 Zq 微课程制作软件）为例进行介绍。

一、录播系统基本使用

（一）快速使用

进入软件后，源预览和直播窗口一般都是无信号或黑屏状态，这是由于外接信号输入还没有与录播系统对接。此时首先需要对信号输入进行设置，在源预览窗口的各个分屏中可以逐一调整。每一个分屏，无论信号来源是摄像机还是媒体，系统都默认为"CAM"，也就是一个虚拟机位。这样的分类便于拍摄时的信号源切换。在各"CAM"的二级菜单中根据实际需要选择设备，如 USB 摄像头、板卡输入信号、本机桌面、NDI、流等（各信号连接方式将在下一节详细说明）。除了信号源，为了丰富视频内容、提升视频观感，一般还会导入图片、视频、音乐、字幕等内容。

1. 机位设置

便携式录播系统软件会提供有限的机位数，这一方面是由于硬件板卡接入口的限制，另一方面受限于小型主机的处理性能。一般来说，软件会提供 4 个或 6 个虚拟机位，方便组合各类型媒体信号，在实际拍摄使用中也会更加灵活。图 4-23 是 4 和 6 机位工作模式的界面。

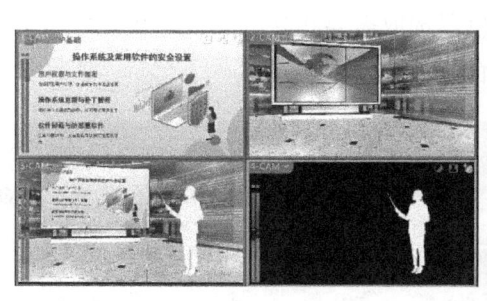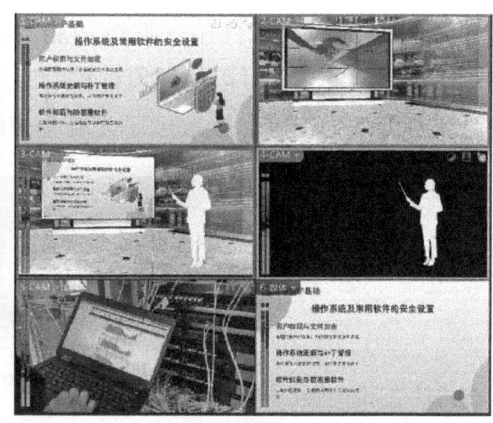

图 4-23　Zq 微课程制作软件中 4 和 6 机位工作模式

Zq 微课程制作软件采用的是"3+1"或"5+1"的机位设置模式，也就是保留 1 个"媒体"信号源作为机位。这样的设置有 2 种实际运用：一是"媒体"信道内的图片或视频将作为直播的一部分，在最终成片内作为一个独立镜头信号；二是"媒体"信道内的图片作为背景，与其他视频信号共同组成虚拟合成信号源。

2. 虚拟抠像

在线课程录制中，除装备操作、实验教学等操作类型的教学内容需实景实拍外，其余理论教学、案例讲解、公式推导等内容，往往都会选择虚拟合成形式进行制作。录播系统的主要作用除了机位切换，就是色键控制，也就是常说的抠像。无论是硬件还是软件形式，都会具备此功能，如图 4-24 所示。

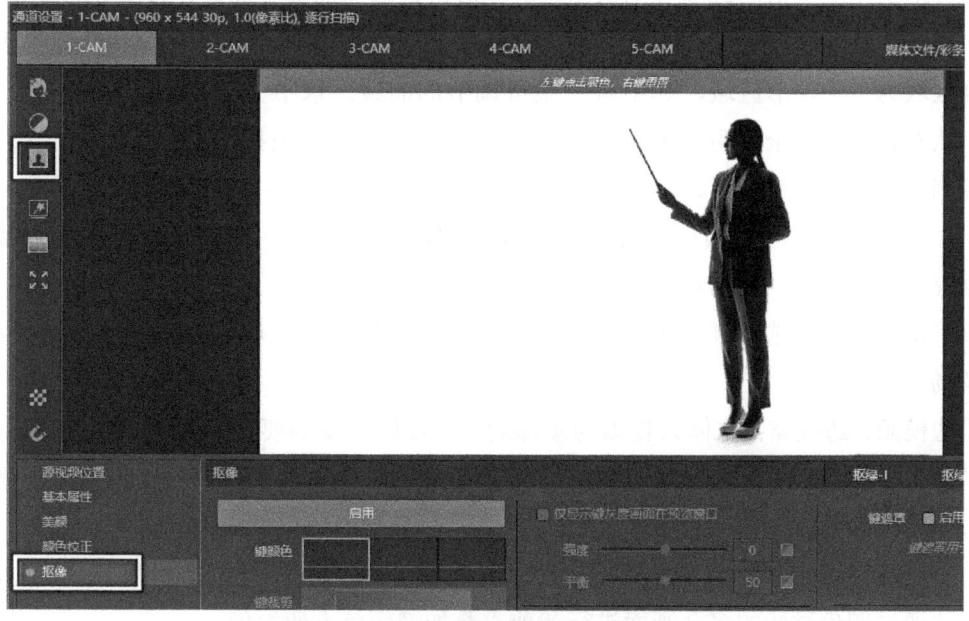

图 4-24　录播系统具有抠像功能

在 Zq 微课程制作软件中，抠像功能设置在"通道设置"菜单中，启用抠像功能，如图 4-25 所示。然后可以使用鼠标控制吸色器选取需要扣除的颜色，将鼠标移至预览窗口，鼠标即变为吸管，吸取主要需要去掉的颜色。

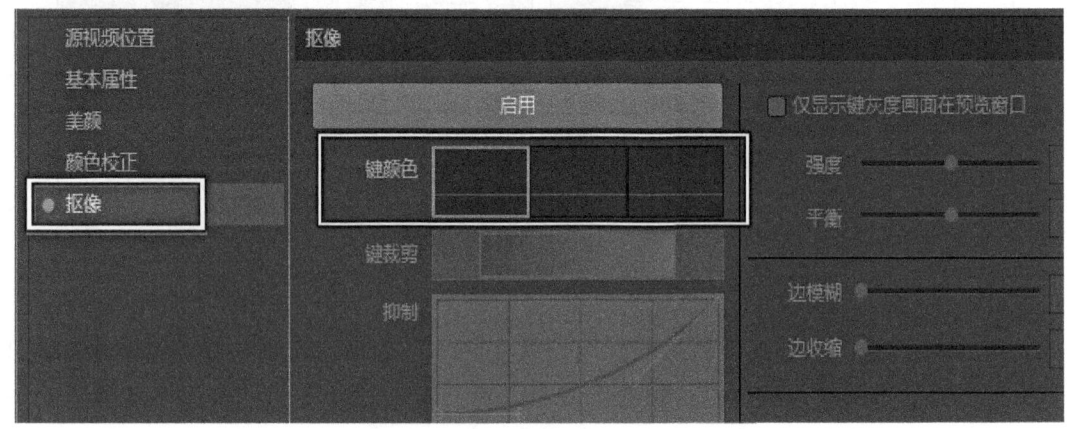

图 4-25　可选三个键颜色

由于环境限制或光线布设不均匀，往往会出现单一颜色无法实现抠像的情况。为了提升画面的纯净度，可再选择其他两个空白键色块，增加需去掉的相近颜色，弥补不足。配合调整抠像各参数实现纯净抠像。

键裁剪：用于收缩半透明（灰）的范围。左边界向右调节减少深（黑）色部分，使更多接近透明的半透明色变为透明色；右边界向左调节减少浅（白）色部分，使更多接近不透明的半透明色变为不透明色。一般可理解为加强画面对比度。

抑制：这是曲线型的调节工具，用于把视频图像中混入的键颜色按某种比例去除。控制区域为一个矩形区域，其中有一条可调节的曲线。水平方向表示图像颜色的透明度，从左到右为从全透明到不透明；垂直方向表示键颜色被抑制的程度，最上边表示不抑制，越向下，抑制得越多。

强度：用于对选取颜色的提纯。强度增加，选择的颜色纯度增加；反之则减小。根据提纯度的不同，对场景中的颜色进行调节。

平衡：用于对选取颜色进行色彩偏移，即在色相中将整体颜色偏移，需根据授课人及场景配合调节。

边模糊、边收缩：主体人物因为服饰面料、皮肤头发等要素的影响，抠像边缘并不是平整光滑的。这两个参数的作用是为了使抠像出来的人或者物体与场景更好地融合，对边缘进行柔滑或内缩，避免由于灯光不均匀等因素导致的抠像边缘较明显的现象。

键遮罩：键遮罩根据需求的不同有多种用法，主要用于裁剪不规则区域，对乱入的无法通过颜色过滤的多余画面进行裁剪，叠加键颜色方便抠像。

源遮罩：在抠像的过程中，有些区域不需要参与抠像，如讲台、电脑等，这些都可以使用源遮罩将不想参与抠像的部分排除，减少因光线反射、倒影、相似颜色等情况产生的非必要扣除。

在将抠像参数调节适当后，通过勾选"仅显示键灰度画面"，将抠像预览画面以灰度状态显示，查看抠像状态。当预览画面中主体人像为纯白，需扣除的背景为纯黑，无灰色闪烁阴影时，即表示抠像设置较为成功。

3. 通道合成

通道合成常用于需要使用抠像拍摄模式的课程、节目中。较大型的虚拟演播系统因为硬件处理能力支撑，往往可以在预览界面设置数个独立的合成通道，将不同的输入源通过合成、叠加、组合生成所需的画面以供机位切换。便携式课程制作系统由于算力限制和运用场景的要求，往往仅需生成单一合成通道以供预览、直播，即可满足使用需求。

在 Zq 微课程制作软件中，支持设定某一个 CAM 机位为"自定义场景"，也就是将其设置为合成通道。根据总通道数可灵活设置合成通道数。例如：

4 通道情况如图 4-26 所示，1 路信号为摄像机拍摄授课人，提供抠像画面；1 路信号来自授课人笔记本电脑，提供授课 PPT 的视频信号；1 路信号是图片（媒体）内容作为虚拟合成背景使用；1 路作为自定义场景，根据需求依次叠加图片背景（底层）、授课 PPT、人物抠像画面（顶层），最终作为课程的主用画面输出（图中 3-CAM 画面）。若再配合全屏授课 PPT 画面，可形成 2 画面混切的微课成片视频。

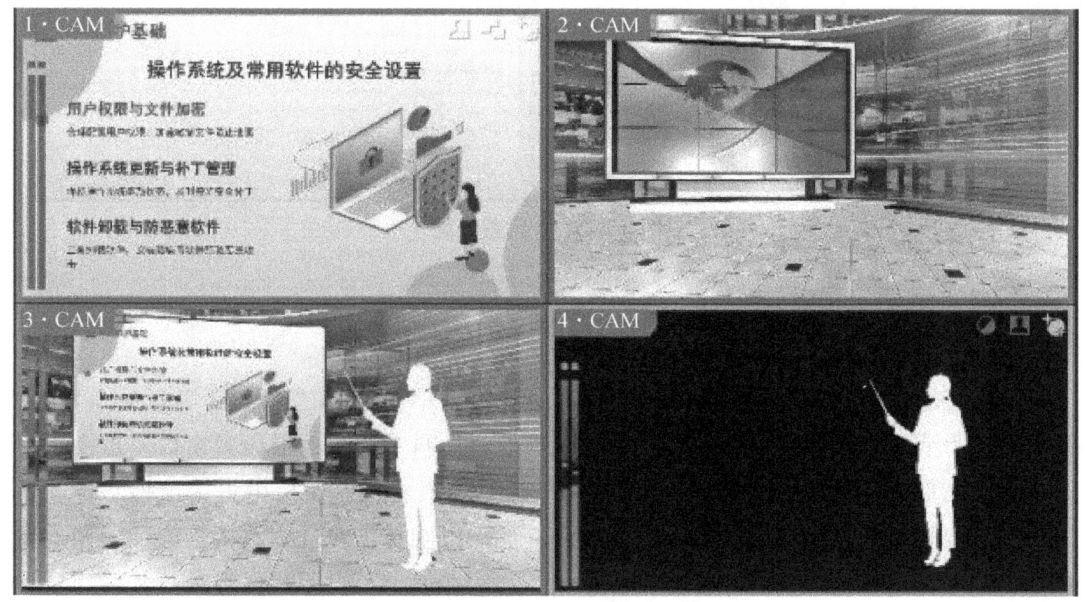

图 4-26　4 通道设置

6 通道情况如图 4-27 所示，1 路摄像机拍摄授课人，提供抠像画面；1 路视频信号来自授课人笔记本电脑，提供授课 PPT 画面；2 路媒体（图片、PPT）内容作为虚拟合成背景使用；2 路作为自定义合成场景，场景 1 与 4 通道模式相同，场景 2 可将 PPT 处理后作为授课背景叠加人物抠像画面，最终作为课程的主用画面输出。若再配合全屏授课 PPT 或其他图片、视频学习资料，可形成多画面混切的授课视频。

图 4-27　6 通道设置

（二）6 通道应用设置

具体的操作流程如下：

信号连通后，点击需要设置的 CAM，在下拉菜单中选择"自定义场景通道"，如图 4-28 所示。点击"自定义场景通道"选项后，会自动弹出通道设置窗口，点击选择对应通道，如 4-CAM 通道。点击左侧"+"按钮或者在预览窗口中点击鼠标右键，选择添加需要输入的信号源，如图 4-29 所示。如需以图片为背景，点击"添加图像（背景）"选项，选择要添加的图片文件，也可以选择信道"6-媒体"作为图片背景信号叠加在混合信号的底部。添加后，效果如图 4-30 所示。

图4-28 选择"自定义场景通道"

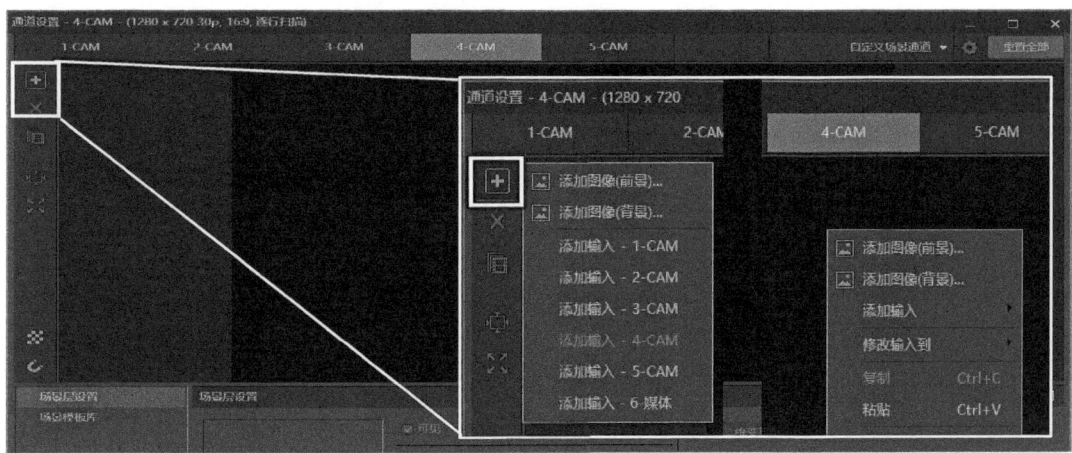

图4-29 添加需要输入的信号源

图4-30 添加图像(背景)后的效果

对添加的图层，可以在"二维变换"和"裁剪"属性处调节参数，也可以选中图层后，直接在预览窗口中调节。同时，可以设置图层是否可见、是否锁定以及图层的不透明度等，如图4-30所示。

自定义混合通道中可以根据需要添加多个图层，多个图层间可以调整上下叠放顺序、透明度等，调整效果如图4-31所示。

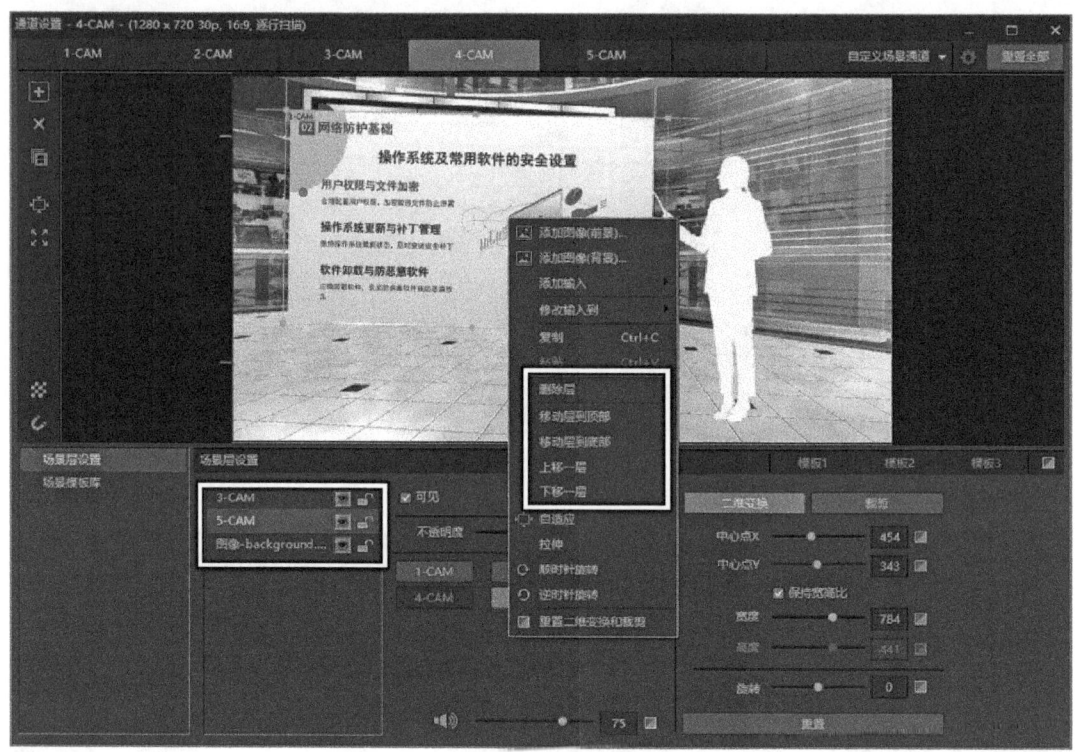

图4-31 自定义混合通道中多图层设置

为了便于使用，系统可将叠放顺序和设置参数进行保存。点击"添加场景模板到库"按钮，添加场景模板到模板库。保存的场景模板包文件（*.vxscepkg）包含场景引用的图片文件及其他参数，方便跨主机交换场景模板。

二、信号通路设置

（一）视频信号接入

录播系统主机要生成直播信号，必须将需要的信号源导入系统进行加工、选择、叠加等操作。系统可通过信号采集卡将HDMI、SDI、DVI等多种制式的视频信号通过硬件导入，也可通过软件内操作进行本地抓屏、流媒体信号接入等。

1. 采集卡信号接入

采集卡信号接入是指通过对应接口的音视频传输线缆,将摄像机、电脑等设备以硬件接入的形式与录播系统进行连接,传输音视频信号。这种模式的优点是信号传输线路可控、接入简单、问题排查便捷、维护方便等;缺点是受限于硬件性能、信号传输距离有限,拍摄现场线缆遍地,容易被碰掉或损坏等。通过采集卡进行信号采集(常见为 DVI 接口),无论是外置采集卡还是机箱集成的采集接口,多数时候都需要进行驱动安装。

以 Zq 微课程制作软件为例,驱动安装完成后即可在软件中识别到板卡设备,尾缀一般为＊＊＊SDI(n),其中 n 为对应接口的编号。在便携式课程制作条件主机中,也可以将电脑 PPT 信号用转换器接入主机,其在系统菜单中也将以＊＊＊SDI(n)形式出现。

2. 本地抓屏信号接入

本地抓屏,即将终端本地的屏幕活动、操作演示作为信号源导入系统中。这种信号在视频制作中起着重要的作用,尤其在需要展示软件操作、公式演算的授课场景中应用最为广泛。抓屏不仅可以记录下屏幕显示的内容,还可以记录画面标注、显示鼠标点击效果等。

在 Zq 微课程制作软件中选择"本地抓屏"可区分捕获源信号。特别是在主机本机作为 PPT 播放电脑时,需要区分 PPT 播放页与软件编辑页。相比于通过信号转换器将单一 PPT 视频画面信号通过采集卡接入系统的操作模式,本地抓屏将同步抓取电脑本地声音,为后期制作提供便利。但由于本机播放其他内容,如想灵活操作系统进行信号源切换、字幕、特效等操作,则必须外接显示屏,否则各界面来回切换将影响本地抓屏效果。

设备设置及操作方式如下:

- 点击 X-CAM,选择"本地抓屏",弹出"设备设置"窗口,如图 4-32 所示。
- 在"设备设置"窗口中,可以设置采集的显示器、帧速率、是否抓取鼠标以及是否采集音频等参数。设置完成点击"确定"按钮退出,如图 4-33 中左图所示。
- 音频设备设置如图 4-33 所示。具体接入的播放设备,需在本地播放一段音频,在声音窗口选择"播放"选项卡,列表中有音频电平跳动的项即为正确的电脑输出声音设备选项。在软件中请选此项。
- 设置完成后退出设置窗口,单击主界面中的"抓屏控制按钮",调出抓屏控制窗口。可以根据需要进行抓取区域选择,如图 4-34 所示。

抓取全屏模式默认抓取全屏,可通过调节矩形框来调节抓取的范围;选取矩形式区域抓屏时,按住鼠标左键拖出矩形窗确定抓屏的范围;窗口区域抓屏模式下,系统自动识别窗口,以鼠标确认后自动抓取窗口中内容。

图 4-32 启用本地抓屏设置

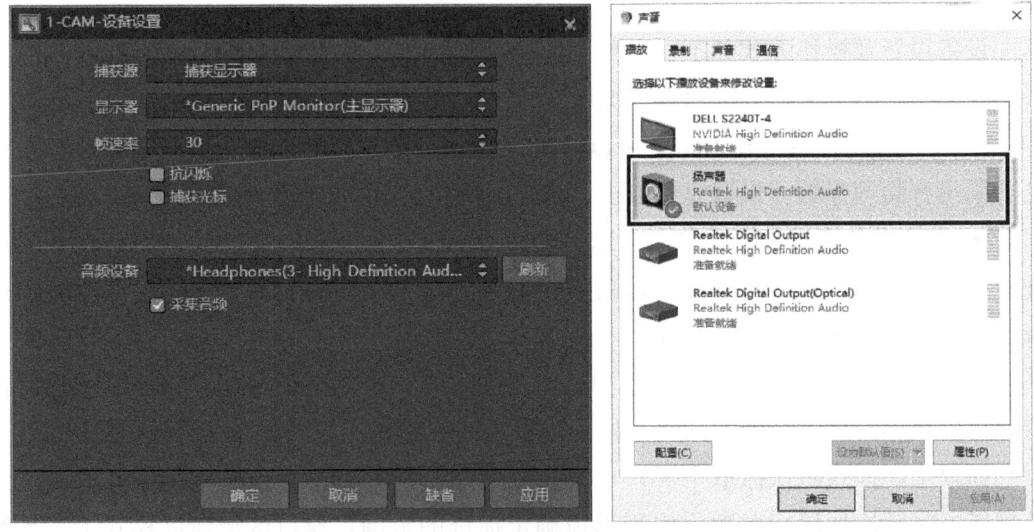

图 4-33 本地抓屏参数设置

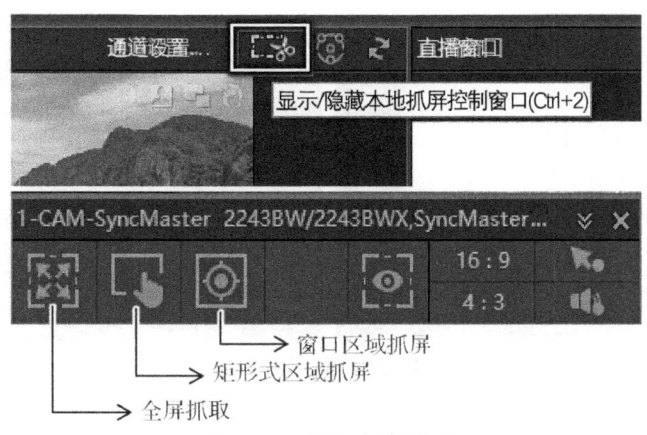

图 4-34　抓屏控制设置

（二）音频信号接入

音频信号接入主要分为软件接入和硬件接入。软件接入是指将音乐、音效、配音等音频文件导入系统中；硬件接入是指通过话筒、线缆等音频采集或传输设备，将声音转换为电信号输入进录播系统，并通过调整配置达到与视频信号同步的效果。

使用便携式课程录制设备时，可根据实际需求连接音频采集设备。常见的单人主讲课程一般仅安排1组无线麦克风作为主要外部音源，无线接收端会直连主机调音台，避免通过摄像机传输导致的音视频信号错位。背景音乐、素材音频也尽量由主机播放插入，以减少线路连接带来的信号损耗。

1. 软件接入

虚拟演播系统都支持MP3、WAV、WMA等常见音频格式作为素材导入。以Zq微课程制作软件为例，同导入视频、图片素材相同，在媒体库窗口，双击窗口空白处或单击"导入"按钮，即可在本机的资源管理器中选择需导入的音乐、音效素材，单击"打开"即可完成导入。如素材未在资源管理器中找到，一般是由于素材格式不符合系统支持格式，需要用格式转换软件进行转换后才可进行导入。

素材导入后，将生成音符Logo的素材条，素材条信息包括素材名称、声道属性、采样频率、时长、波形图等。单击素材前端的播放按钮，素材即开始播放；单击"循环播放"按钮，该按钮呈高亮状态，音乐将单条循环播放；单击素材前端的"停止"按钮，音乐播放停止，如图4-35所示。

可对导入的音频素材进行音量调节。在音乐素材列表中，每个音乐文件的波形图上都有一条横线，通过点击并上下移动横线可快速调节音量。也可以在横线处点击鼠标右键，通过右键菜单进行调节音量。双击横线可重置音频设置，如图4-36所示。

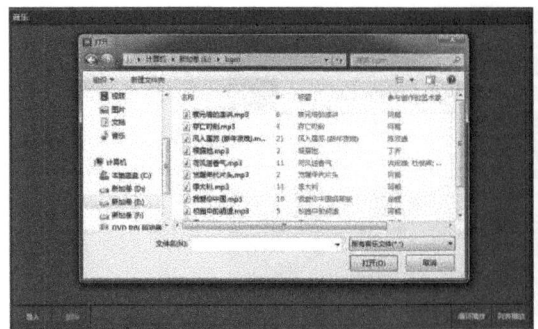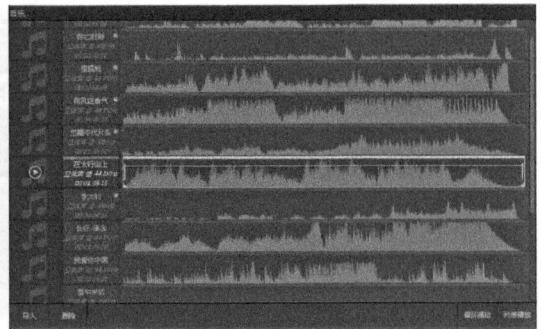

图 4-35 导入音频素材

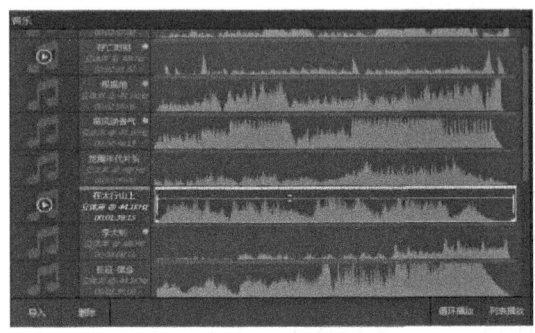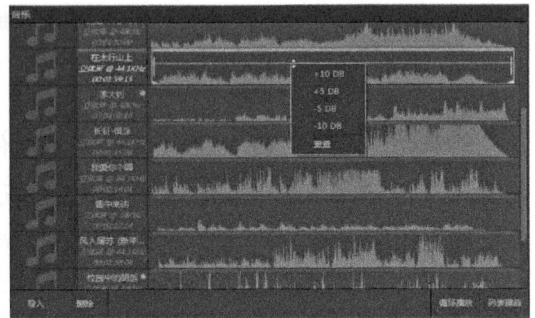

图 4-36 导入音频素材的音量调节

2. 硬件接入

通过线路输入的音频设备需要将线缆连接至主机背后的集成式调音台或采集卡上的音频接入口。为了防止音频混乱，采集卡使用的视频线路输入端口、HDMI 输入端口通常都无法传输音频信号。

以 Zq 微课程制作软件为例，进行 3.5 mm 麦克风的线路接入操作流程如下：

- 在主界面，辅音操作条处右键点击"设备设置"，进入"设备设置"界面。在此界面点击选择"线路输入"，然后点击"确定"退出，如图 4-37 所示。

- 观察到辅音处有音频波形，则表示声音接入正常。音源接入后，可以在辅音音轨处、直播框或调音台点击直通按钮，将音轨添加到直播中同步播出，如图 4-38 所示。

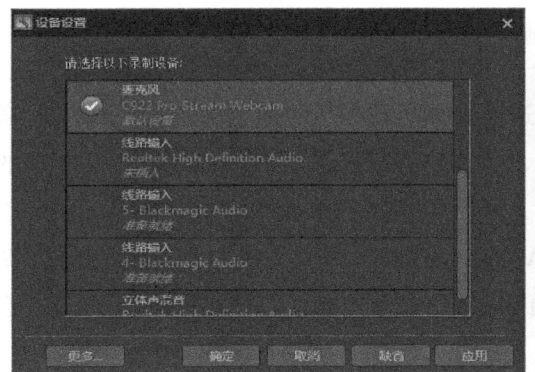 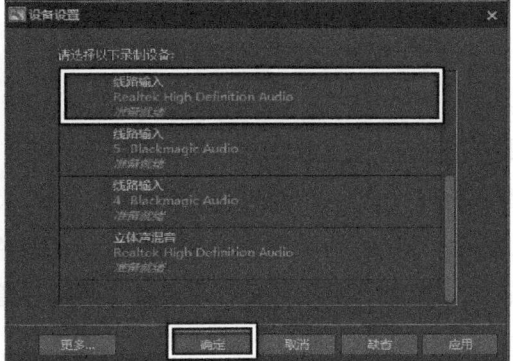

图 4-37　打通"线路输入"通道

 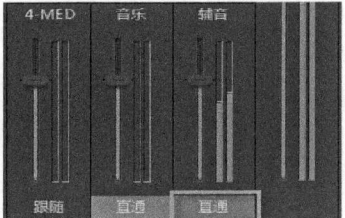

图 4-38　设置线路输入音频为同步直播

3. 延迟/音频设置

录播系统工作时，由于音频信号和视频信号经过的信息处理通道不同，直播或录制时可能会出现视频与音频不同步的现象，给人以错位感。音频和视频信号输入和输出之间的时间间隔通常以 ms 为单位。尽管运算速度很快，但传输的时候已经产生了延时。模数/数模转换、编解码、缓冲等数字信号处理过程以及信号传输都是信号延迟的潜在影响因素。人耳对延时是比较敏感的，音视频信号 6 ms 左右的延迟就可能被人感知。当出现视频与音频不同步的情况时，我们需要对视频和音频信号进行延时处理。

以 Zq 微课程制作软件为例进行延时设置，在"通道设置"中的延时调节区，可通过修改数值、按钮调节、滑竿调节的方法对视频及音频进行延时调节，让视频画面与音频保持同步，如图 4-39 所示。

图 4-39　延迟/音频设置

4. 调音与混音

除了主机配备的物理端全场景调音台，一般虚拟录播软件还会配备数字调音台功能，以供在音频信号进入虚拟演播系统后，进行适应直播、视频录制需求的音频操作。Zq 微课程制作软件中的数字调音台具有音量调节、静音、直通通道切换、音效置入等简单的音频处理功能，其工作界面如图 4-40 所示。音频混音器是系统中的音频调节区域。以 1-CAM 通道为例，可以点击通道名称 "1-CAM" 进行静音（开/关）功能；滚动滑块可调节各通道音量大小；直通/跟随开关可将通道音频输出至主输出，在跟随模式下，该通道音频不输出至直播。

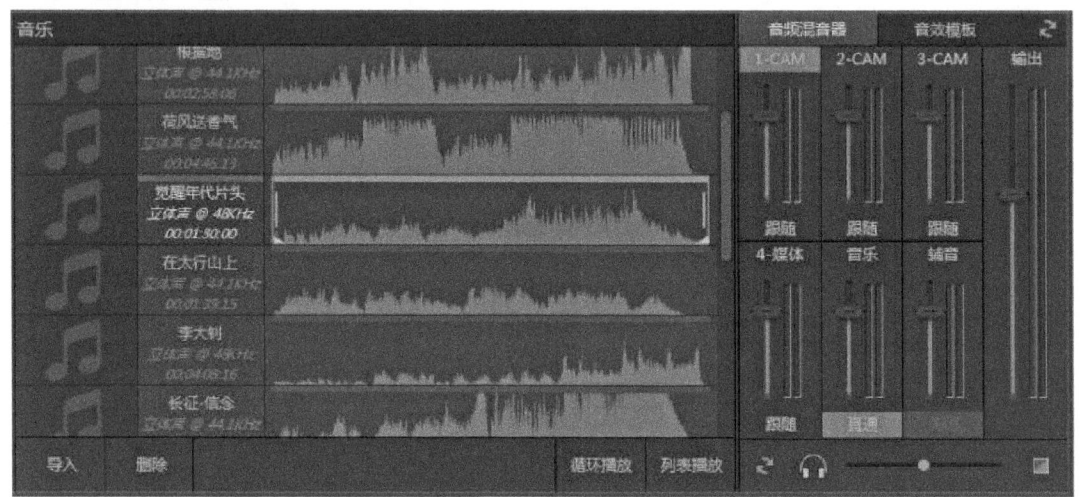

图 4-40　数字调音台工作界面

音效模板区预置了一些音效，如图 4-41 中左图所示。根据节目需要播放音效时，在音效模板处点击鼠标左键即可使音效直接播放，音效播放完成后自动停止。若要中

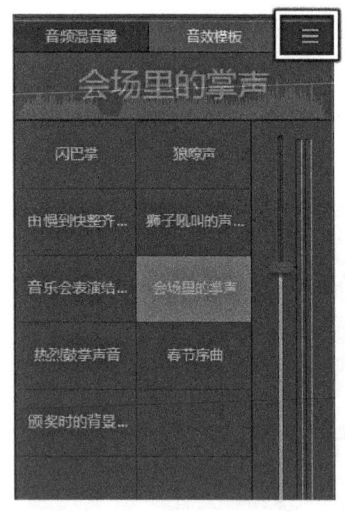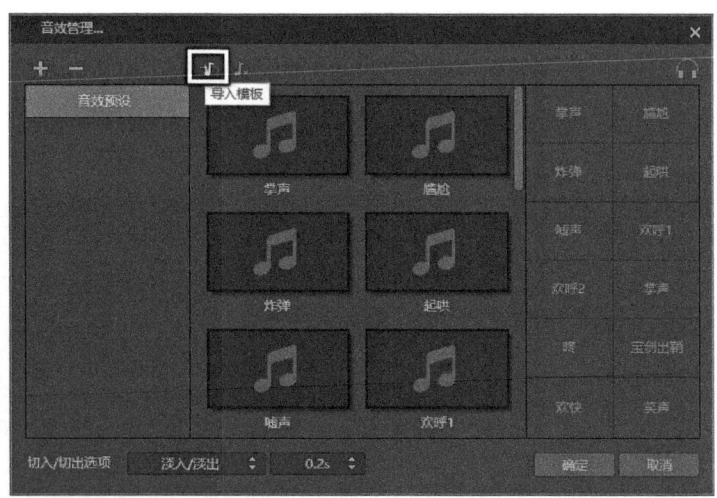

图 4-41　音效的设置与使用

断播放，可再次点击停止。右键点击音效模板可把此音效设置为待播的音效。根据使用需要，可在音效库里添加本地音效。如图4-41中右图所示，点击"音效管理"按钮进入"音效管理"界面，点击"导入模板"添加音效。在硬盘中找到需加入的音效文件（MP3、WAV等音乐文件），单击"打开"按钮即可将其加入库中。

（三）NDI接入

NDI，即Network Device Interface，是NewTek公司于2015年推出的网络设备接口协议。利用NDI传输技术，可通过标准网络双向传输视频和数据，将传统的SDI、HDMI视频信号传输到现场制作设备里，如各种软硬件制作设备、视频混合器、图像系统等。

NDI传输技术具有低延迟、精确帧视频传输、数据流相互识别和通信等特性。它无需复杂连线，只需要一根网线构成网络连接，便可将不同位置的各种制作设备互联互通，快速搭建轻量化演播室。因此，NDI被视为传统HDMI、SDI等有线连接的一种替代传输方案。

目前NDI有两个版本：全NDI和NDI｜HX。全NDI采用全I帧序列编码策略（I帧是关键帧，通过帧内压缩算法独立编码完整画面，不依赖前后帧压缩，单帧数据量较大，全I帧序列编码策略，即禁用帧间压缩，以冗余数据量换取零解码依赖性，从而实现亚毫秒级传输延迟），具有超低延迟（1帧或更少）和质量几乎无损的优势，可取代复杂的SDI/HDMI连线，但是需要占用一定带宽，比如单个1 080 p 60 fps的NDI流可能需要140 Mbps，单个4 K UHD 60 fps的NDI流则需要250 Mbps。

常用演播室的NDI连接多在局域网环境下进行，需确保所有设备设置于同一网络环境下。首先，使用网线将设备进行物理连接。如果使用路由器，路由器会自动为连接到它的设备分配IP地址。如果设备间仅用网线连接，则需手动设置每个设备的IP地址、子网掩码，确保所有设备使用相同号段的IP地址和子网掩码。最后可在主机上尝试通过Ping命令测试连接，具体操作为：在命令提示符下输入"ping 192.168.0.1"（或目标设备的IP地址），然后按回车键，如果Ping命令成功接收到回复，则表示连接正常，如图4-42所示。

要将电脑、智能触控大屏等信号作为NDI输出，可使用"U-screen"等类似软件，将显示信号作为源进行推送。在虚拟演播室软件中，可以将软件推送的NDI源作为视频信号输入系统，操作方式类似摄像机信号输入。在Zq微课程制作软件中，NDI信号接入和视频信号接入操作类似：

- 选择CAM通道右击，在弹出的菜单中选择一个"NDI源"设备，如图4-43所示；
- 在弹出的"设备设置"界面中，选择相应的设备即可接入信号，如图4-44所示。

```
C:\WINDOWS\system32\CMD.exe

Microsoft Windows [版本 10.0.19045.4412]
(c) Microsoft Corporation。保留所有权利。

C:\Users\ >PING 192.168.0.1

正在 Ping 192.168.0.1 具有 32 字节的数据:
来自 192.168.0.1 的回复: 字节=32 时间=26ms TTL=250
来自 192.168.0.1 的回复: 字节=32 时间=25ms TTL=250
来自 192.168.0.1 的回复: 字节=32 时间=35ms TTL=250
来自 192.168.0.1 的回复: 字节=32 时间=27ms TTL=250

192.168.0.1 的 Ping 统计信息:
    数据包: 已发送 = 4, 已接收 = 4, 丢失 = 0 (0% 丢失),
往返行程的估计时间(以毫秒为单位):
    最短 = 25ms, 最长 = 35ms, 平均 = 28ms
```

图 4-42 测试 NDI 网络连接情况

图 4-43 启用 NDI 源

图 4-44 选择 NDI 信号源

三、网络直播及录制

网络直播技术以其实时性、互动性和广泛性等独特的优势，迅速成为了现代社会中备受关注的新媒体传播形式。无论是新闻报道、娱乐演出，还是企业宣传，都可以通过网络直播技术实现广泛的传播。随着网络直播技术的不断发展，其应用领域也在不断扩大。除了传统的新闻报道和娱乐演出，网络直播技术还被广泛应用于教育、医疗、电商等领域。这一切都离不开直播中常说的两个关键词：推流和拉流。

（一）推流与拉流

"推流"是指将现场音视频拍摄采集的数据内容封包好，并传输到服务器的过程。简单来说就是将音视频信号传输到网络的过程。"推流"对网络要求比较高，如果网络不稳定，直播效果就会很差，观众观看直播时就会发生卡顿等现象。

想要将信号用于直播，必须把音视频数据以传输协议进行封装，变成数据流。目前较为主流的推流传输协议有 RTMP、RTSP、HLS 等，它们的使用场景和优势也各不相同。

1. RTSP

RTSP（Real Time Streaming Protocol）实时流传输协议，是目前三大流媒体协议之一，为流媒体提供了暂停、快进等控制功能，且定义了流格式，如 TS、mp4 格式。其特点是易控制操作与低延时，通常应用于安防视频监控等场景，如公安调查监控进行视频的查看、回放、快进、后退等操作，可实现 ms 级的延时。但缺点也很明显，RTSP 技术操作较为复杂，对于软件的兼容性较弱，无法适用于 flash 播放器播放。

2. RTMP

RTMP（Real Time Messaging Protocol）实时消息传输协议，主要传输 flv、f4v 格式的流，其最大的特点是可以使用插件在浏览器中进行播放，播放门槛相对不高，兼容性较好，时延也比较低，因此在手机直播、语音通话等场景应用广泛，目前也是视频云服务的主推流协议。

3. HLS

HLS（HTTP Live Streaming）是基于 HTTP 的媒体流传输协议，主要用于手机系统，安卓、苹果系统都能兼容。由于使用标准的 HTTP 协议来传输数据，HLS 在一些特殊的网络环境下不会被屏蔽，而且码流切换流畅。但是由于 HLS 通过将整条流切割成小的媒体文件，然后提供一个配套的媒体列表文件供客户端下载，以实现看似在播放一条流的效果，因此容易产生较高的网络延时。

"拉流"与"推流"正好相反，是指线上服务器已有直播内容，终端通过协议（如

RTMP、RTP、RTSP、HTTP等）与服务器建立连接，并接收数据进行内容拉取播放的过程。拉流需在终端实现播放器对音视频的解码和渲染，在软件或页面直播中，一般还会集成聊天室、点赞和礼物系统等功能。

（二）网络直播

一般来说，直播推流时可以根据网络上行带宽和观众下行带宽综合考虑，选择推流的质量。Zq微课程制作软件中提供了"高、中、低"三种质量模式可供选择。如图4-45所示，高质量为1 920×1 080，25 fps，8.8 Mb/s；中等质量为1 280×720，25 fps，3.1 Mb/s；低质量为960×540，25 fps，2.0 Mb/s。

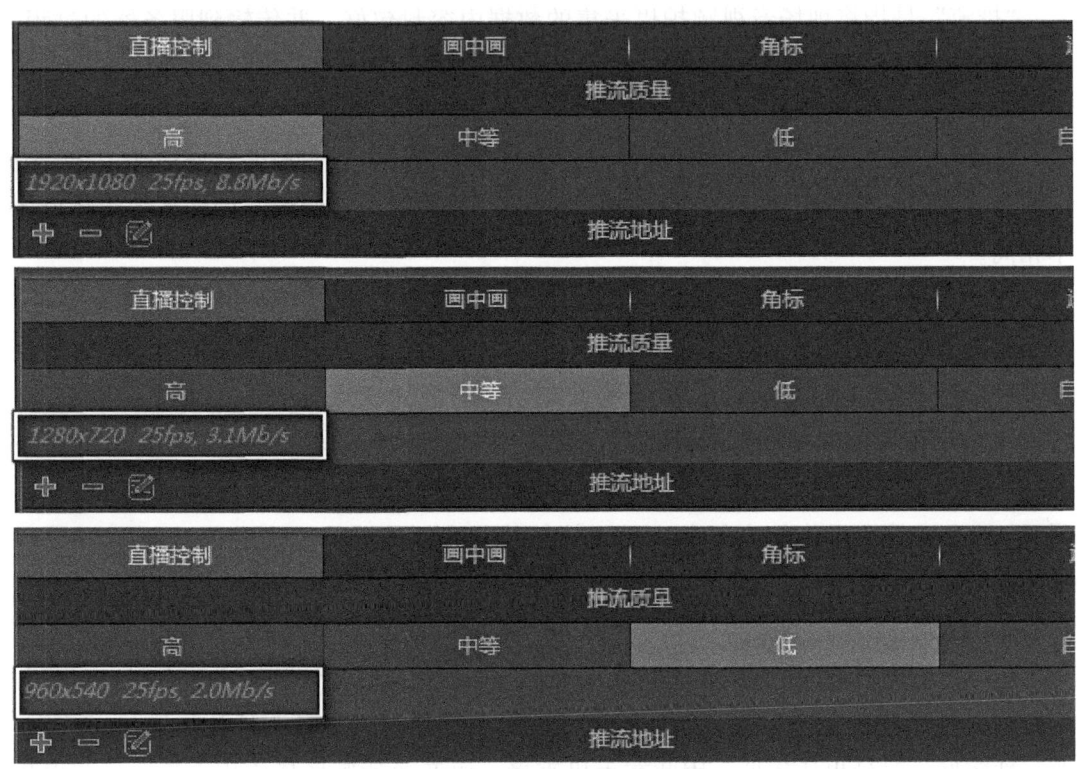

图4-45 直播推流三档质量参数

如果系统定义的三档质量参数不能满足需求，也可选择"自定义"模式，详细设置帧尺寸、视频比特率等信息，如图4-46所示。

在设置直播推流质量参数前，应先进行带宽测试，以掌握网络上行带宽情况，合理选择符合现行条件的直播质量。在Zq微课程制作软件中，可点击"网络速度测试"按钮，跳转网页版测速窗口进行网络测速，如图4-47所示。

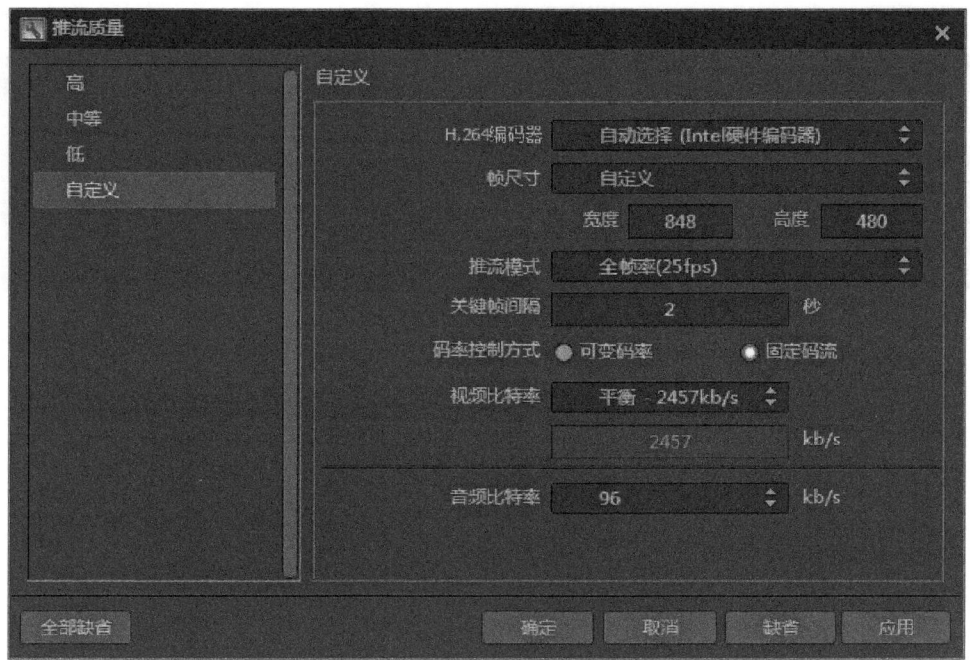

图 4-46　自定义直播推流质量参数

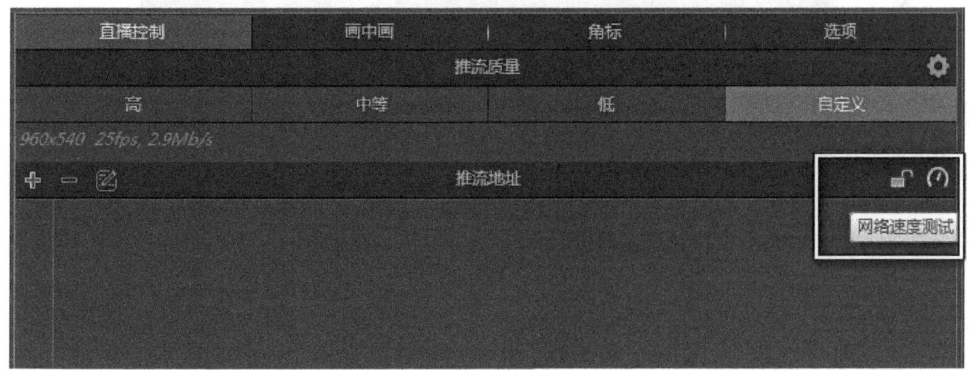

图 4-47　网络速度测试

1. 设置推流地址

在直播菜单界面点击"＋"按钮，在弹出列表中选择要添加的推流地址，如图 4-48 所示。在"流名称"处填写一个地址名称（可不填写），如"＊＊＊网络直播"。在"Rtmp 推流地址"处，根据软件示例填写推流地址。直播码和观看地址根据实际需要填写。点击"连接测试"，出现"连接正常"后代表此地址可正常使用，如图 4-49 所示。点击"确定"退出二级菜单后，填写的推流地址将会出现在列表中。

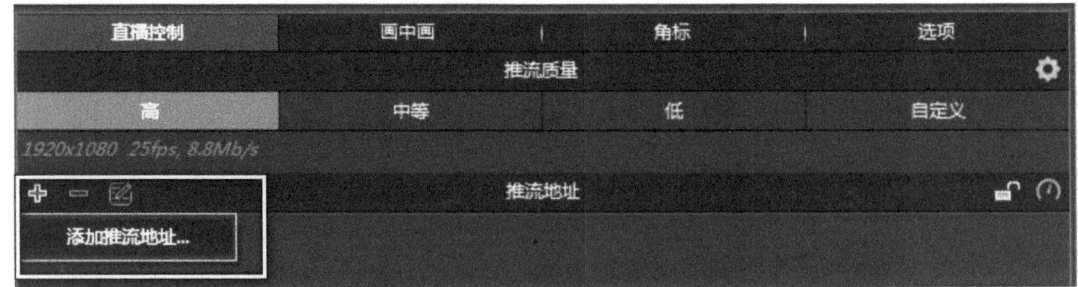

图 4-48　添加推流地址

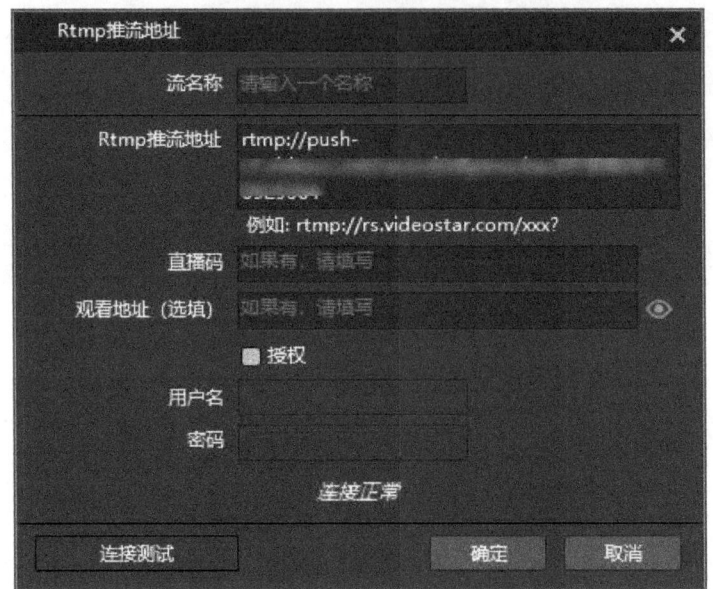

图 4-49　设置推流地址并进行连接测试

2. 开始直播

开始直播前,需添加媒体文件、音乐、字幕等需要的媒体资料,检查各路音视频信号是否连接通畅。待准备工作就绪后,点击"推流"按钮开始直播,如图 4-50 所示。

3. 通道切换

在直播过程中,根据导播需求可进行通道切换,将各通道切至主输出直播窗口。具体方法有五种:

• 在源预览窗口区域,鼠标单击操作选择通道,即可切至主输出,如图 4-51 中左侧区域所示。

图 4-50　推流直播

图 4-51　鼠标一次单击直接完成通道切换

- 在主输出直播窗口下方的数字导播台，鼠标单击选择数字按钮（数字为通道编号），即可将相对应的通道切至主输出，如图 4-51 直播窗口下方区域所示。
- 在源预览窗口区域，鼠标右键单击选择待播出的通道，单击主输出直播窗口下方的"硬切"、"叠画"或"转场"按钮，即可将待播出的通道以相应的转场效果切至主输出，如图 4-52 所示。

图 4-52　带转场特技的切换方法

● 单击键盘上的 F1～F9 键，可直接将 1～9 通道切至主输出；单击小键盘上的 1～9 按钮，可选择准备播出的通道，再按"回车"或"空格"键，可将备播通道硬切至主输出。

● 将 Zq 软件最小化后，系统会在屏幕右下方出现迷你控制窗口。该窗口可显示主输出的内容，控制通道切换，添加音乐、辅音、字幕和画中画等功能，还能控制录制和推流的开始和停止，如图 4-53 所示。

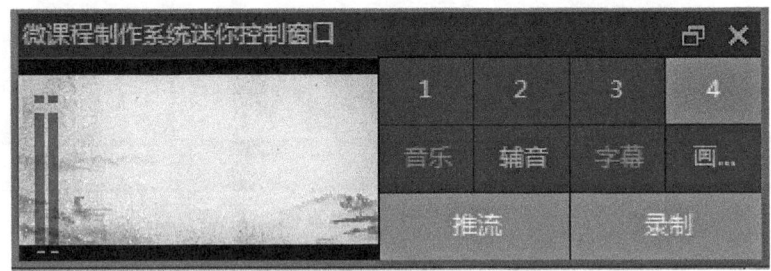

图 4-53 迷你控制窗口中的通道切换

4. 流媒体信号接入

Zq 软件中可以接入 2 路流媒体信号。具体的接入方法如下：

首先，选择 CAM 通道右击，在弹出的菜单中选择一个"拉流"设备，如图 4-54 所示。

图 4-54 启用拉流

在弹出的"设备设置"窗口中填写"流名称"和"流媒体地址"。软件支持的第三方地址类型有 rtmp、http、rtsp、udp 等，如图 4-55 所示。完成设置后点击"确定"退出窗口，就可以在预览窗口观看到流信号。

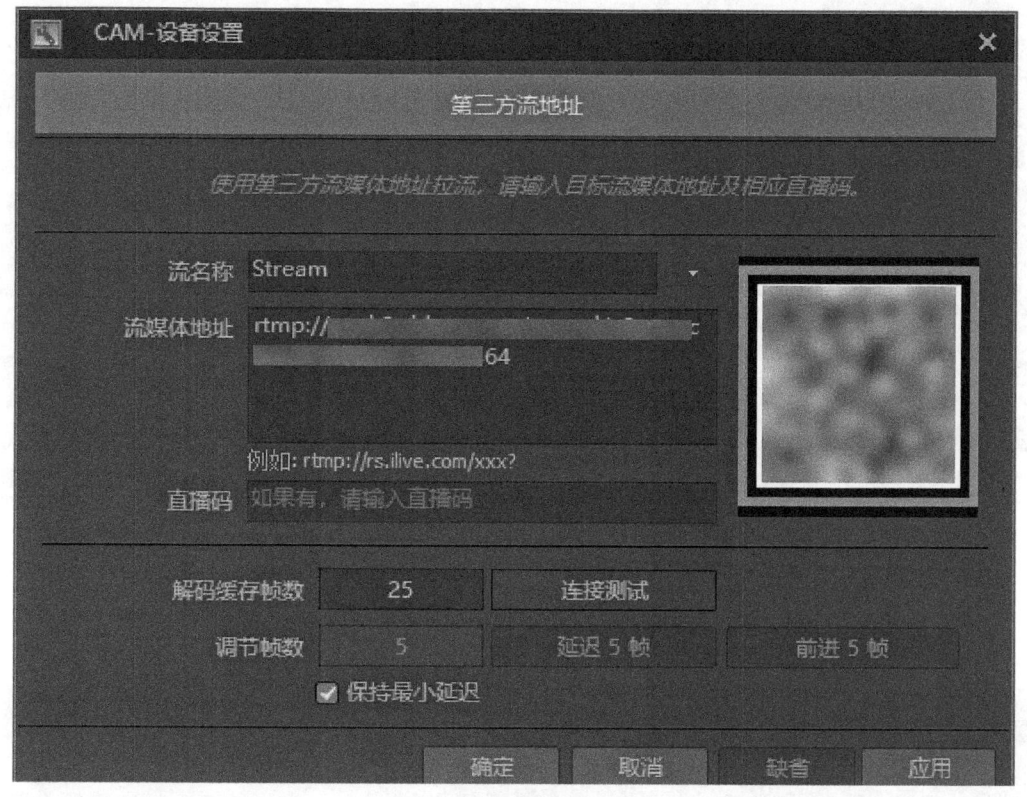

图 4-55 设置拉流参数

（三）本地录制

除了网络推流直播以外，虚拟演播系统还具有本地录制功能。在开始录制之前，用户需在节目录制选项中设置录制路径、文件名称和录制文件编码器。在编码器选择框中选择编码器并设置码流参数，如图 4-56 所示。点击"路径"右侧的按钮设置存储文件路径，在"文件名称"区域设定录制文件的名称。

设置完成后，在"直播控制"选项页点击"录制"按钮即可开始本地录制，如图 4-57 所示。通道切换操作同直播时一致。

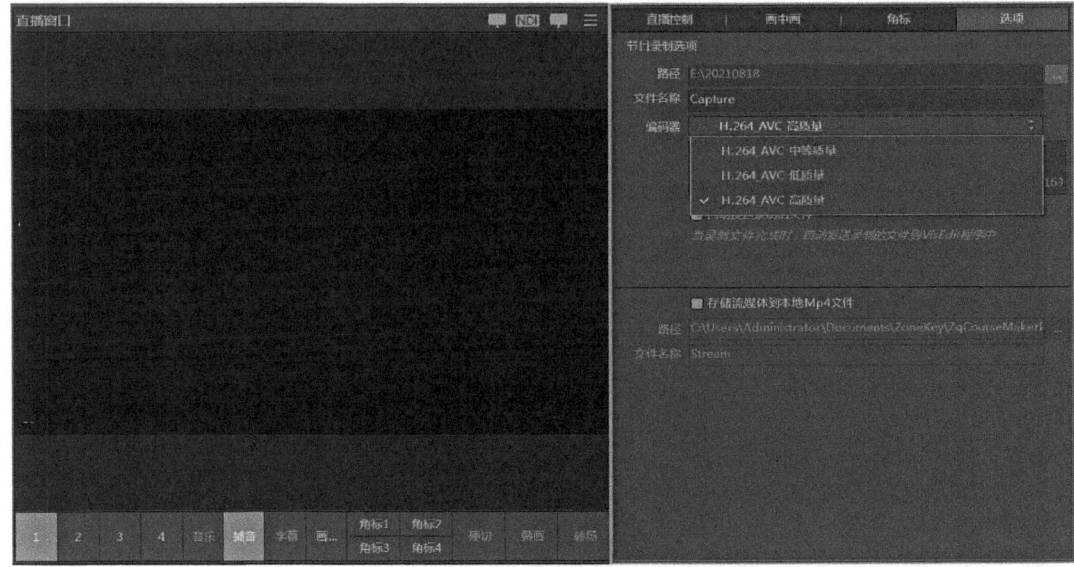

图 4-56 设置录制选项

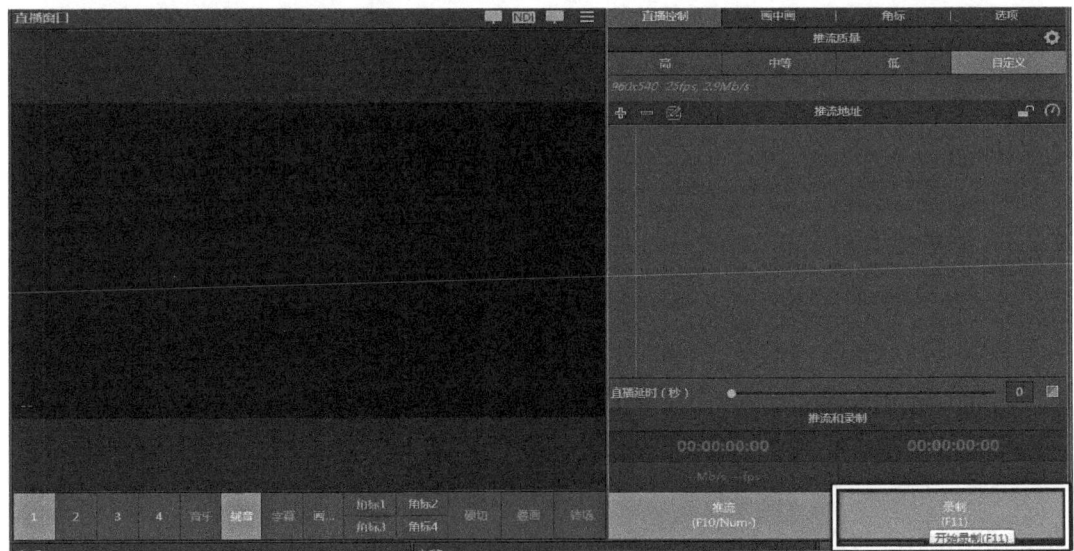

图 4-57 启动录制

第五章 后期编辑与制作

经过前期对视频和音频采集设备器材的架设准备，已经具备了采集音视频素材的硬件条件和基础。对于采集的音视频素材，需要采用特定的编辑系统和软件进行后期的编辑和制作合成包装，以实现预期的课程效果。

所谓后期编辑与制作，就是根据在线课程的要求对音视频素材进行选择，寻找最佳剪接点，对镜头进行组合、排列以及特效处理，并对声音进行加工与处理，最后完成声画合成输出的过程。而任何编辑系统的工作流程，都可以简单地划分成输入、编辑、输出这样三个步骤。当然，由于不同软件功能的差异，其使用流程还可以进一步细化。

基于便携式录播工作站的后期编辑比较快速、高效，对编辑人员的综合集成能力和导播能力要求较高，对出镜授课教员的课堂讲授也有很高的要求。但是，它省去了音视频采集、选择、处理的时间，因此对时效性要求高、作业量非常大的场合或者竞赛比赛型的课程录播比较常见。而对于一些需反复打磨的精品课，则通常采用基于非编软件的通用编辑方法完成后期编辑与制作。

本章主要介绍基于便携式录播工作站和基于通用编辑软件进行后期剪辑的流程，并介绍图文合成软件 PowerPoint 和动画包装合成软件 Adobe After Effects 在配合非线性编辑软件时的常用思路与方法。

第一节　便携式录播工作站后期编辑

前期录播平台搭建好，现场录制外部信号连通调试完成后，可借助便携式录播工作站自带软件进行编辑、合成等操作。以便携式录播工作站为核心的录播系统可在教学中实现多种功能。借助录播功能，可以实现无干扰的课堂教学实录。一方面，对于实施教师课堂教学自我诊断、强化集体研磨、提高教学技能具有极强的辅助效能；另一方面，通过实施区域录播系统部署，可以有效汇集各单位的优秀教育教学视频资源，促进优质资源的共建共享。同时，借助部署的录播课件资源管理平台，为打破地域和时空限制，促进不同区域教育优质均衡发展提供了有力的技术支撑。

一、便携式录播系统主要功能

（一）系统功能

录播系统主要功能包括视频编码、画面合成、流媒体转发、录制、直播、点播、管理应用等。现有便携式录播系统基本都是集采集、切换、编码、直播、录制功能于一身的一体化音视频制作系统。产品集多路视频监视与切换、多路声音混音、节目模式录制、资源模式录制、网络直播、摄像机控制、字幕机功能为一体，可高效完成现场拍摄过程中的节目信号切换、字幕和台标添加、信号录制、流媒体发布等功能，广泛应用在多机位现场直播或录制的场合，如公开课、精品课录制，实训、培训、会议直播，校园电视台直播和法院庭审直播等。

(二) 应用场景

1. 精品课程

利用便携式录播系统，将优秀老师的精品课程录制下来进行视频剪辑后，上传至教学资源公共服务平台，供学生随时学习。

2. 微格教室

在教师培训领域，通过便携式录播系统，可将授课教师的授课过程录制下来，供授课教师和教学专家进行分析。同时，远程教学专家通过远程观看，也可实时参与到对本次授课的分析点评中，实现本地与远程的教学分析组合，从而方便实现学校教师的在职培训，促进教师队伍教学水平的提高。

3. 网络课堂与多校互动

通过网络，在本校或其他学校间构建以录播教室为中心的教学课堂。在授课过程中，授课教师可以与各校区、各班级学生进行互动，各校区、各班级学生与授课教师之间能够实时在线提问、研讨。

4. 名校网络课堂应用

以优质特色校院为主体，系统性建立基于网络的数字化课程资源体系。通过教育训练资源应用云平台，将区域内遴选出的精品示范课进行在线共享，有效推动名校优课的整合以及在区域内更大规模的共享应用。

5. 虚拟演播室

内置海量虚拟场景，也可利用内建虚拟场景的专有技术自建虚拟场景，包括空间中对于被摄人物的背景和前景设置。在无需操作摄像机的状态下，结合抠像技术，可以由近景直接切换到全景，还提供了嵌入实时信号、录像或图片于默认的虚拟显示设备中的功能，完成现场合成的工作。

目前，录播系统厂家品牌很多，领域内比较知名的有锐取、中庆、奥威亚、翰博尔等。

二、便携式高清录播系统编辑

以北京中庆便携式高清录播系统为例进行操作介绍。

录播系统的控制界面主要分为预监编辑区（PVW）、播出窗口区（PGM）、录制设置区、资源预览区四大部分。

（一）预监编辑区（PVW）

预监编辑区主要是对录播画面的布局进行设置，实现录像过程中的预编辑功能，包括画中画、台标、字幕等设置。编辑完成后，可双击切到右侧实际录制窗口（PGM），否则不会被录制。总控可以快速开启当前选中窗口的台标、字幕、画中画、抠像、片头、片尾等功能。如当前在 PVW 界面上开启总控的台标功能，则台标就显示在 PVW 上。

（二）播出窗口区（PGM）

当前正在播出的画面和影片模式正在录制的画面会显示在此区域。双击该画面可以最大化，上方会显示当前存储盘的状态信息：磁盘剩余空间大小、可录制时间、当前录制文件个数。在磁盘状态上双击可直接打开录像文件的存储目录，视频输出使用录播的第二屏功能。

（三）录制设置区

录制设置区实现对录像和直播的控制、云台控制、跟踪机控制等功能。

（四）资源预览区

资源预览区显示所有视频的画面，以及是否启用某路视频源，绑定场景，画面窗口可以插入的图片、视频等。

（五）利用预监编辑区进行画面预编辑

1. 特效功能

特效功能指的是两个画面之间切换时可使用的效果，共有 12 种特效效果，默认特效为直切，如图 5-1 所示。特效时长 0.5～1.5 s，数字越大，时长越长，特效效果越明显。

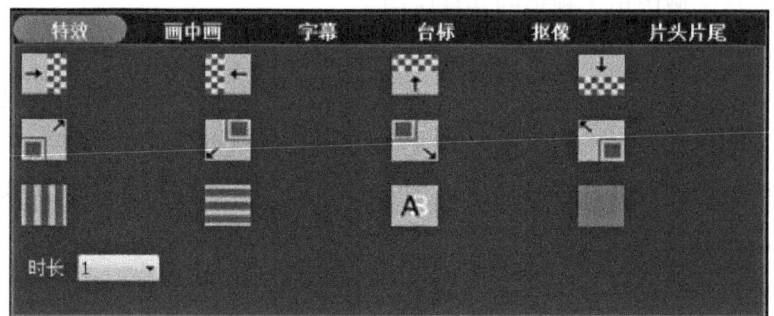

图 5-1　特效功能

2. 画中画功能

画中画的固定布局共有 17 种，如图 5-2 所示。分别点击主、副按钮来选取画中画的主画面和副画面。主画面选中后会显示为蓝色并标注 A，副画面选中后会显示 B。然后点击任一布局就能开启画中画功能。若要关闭画中画，可点击左上方第一个　　　。

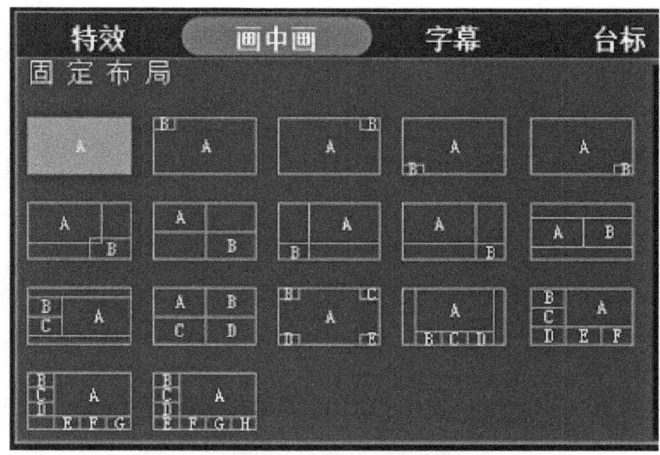

扫码看彩图

图 5-2　画中画功能

17 种布局的最后一个是全景模式按钮，开启后显示所有视频画面，如图 5-3 中左图所示。1 大 1 小的画中画模式如图 5-3 中右图所示。开启画中画后，可以通过图 5-4 所示布局来控制副画面的位置。

图 5-3　全景和大小画中画布局模式

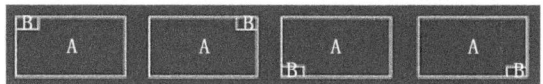

图 5-4　副画面位置调整

（六）自定义布局编辑

画中画功能启用后，画面个数会根据显示的画面自动识别。插入的视频和 IP 流都可以参与自定义布局，但插入的图片不会被识别。下拉选择画面数 5 会默认给一个存在的布局，生成的画面样式会显示在预监画面上，如图 5-5 所示。

若需要对当前默认设定的布局进行调整，可以下拉"选择画面"菜单，选择需要调整的画面，如主画面。这个时候，该画面为选中状态，下边会显示当前画面的 X、Y 和宽、高，可以手动修改 X、Y 和宽、高数据进行调整。左上角坐标为（0，0），宽最大

图 5-5 自定义布局编辑

值为1 920,高最大值为1 080。此外,将鼠标放置在画框边缘处,当指针变成双箭头时可以进行拖拽改变画框大小,然后保存布局。也可以直接单击画面进行选中,然后进行拖拽。它们之间的关系以5个画面数为例:副画面_4为最上层置顶,副画面_3为第二层,副画面_2为第三层,副画面_1为第四层,主画面为第五层,以此类推。对不需要的布局可以进行删除。

(七)字幕与台标

点击"字幕"进入字幕编辑界面,选择窗口PVW,点击"插入字幕",字幕会在PVW窗口上显示。再次点击"插入字幕"关闭字幕。用户可以设置字幕的字体、大小、颜色、透明度等,这些参数设置后即时生效。透明度值范围为0~100%之间,通过滑动条调整,数值越小越透明。"边线颜色"可以改变字幕轮廓外围颜色,分为白色和黑色两种。点击"字体颜色",可以改变字幕字体的颜色。字幕编辑界面如图5-6所示。

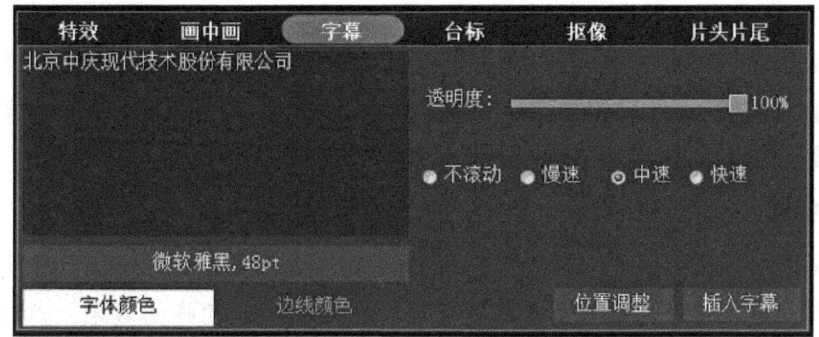

图 5-6 字幕编辑界面

可启用滚动字幕功能，通过选择快速、中速、慢速、不滚动等选项，滚动字幕效果会即时生效。用户可对字幕位置进行调整，点击位置调整按钮后，其他参数全部置灰不可点击，如图 5-7 所示。这时鼠标选中 PVW 上的字幕，选中后会变成"四个箭头"形状，拖拽至需要的位置，点击保存即可生效。设置完成的字幕下次可直接使用。

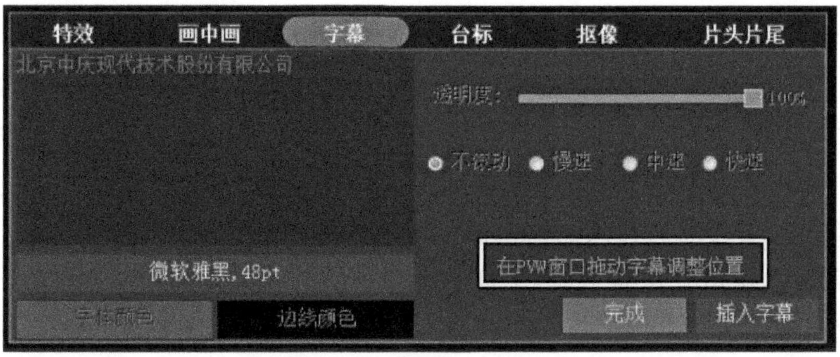

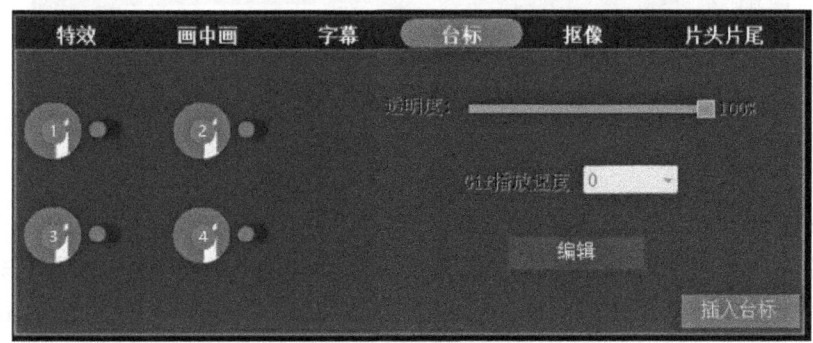

图 5-7 调整字幕位置

点击"台标"进入台标编辑界面，如图 5-8 所示。选择 PVW 窗口，开启①台标直接显示在 PVW 画面上，再点击一次①台标或"插入台标"即可关闭 PVW 窗口的台标。点击"编辑"可对 PVW 窗口①台标进行编辑。单击 PVW 窗口选中台标后，编辑区会切

图 5-8 台标编辑

换到选中的台标,可以通过拖动改变台标的位置、大小,滑动透明度按钮改变其透明度。透明度范围为 0～100%之间,数值越小越透明。单击①台标可以更换台标,图片格式支持 jpg、png、bmp、gif。gif 格式图片支持修改播放速度,速度范围为 0～10,数值越大动态图片越慢。编辑完成之后点击"完成"即可。软件最多同时支持四个台标。

(八) 抠像

抠像是指保留画面中主体对象,而将画面非主体对象的某一种颜色作为透明色抠去,显露出背景,从而得到主体对象与背景画面叠加合成的画面效果。这样,在室内拍摄的人物经抠像处理后,可以与各种景物叠加在一起,形成主体人物身临其境的艺术效果。在录播系统中,可以对插入的视频进行抠像。抠像时,前景通常指含有绿色或蓝色背景的视频画面,抠像是从该视频中进行的;背景是指将抠出的图像叠加到的视频画面;在录播软件中,将抠出的画面叠加在背景画面上,即可实现虚拟演播室的功能。阈值指的是背景颜色的(红、绿、蓝)过滤程度范围,其值为 0～100%,数值越小背景色越淡;透明度指的是前景物体显示出来的清晰程度范围,其值为 0～100%,数值越大前景物体显示得越清晰。

点击"抠像"进入抠像编辑界面,如图 5-9 所示。默认状态下无过滤色(白色),一般可选择过滤色为蓝色。如果颜色选择错误,可以直接选择另一种颜色进行替换。"前景源"选择教师授课画面,点击"位置调整",在资源窗口通过鼠标拖动来选择抠像的位置。然后在预监窗口通过鼠标选择该前景放在背景上的位置和大小。选择完毕后再次点击"位置调整",关闭编辑状态。这时再通过"阈值"和"透明度"来调整抠像效果。

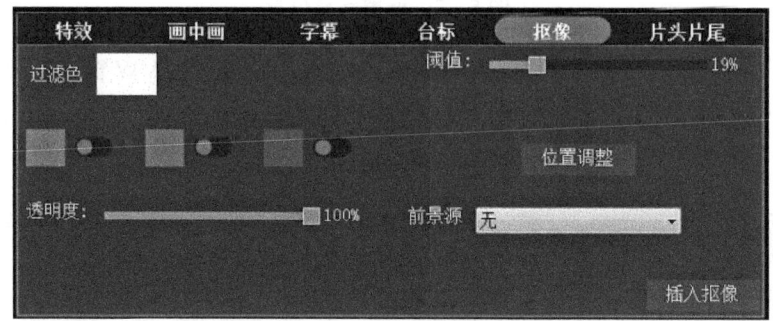

图 5-9 抠像编辑

(九) 片头片尾

片头片尾设置用于为影片模式的录像文件添加片头片尾信息。在设置该项后,影片模式的录像文件开始和结尾都会出现设置的片头片尾。其中,片头片尾可以添加图片、PPT 或者视频,同时还可设置片头片尾的持续时间,如图 5-10 所示。

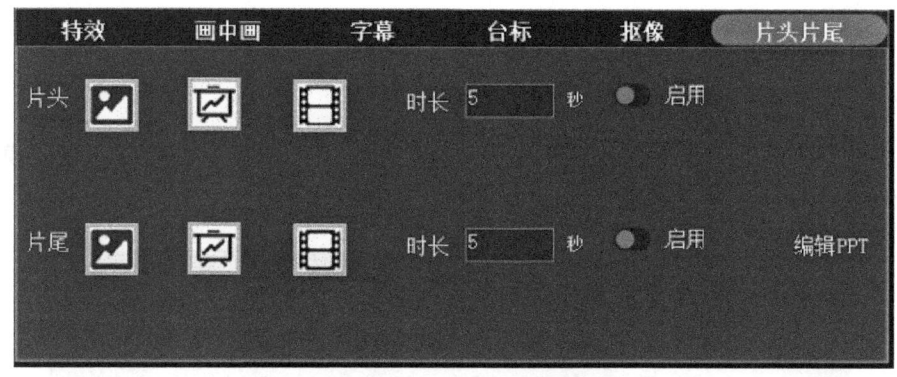

图 5-10　片头片尾设置

"片头"和"片尾"右边的三个图标按钮分别表示添加图片、PPT 和视频的功能，点击图片按钮，可以选择 JPG、PNG 或 BMP 格式的图片作为片头、片尾。

点击 PPT 按钮，可把 PPT 作为片头、片尾。点击"编辑 PPT"，可以对 PPT 进行编辑，编辑并保存之后再次点击对应的 PPT 按钮即可应用编辑后的 PPT。

点击视频按钮，可以选择要添加的 MP4 格式的视频文件作为片头、片尾。当影片画面显示插入的视频，录入的声音就会变成视频伴音。

设置好片头、片尾和持续时间后，还需要点击"启用"才可以开启设置完成的片头、片尾，这样在录像时片头、片尾方能被成功录制。需要注意的是，选择 PPT 作为片头、片尾时，录播主机上需安装有 Office2010 或更高版本的软件。

（十）场景保存

场景功能允许用户将当前的画中画、台标、字幕等设置信息保存为一个场景（文件）。当双击打开这个场景的时候，就会调用保存场景时的相关设置信息（包括画中画、字幕、台标等），减少用户的重复操作，方便用户使用。

点击 保存场景 进行场景添加，然后输入场景名称保存即可。保存好的场景在资源预览右侧的场景预览窗口可以查看和应用。

单击场景预览区的场景时，场景应用到左侧预监窗口；双击 PVW 场景时，场景应用到右侧主播窗口。

删除场景时，先点击场景预览看到已保存的场景，然后点击场景右上角的 × 按钮即可删除。

三、便携式高清录播系统录制

(一) 录制设置区进行录像设置

图 5-11 是录制设置区录像模式界面，录像模式有三种：电影模式、资源模式、电影加资源模式。程序启动后默认设置为电影加资源模式。

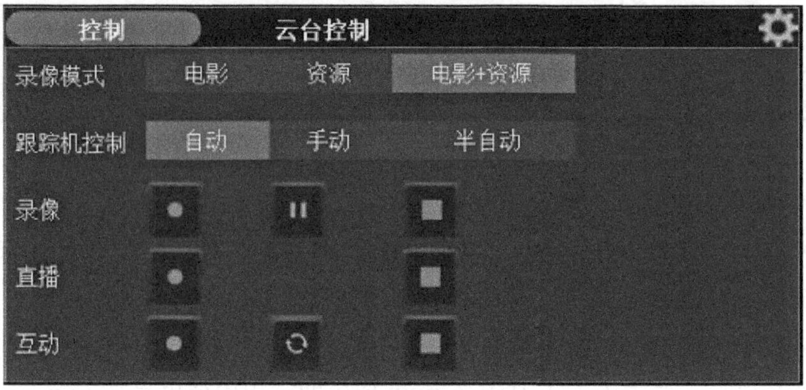

图 5-11 录制模式选择界面

选择"电影"，表示当前是电影模式；该模式录像时只生成一个电影录像文件，录制的内容为录播输出主播窗口区显示的视频画面。

选择"资源"，表示当前是资源模式；该模式录像时，每一路视频图像都会生成一个录像文件，最终生成多个资源录像文件，可用于更加精细的后期编辑。

选择"电影+资源"，表示当前是电影加资源模式；该模式录像时，电影和资源模式同时录制，所以会同时生成单个的电影录像文件和多个资源录像文件。

1. 基本信息设置

点击录制设置区右上角设置按钮进入基本设置界面，如图 5-12 所示。在此界面可以设置录像文件存储路径、磁盘剩余时长报警、录像视频文件格式和录像文件备份路径等。

磁盘剩余时间报警信息以小时为单位。在设定数值后，当可录像时间小于设定值时，软件会停止录像并提示更换录像文件的存放目录。

录像文件格式同时控制电影和资源的录像格式，支持 MP4、TS、AVI、FLV、ASF、WMV 等。

录像文件备份路径和存储路径不同，每次打开软件均需重新设置一次，设置仅当次生效，关闭录播软件后下次清空。此路径可以指定另外一个 U 盘、硬盘等存储设备，以实现同时录制两份相同文件的功能。

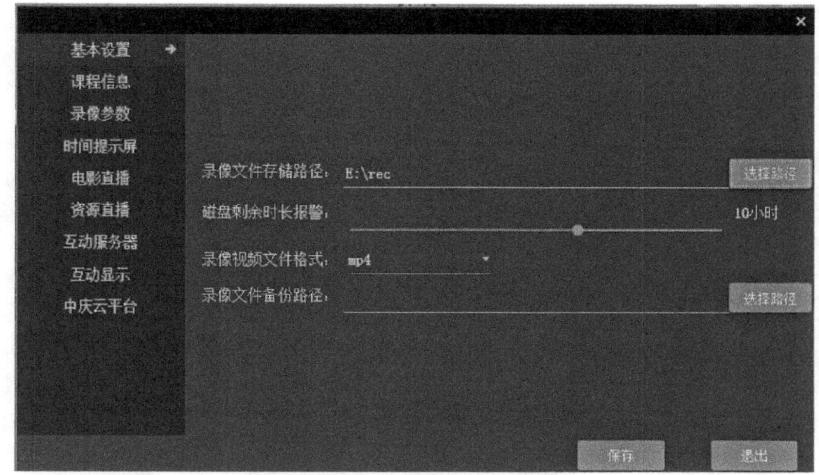

图 5-12　录像基本设置界面

2. 课程信息设置

课程信息设置用于设置录像课程的相关信息，由上课教师或管理员在上课之前填写。填写的设置信息会自动保存在录像文件中，如图 5-13 所示。

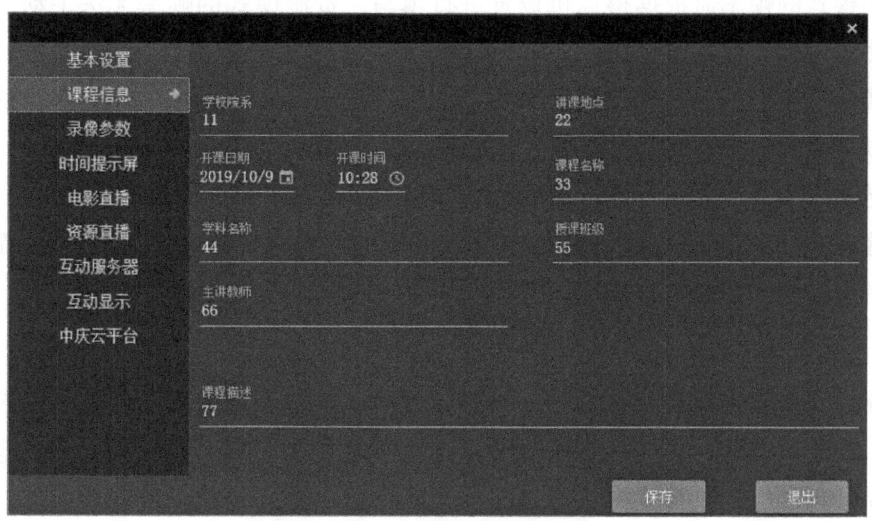

图 5-13　课程信息设置界面

3. 录像参数设置

录像参数设置界面可以设置电影模式的录像文件名、帧率、码率、分辨率，以及资源模式的码率和启用录像选项，如图 5-14 所示。

录像文件名处可以指定录制电影的名字。

电影录像的码率支持 400 k、800 k、1 M、1.5 M、2 M、2.5 M、3 M、3.5 M、4 M、6 M、8 M、12 M 和 16 M。

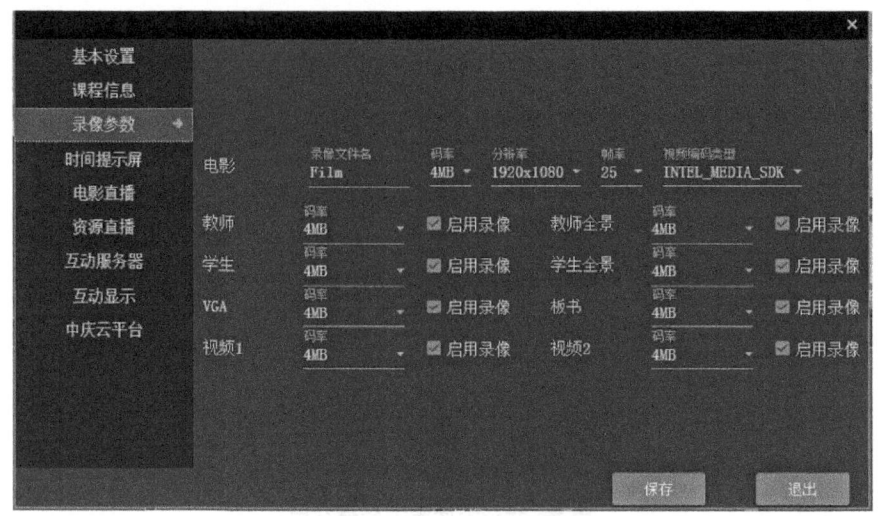

图 5-14　录像参数设置界面

录像分辨率支持 1 920×1 080、1 280×1 024、1 280×720、1 024×768、1 024×576、960×540、800×600、640×360、480×270 和 320×180。

电影模式的帧率需根据摄像机设置进行填写。资源模式的帧率无法手动设定,默认与电影的一致。

视频编码类型默认是 INTEL_MEDIA_SDK,如果接了独立显卡,录像的时候需要将该项设置成显卡支持的编码格式,正常为 NVIDIA_NVENC。

勾选"启用录像"表示进行录像;不勾选表示该路画面不录像,不生成录像文件。如果录像模式只设置了电影,那么也只会生成电影文件;如果录像模式设置为"电影+资源",但是资源的启用录像全部未启用,则同样只会生成电影文件。

(二) 录像控制

录制设置区的录像控制按钮包括开始、暂停、停止录像 3 个按钮,如图 5-15 所示。按下红色圆点开始按钮即开始录像,开始录像后按下暂停按钮则暂停录像,再次点击开始按钮则继续录像。如果连接了自动跟踪机,在开始录像后会通过串口控制线自动给跟踪机发送开始跟踪的命令,从而实现一键控制功能。需要结束录像时按停止按钮即停止录像;停止录像后如果立即关闭软件,会弹出提示信息询问是否关闭录播软件;如果关闭则软件会直接关闭;为了保证录像文件完整性后台会继续写入数据直到录制的文件完整。

图 5-15　录像控制按钮

录像中的音量大小可通过音频电平指示条显示，如图5-16所示。可通过拖动音量调整按钮来调节录制音量的大小。

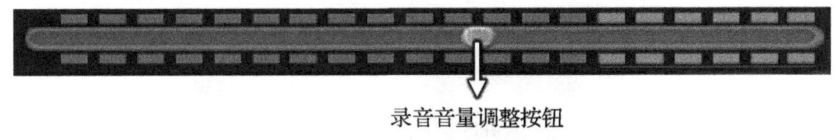

图5-16 音频电平指示条

随着录制声音的音量变化，音频电平指示条会不断地跳动；在绿色区域波动表示音频音量适中；达到黄色时表示音量偏大需要调整音频采集设备的输出音量、录播主机的线路输入音量或者此处的录音音量调整按钮。如果授课教师说话时电平指示条没有变化，表示音频采集不正常；请检查录播主机的线路输入接口是否连接音频线、音频采集设备是否打开，检查配置界面中"采集卡"项内"音频接口类型"设置是否正常。录播软件具有预监声音的功能，可以在录播机上听到录播教室中的声音；如果录播机的声音输出接到教室中的音箱上，在录像时需要将系统播放的音量调低或静音，以避免形成声音回路闭环自激噪声。音频频谱条上的音量调整按钮只能设置系统录制音量的大小，不会控制预监音量的高低。

四、基于录播系统现场录播的技巧与原则

（一）机位架设

在现场录播时一般布设三台摄像机，同时采集教师授课电脑的VGA信号和从调音台输出的音频信号作为现场录播系统的输入信号。

以院校经常举行的教师教学能力竞赛现场授课录播为例：三台摄像机机位主要拍摄教师的授课过程。其中一台摄像机拍摄授课全景，架设在现场后面中间位置作为固定机位，提供基础信号（也可称为保底信号）；一台摄像机拍摄教师近景，跟随拍摄教师上课全过程，多采用摇镜头，配合少量推、拉镜头拍摄手法；因为板书环节比较重要，且不同教师板书风格不一，书写时间随机，跟随拍摄教师的近景机位精准拍摄板书难度比较大，所以可在教室左前方架设一台摄像机，专门拍摄教师的板书，此机位也为固定机位。教师上课使用的电脑VGA信号与录播系统直接相连；还有一路音频信号由教员佩戴的领夹式无线话筒拾音，经无线接收进入调音台后再输出给录播系统。音频信号一定要事先调试好，确保音质清晰，保证整个系统音频链路的高信噪比、高质量，避免系统"瓶颈"给后期处理带来麻烦。现场录制时的机位架设如图5-17所示。

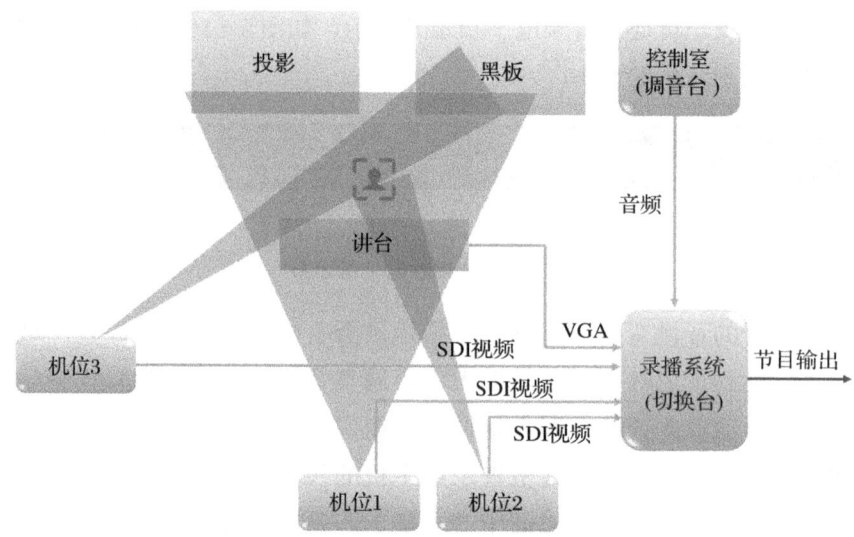

图 5-17 教学竞赛现场录播系统应用示意图

(二) 提前预判

现场切换虽能大大提高效率，但对人员的实时操作水平提出了很高的要求。基本要求就是切换过程中需要眼观四路、注意力高度集中。在采用当前机位镜头的同时，能跟随教师的授课思路观察眼下其他几路信号的情况，提前做好预判和预案，以便能准确及时的切换至下一路信号。比如教师在板书完毕后，是继续留在黑板处讲解所列板书内容，还是会迅速走到屏幕投影处讲解课件，抑或是前移至讲桌前继续课程内容的讲解等，都要有相应的预判应对思路，以避免因教师走出当前拍摄画面而慌乱切信号导致的差错。

另外，由于导播人员能把控全局，及时用对讲机（内部通话系统）调度摄像人员，因此可以取得理想的取景画面。

(三) 保持视频切换节奏

教学竞赛现场采用三个机位同时拍摄，主要拍教师中近景、板书特写和授课全景，加上教师授课课件的 VGA 信号，共有四路视频信号相互切换。在切换时除了遵循教师授课的逻辑思路，并确保当下所用的镜头没有明显的失误，还要遵循一定的节奏。比如，由教师授课近景切换至授课全景再到课件；或者由课件切换至授课全景再到教师板书特写。如果在各路信号质量允许的情况下，直接从课件切换到教师特写就会显得有些突兀。一般应遵循镜头的景别从远景、全景、中景、近景、特写的顺序或者反之，以营造特定的画面氛围和节奏。

(四) 遵循镜头组接规律

镜头一般是指摄像机从启动拍摄到停止拍摄期间不间断摄取的一段画面的总和，

即按下拍摄键所拍摄的画面内容。在实时录制导播节目时，跟新闻镜头的拍摄不同，摄像师开始按下拍摄键后，经常要到课堂授课结束或者整个活动结束才停止。

一般情况下，教学竞赛类活动，尤其是课堂授课竞赛的拍摄，多采用三个机位。摄像人员事先应沟通各自所负责机位的拍摄景别和手法，以便导播时的镜头切换更加方便顺畅。若现场导播涉及文体竞赛活动，比如校园歌唱比赛、运动会或室外训练示范，拍摄的机位比较多，拍摄手法也多样，这时就需要遵从镜头组接的规律。

1. 同景别、同主体的不同画面不宜直接相接

两台摄像机同时拍摄的同主体、同景别画面不宜直接相接，否则画面会有跳动感，一般需要不同景别的画面进行过渡。

2. 动接动与静接静

镜头有固定镜头和运动镜头之分。室内授课一般固定镜头较多，如果表现激烈的赛事或过程，则多采用运动镜头拍摄。在现场导播时，宜将运动镜头同运动镜头相接，固定镜头同固定镜头相接。若固定镜头同运动镜头相接，则运动镜头要有起幅和落幅。这就需要导播同现场摄像人员及时沟通好，避免切换后的镜头衔接不自然。另外，根据成片效果的不同需求，为表现紧张有序的画面感，多采用一组组时间较短的运动镜头相接；反之，为表达静谧安详的环境，则通常是长固定镜头相接。

3. 镜头的组接要符合轴线规律

轴线规律即摄像机只能在轴线一侧 180°范围内调度机位，越过 180°轴线另一侧拍摄称为越轴或离轴。一般情况下，越轴镜头不能直接相接，否则会造成视觉上空间信息的混乱。比如拍摄运动会百米短跑，摄像人员应尽量在跑道同一侧拍摄。

（五）注意事项

1. 摄像机机型选择和白平衡调整

多机位同时拍摄时，摄像机不但要技术性能一致，而且录制参数也要一致，比如拍摄视频的分辨率、帧率设置等。应尽量选用同型号的摄像机，这样在相同条件下校准白平衡后，各摄像机画面色彩更相近，录制效果更好。开始拍摄前，所有摄像机应使用同一白卡纸在同一位置调整白平衡，以保证画面色温一致。为方便后期素材归档或同步处理，所有摄像机在拍摄同一课程时尽量不停机，保证时间连续。

2. 音频的录制

音频的重要性无需赘述，只有高质量的音质和良好的视频画面还原才能呈现出良好的课程效果。在一些非专业环境下的录制现场，比如在教学竞赛的比赛现场，经常会出现录制的声音受到交流噪声干扰的情况。此时应仔细查看音频线与室内照明或其他设备电源线是否离得太近了，或者音频设备电源是否受线路内其他设备形成的干扰，这些都可能形成交流噪声干扰。这种情况下，可通过重新调整音频线走向、另外布设

音频设备电源线等方式排除交流底噪。如果有条件，采用平衡式隔离变压器连接音频系统与摄像机供电，可有效避免音频受干扰。

3. 因"课"制宜

开始拍摄前，应尽可能先与授课教师沟通，明白其大致授课重点和流程，做到胸有成竹。文科类课程多以课件为主，课件里面可能包含较多视频和案例；理工科类课程则常借助板书进行推导和思路讲解。拍摄前要周密设计好应对措施。作为现场导播人员，一定要掌握娴熟的摄像和导播技术，认真学习和研究不同课程的拍摄方法，准确调度不同摄像人员的机位镜头，做到因"课"制宜。在现场导播过程中，还要领会并贯彻教师在教学实施中的教学思想，学会以全局视角，全面、客观、真实地记录和反映课堂教学情景。

第二节　基于通用软件的后期编辑与制作

对于在线课程微视频后期编辑来说，便携式录播系统自带软件的录制、编辑功能是偏弱的，常常不能满足在线课程微视频的后期编辑与制作需求。目前，基于普通电脑、工作站的通用后期编辑与制作软件功能强大，用户可以自行安装于便携式录播主机上，开展更加精细的后期编辑与制作工作。

基于通用编辑软件对拍摄的课程内容进行后期编辑与制作，是根据在线课程教学设计目标和建设实施方案，依据制作脚本，对前期拍摄和收集的音视频素材进行编辑处理加工，以达成特定的课程呈现效果。这包括对知识点内容的准确呈现、课件的艺术加工、动画的精细设计、音频的均衡处理等。

一、基于常用非线性编辑软件的后期编辑

目前，常用的非线性编辑软件有 GrassValley 公司的 EDIUS、Adobe 公司的 Premicre Pro、Apple 公司的 Final Cut Pro 以及 Corel 公司的 Video Studio Pro（会声会影）等。下面以 EDIUS 软件为例进行介绍。

（一）新建工程与参数设置

启动 EDIUS 软件，选择新建工程。在工程设置窗口中，可设置新建工程名称、工程存储的文件夹。默认"使用预设/模板"，并在预设列表中选择所需的工程预设。它包括了工程的视频帧尺寸（分辨率）、帧率、宽高比、场序、视频通道、量化比特位，以及音频采样率、音频通道、量化比特位等参数的预设，如图 5-18 所示。也可勾选左下角的"自定义"选项，对工程的各个参数进行详细设置，如图 5-19 所示。进入编辑工作状态后，可随时通过"设置"菜单选择"工程设置"—"更改当前设置"，对工程的参数进行更改，如图 5-20 所示。

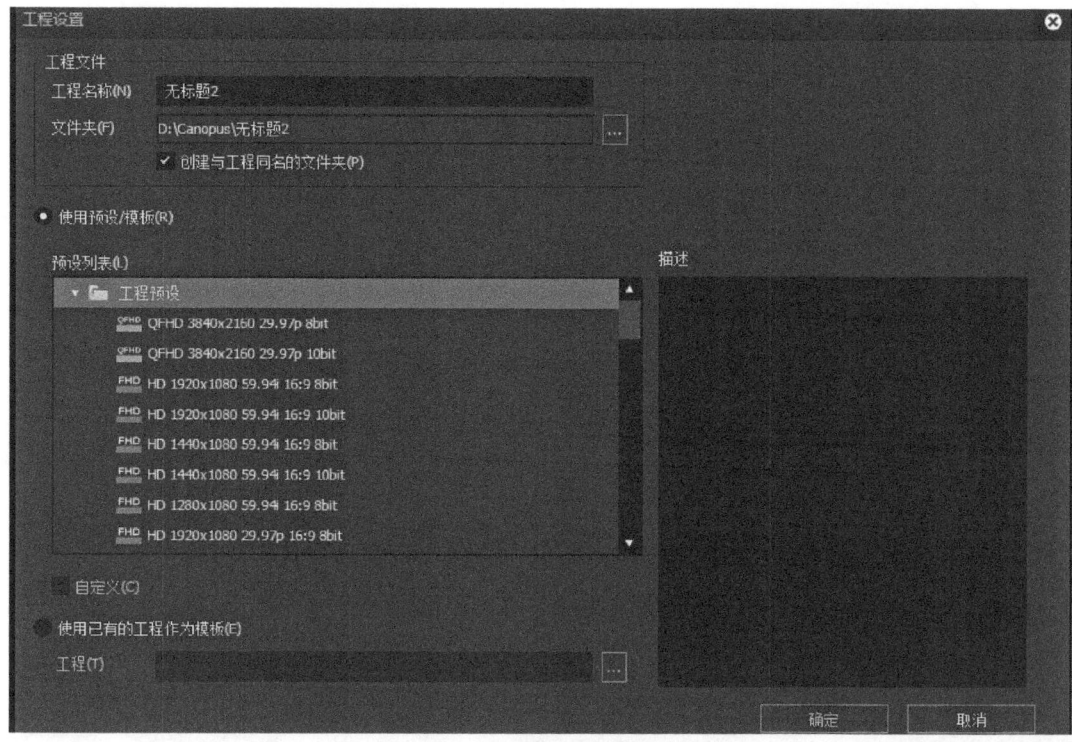

图 5-18 新建工程窗口

图 5-19 自定义工程参数

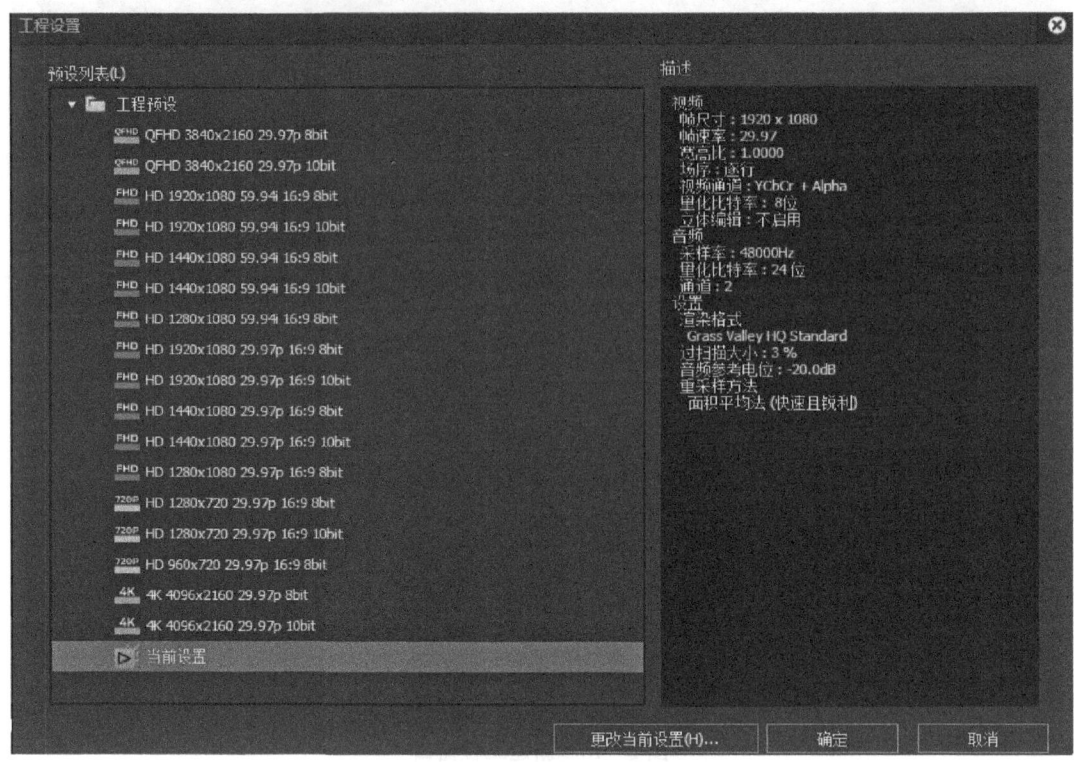

图 5-20　更改当前工程参数

软件工作界面主要分为监视窗口、面板窗口和时间线窗口，如图 5-21 所示。其中，监视窗口用于监看画面的复用窗口，既可当作播放窗口观看素材画面，也可当

图 5-21　EDIUS 软件的工作界面

作录制窗口监看时间线合成后的画面；面板窗口也是复用窗口，可显示素材库、特效、信息、源文件标记和序列标记等窗口；时间线窗口包括了视频、音频、字幕三类轨道，以及对各轨元素进行操作的工具栏，是进行后期编辑工作的主要区域。

为了便于操作，用户可根据个人偏好进行自定义界面的设置。可通过"视图"菜单显示或隐藏窗口、面板，选择单窗口或双窗口模式，对布局等进行调整，如图 5-22 所示。另外，也可以直接任意拖动各窗口和面板，调整工作界面中各窗口和面板的位置和大小。

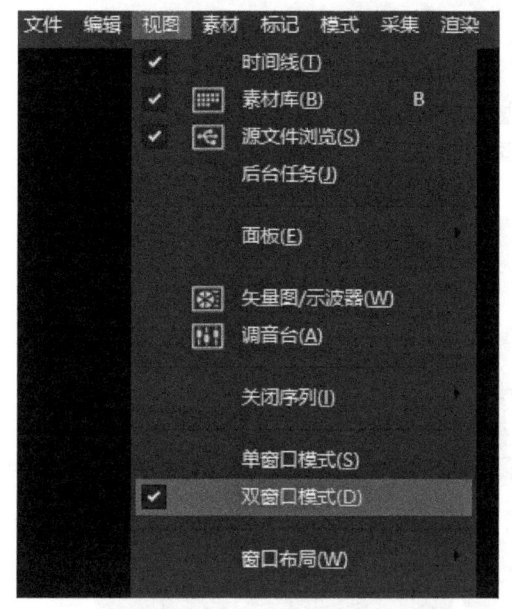

图 5-22 通过"视图"菜单进行工作界面调整　　图 5-23 轨道面板

时间线窗口的左侧区域称作轨道面板，提供一系列对轨道的操作，如图 5-23 所示。

（二）导入素材

在素材库中的空白处点击鼠标右键，选择"添加文件"选项，或者在素材库空白处双击，即可弹出添加文件、字幕等素材的对话框，如图 5-24 所示。

如果需要添加的素材非常多，且后期编辑所用时间跨度也比较大，建议使用文件夹功能对素材进行分门别类的管理。养成良好的素材管理习惯会大大提升后期编辑的工作效率，如图 5-25 所示。

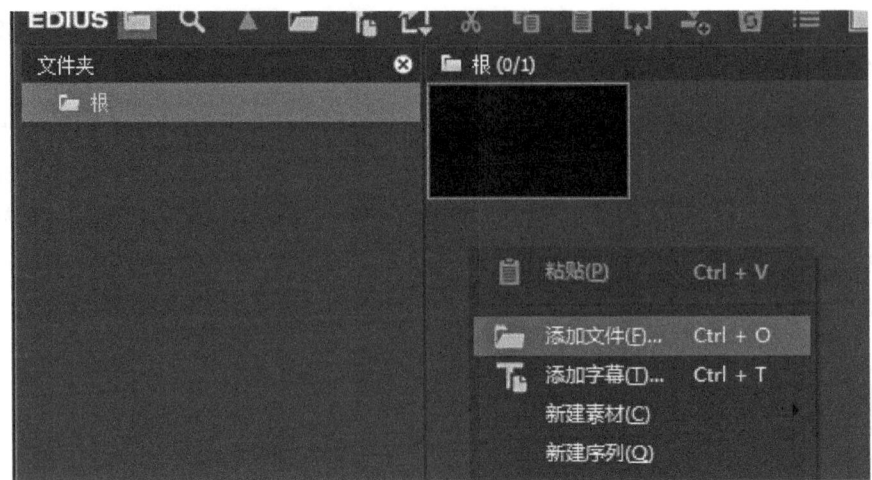

图 5-24　添加素材

图 5-25　使用文件夹管理素材库

(三) 素材选择

双击某一特定素材，系统会自动将其载入播放窗口。窗口下的工具栏提供了一些常用的控制工具，用户可以通过滑动播放指针、单击播放、下一帧、快进等按钮来浏览整个视频。并且用户还可以通过设置素材入点、出点的方式实现对素材片段的选取，如图 5-26 所示。根据解说词，可将选取的画面拖到时间线上。时间线上素材的呈现次序有两种模式：插入模式或覆盖模式，如图 5-27 所示。

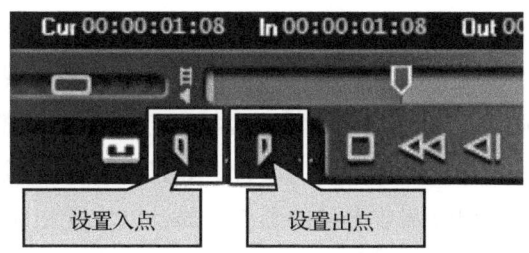

图 5-26 设置素材入点和出点

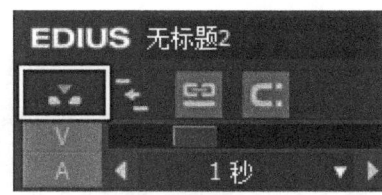　　

插入模式　　　　　　　　　覆盖模式

图 5-27 时间线的插入和覆盖模式

插入模式下，如果需要插入的位置原先已有素材，则会在插入位置将原素材"切断"，并将余下部分向后移动。而在覆盖模式下，新增素材内容会覆盖掉原素材内容。

（四）视频画面加工

视频的播放速度可以通过时间效果进行调整。在时间线上选中待调整播放速度的素材，右键单击它，选择"时间效果—速度"，在素材速度窗口中调整比率数值。当数值大于100%时，即为快放；小于100%时，即为慢放。这样可以营造特殊的艺术效果或氛围，如图 5-28 所示。

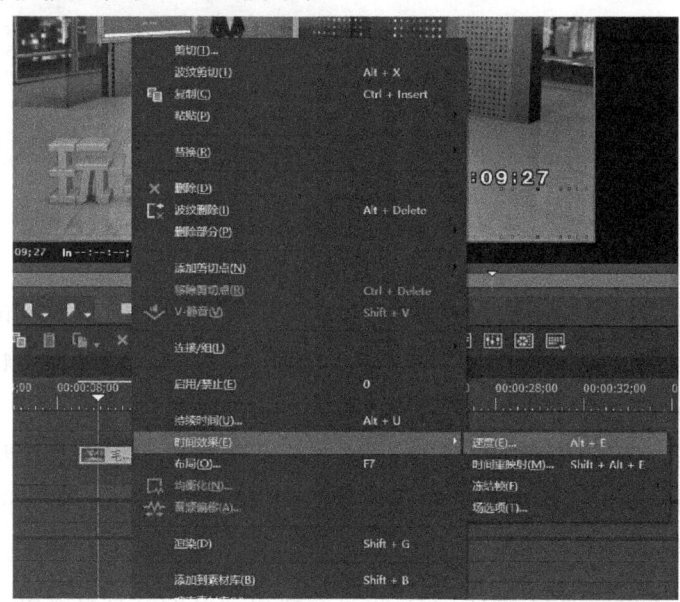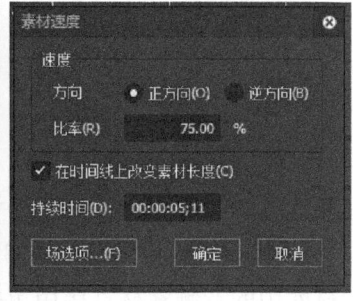

图 5-28 调整素材速度

利用视频布局功能，可以设置素材在画面中的布局方式。启用 3D 功能后，还可以营造出空间效果。在时间线上选中素材，在信息面板中双击"视频布局"，或者直接按下 F7 键，打开"视频布局"窗口，即可对素材进行裁剪，调整轴心、位置，以及拉伸、旋转、透视、可见度和颜色等参数的设置。如果结合时间线在不同时间点添加/删除关键帧并修改参数，可相应调节素材的画面布局，以实现相应的动画效果。图 5-29 示意了启用 3D 变换后，通过改变位置参数的 X 轴和 Z 轴数值以及旋转参数的 Y 轴数值得到的视频布局效果。

图 5-29 调整视频布局

（五）音频素材处理

将素材拖到时间线上时，视频的伴音会出现在音频轨道上。如果不需要伴音，可以右键单击素材，选择"连接/组—解锁"，再选择"解锁（解组）"，这样可以将视频与其伴音解除锁定。再选中伴音，按 Delete 键将其删除即可，如图 5-30 所示。

EDIUS 支持 WAV、MP3、AIFF 以及多声道 AC3 格式的音频文件。用户只需将素材库中的音频素材直接用鼠标拖曳至时间线的音频轨道上，即可进行编辑处理。除了在时间线上播放时可以监听到音频外，还可以通过监视窗口监看音频电平。方法是通过菜单的"视图—屏幕显示—状态"（或 Ctrl+G）将音频轨道播放的混合音频电平显示在监视窗口的状态区域。使用空格键或 Enter 键播放时间线，可以观察音量电平的高低，如图 5-31 所示。

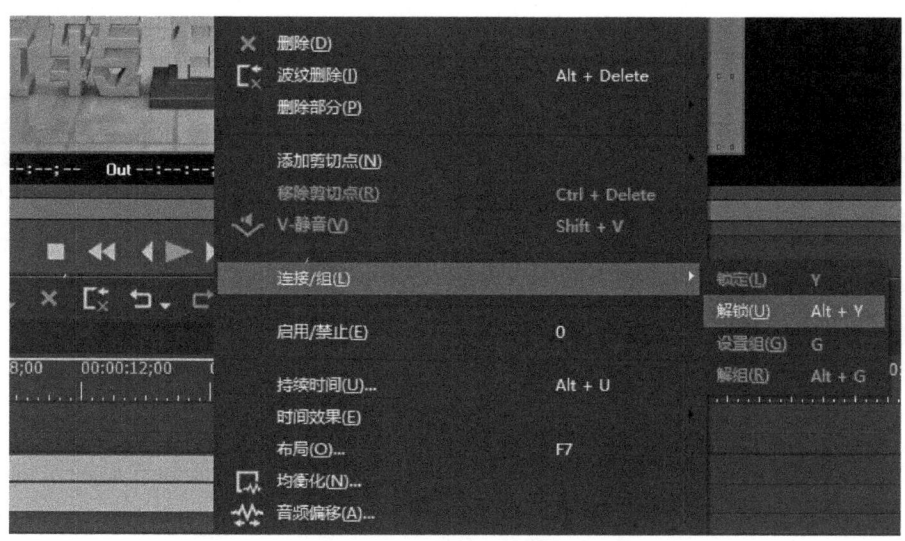

图 5-30　删除视频的伴音

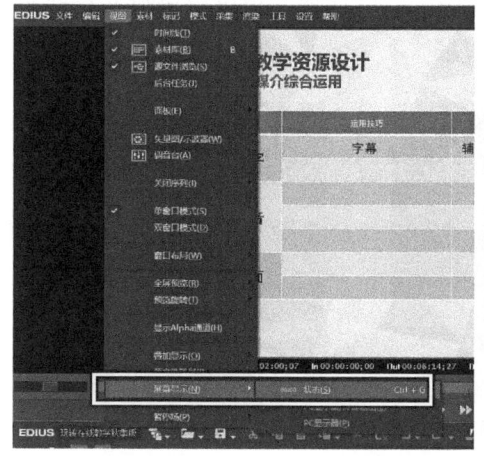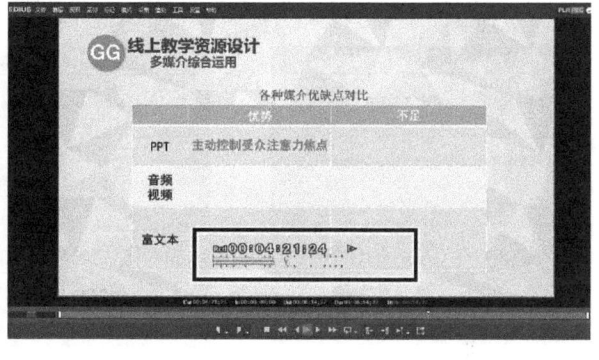

图 5-31　在监视窗口中监看音频电平

在时间线上调整音频的音量大小是音频处理的基本操作。首先单击音频所在轨道的扩展按钮展开轨道面板，再单击 vol/pan 切换到 vol 模式。此时，音频轨道绿色波形区叠加显示的橙色水平细线就是音量线，如图 5-32 所示。

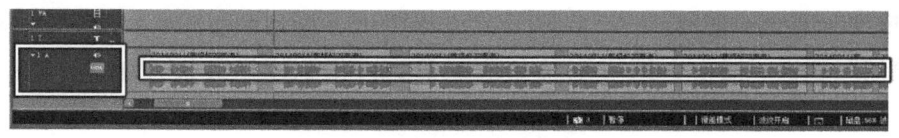

图 5-32　显示时间线上音频素材的音量线

扫码看彩图

将鼠标移动到需要调节的音频素材音量线附近，右键单击，选择"移动"，在音频调节点窗口中调节音量数值即可，如图 5-33 所示。

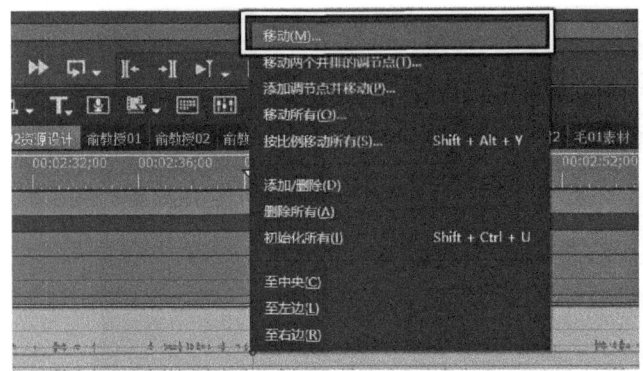
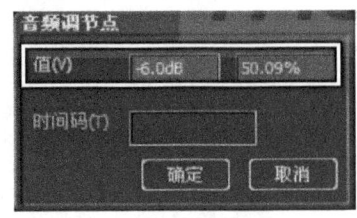

图 5-33　用数值调节音频素材音量

调节音频素材音量也可直接在音量线上操作。方法如下：鼠标靠近需要创建音频调节点的位置，此时光标旁会出现一个加号标志，如图 5-34 左图所示，点击鼠标左键即可添加一个音频调节点。此时将前一个音频调节点移动到最下方即可完全静音，得到一个音量渐起（淡入）的效果，如图 5-34 中图所示；同样地，也可以操控音量线来产生音量渐弱（淡出）的效果，如图 5-34 右图所示。

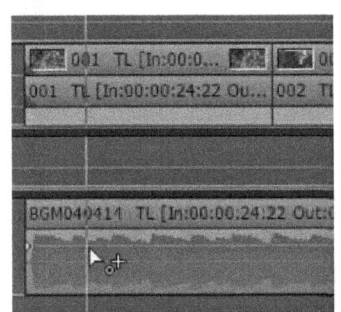

图 5-34　利用音量线直接调整音频素材音量

（六）添加滤镜和转场

除了基本的剪辑功能，在 EDIUS 中还能为视频作品添加丰富的特效。特效面板列出了包括视频滤镜、音频滤镜、转场、字幕特效、键特效等数百种滤镜和转场特效。比如，为视频添加动态模糊效果：在特效面板中找到"视频滤镜"，将其下的"动态模糊"拖到时间线的视频素材上。在信息面板中可以看到此视频素材已经被添加了"动态模糊"滤镜，双击它即可调整相应的参数，得到模糊效果，如图 5-35 所示。

第五章 后期编辑与制作

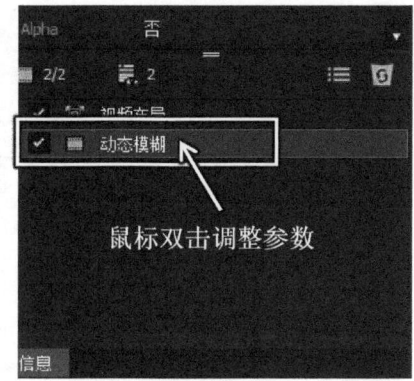

图 5-35 为视频素材添加动态模糊滤镜

（七）添加字幕

时间线上除了有视频和音频轨道外，还有字幕轨道（即 T 轨道）。选中 T 轨道，点击时间线工具栏上的 T 工具下拉列表，选择在 T1 轨道中创建字幕，如图 5-36 所示，即可打开 Quick Titler 字幕编辑软件。在 Quick Titler 界面主窗口中输入需要的文字，然后在下方选择一个合适的样式预设，查看字幕效果。用户还可以在右侧文本属性区调整文字的各个参数，如字体、字号、字色、边、影等。效果满意后保存字幕，就

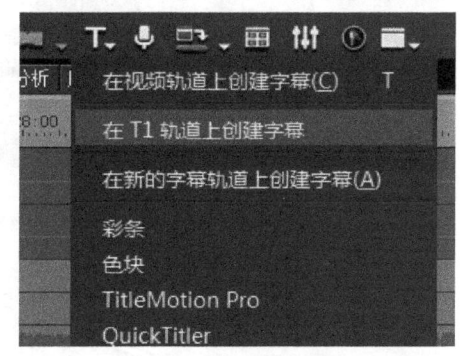

图 5-36 创建字幕素材

完成了字幕的制作，如图 5-37 所示。此时在素材库中便有了刚制作完成的字幕素材。需要注意的是，字幕素材不仅可以用在字幕轨上，也可以用在视频轨道上。用户可以给时间线上的字幕素材添加适当的字幕特效。例如，在特效面板的特效栏中找到"柔化飞入"，选择"向下软划像"，然后将其拖动到字幕素材的前端，就为字幕增加了一个向下软划像入屏的效果，如图 5-38 所示。

图 5-37　在 Quick Titler 软件中编辑字幕

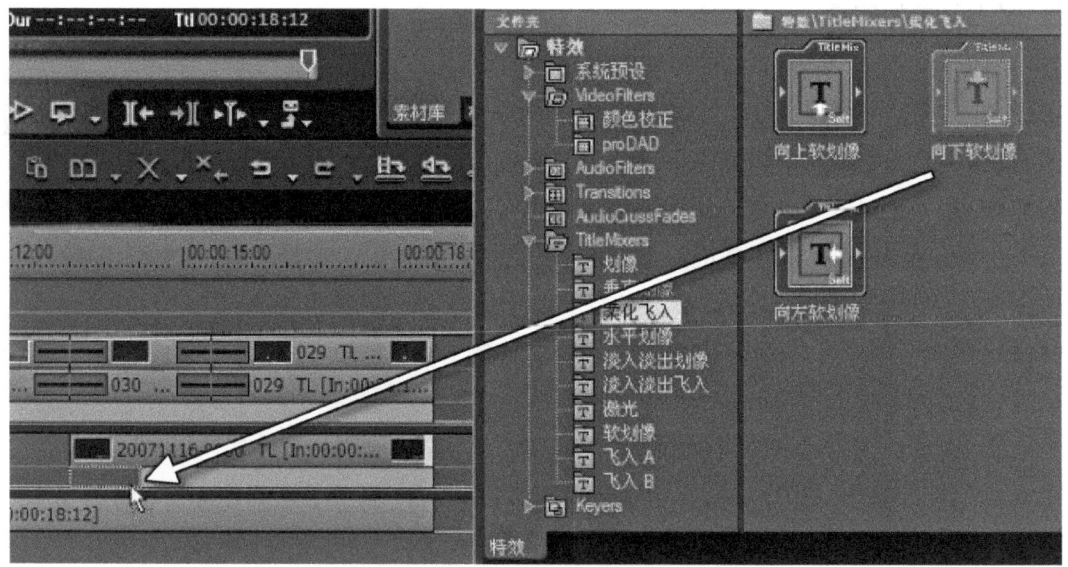

图 5-38　为字幕添加特效

(八) 动画合成

EDIUS 的视频轨道可以导入多种类型的媒体素材，包括多格式的图片和视频等。结合视频轨道的布局功能提供的丰富参数，可在 2D 空间和 3D 空间对视频轨道素材进行各种空间的变换。通过关键帧的设置，能够实现大量的动画效果。另外，EDIUS 还可导入其他软件制作的动画，如常见的 AE 软件设计的片头或者脚标等动画、3ds Max 制作的动画或特效以及 PPT 软件输出的视频画面、平面设计软件（如 Photoshop、Illustrator 等）设计的画面。这有助于多方协同快速解决问题，有效克服节目制作周期短的瓶颈，以达到理想的视觉效果。

（九）合成输出

后期编辑制作完成后需要进行合成输出。用户应根据不同的课程上线平台要求来确定输出文件的具体格式和码流。

将时间线指针移动到时间线上素材的最开始处，使用快捷键 I 设置待输出部分的入点；再将时间线指针移动到时间线结尾素材的最后处，使用快捷键 O 设置出点。时间线上亮灰色区域表示出入点间包含的内容，深灰色区域则表示没有选择的内容。

点击监视（录制）窗口右下角的输出按钮，在其弹出的菜单中选择"输出到文件"（或者使用快捷键 F11），打开 EDIUS 的输出列表。选择所需的文件输出器，勾选"在入出点之间输出"，单击"输出"，如图 5-39 所示。在编码参数设置窗口中进行视频和音频参数、文件名等的设置，然后点击"保存"进行文件的输出，如图 5-40 所示。

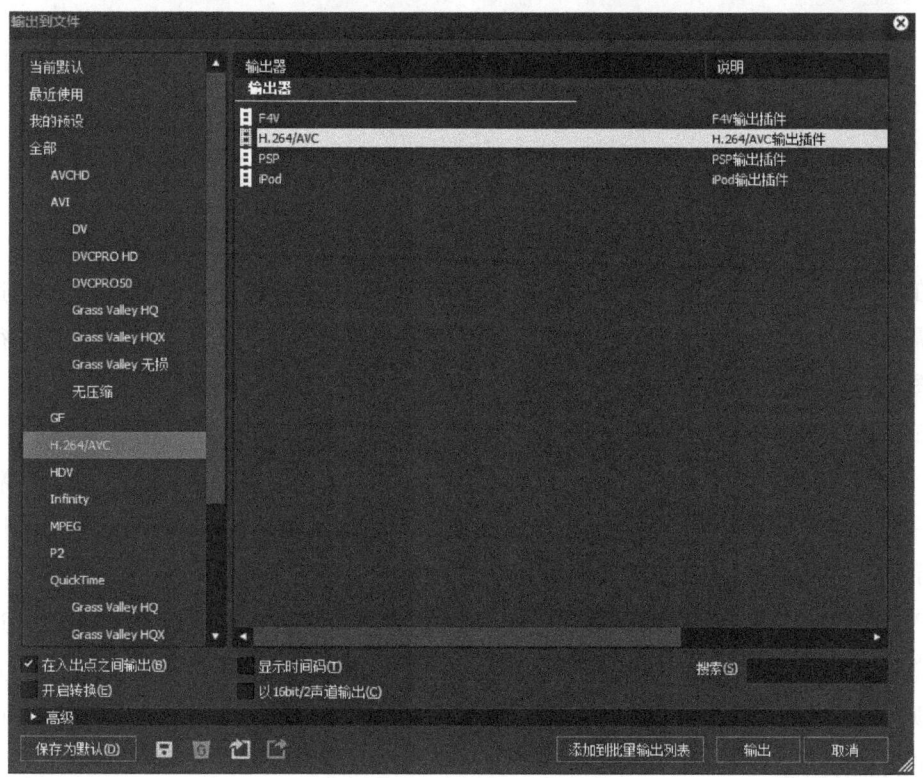

图 5-39　选择文件输出器

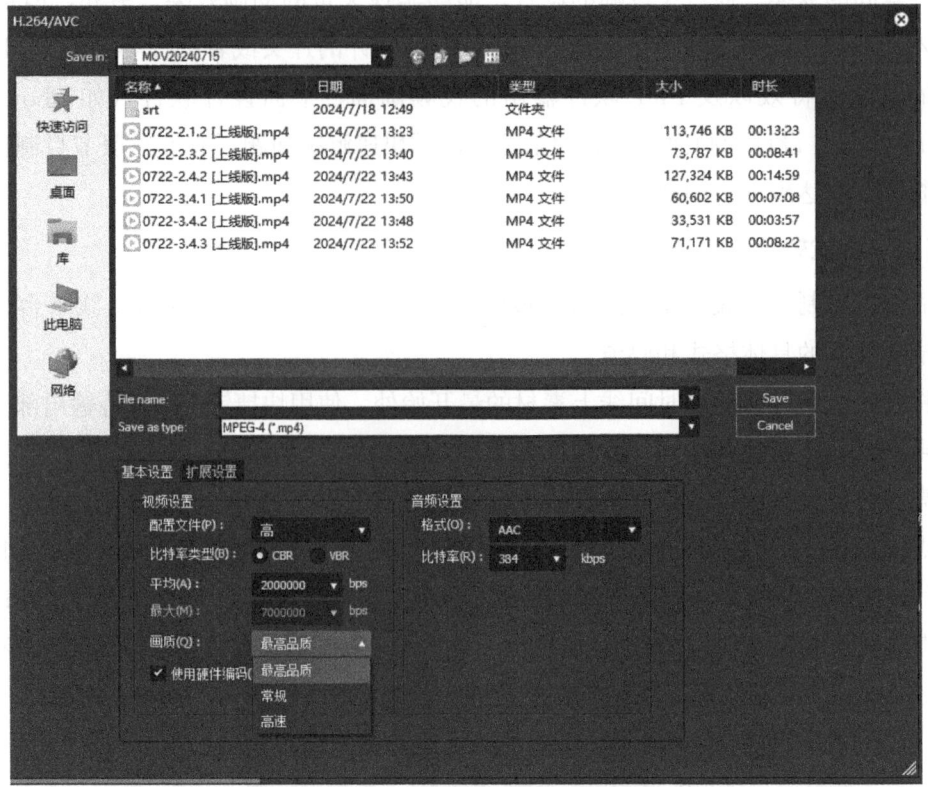

图 5‑40　设置文件名和音视频参数

二、图文合成软件的应用

在后期编辑与制作的过程中，当视频录像画面不能完整准确地表达所要传达的思想，需要以图文动画的形式来表达某一晦涩难懂的知识点、原理、流程时，往往需要结合图文、动画的包装合成来实现完整的课程创意思想。常用的软件有 Microsoft Office PowerPoint（图文合成）、Photoshop（图像处理）、Adobe After Effects（动画合成）等。Microsoft Office PowerPoint（简称 PPT），是微软公司的演示文稿软件，也是一款当下比较简单易学的图文合成软件。教员授课讲解、后期编辑制作的图文动画演示都可以借助 PPT 来实现。

PPT 课件是一款视觉化的演示工具，在设计时要遵从视觉化的相关理论，运用各种视觉化元素把抽象信息、知识点、原理直观化，激活学习者的形象思维，使其头脑里呈现出视觉化的图像。有时也会配合同期声（后期配音），实现视听结合，从而达到更好的传播效果。

（一）课件设计原则

1. 整体性设计

PPT课件虽然是通过不同页面来呈现的，但是整个呈现内容要看成是一个整体，在制作课件时要统筹考虑。具体来讲，虽然不同页面呈现的是不同的知识点内容，但对这些内容的讲解设计，要在满足教学目标的前提下，对教学内容进行整体性的体系化设计。在明确目标受众的学习基础后，根据教学目标明确此次演示讲解的目的，精心准备演示内容、收集素材，梳理幻灯片的呈现结构，确定幻灯片的设计风格、版式布局等。

2. 结构化设计

通过PPT课件的演示呈现，本质上是一种信息传达的艺术。通过对内容进行合理化加工，将内容有效地传达给受众，强化受众对内容的理解、接受与应用。多媒体课件设计中常用的结构形式有金字塔结构、时间线结构、对比结构等。应按照一定的结构和条理，把内容以符合受众认知心理和习惯的方式恰当巧妙地呈现出来。

3. 可视化设计

PPT课件设计过程也就是将内容可视化设计的过程。通俗来讲，就是把一些抽象的、难以理解的内容，用一种更加清晰、图文声像混排的方式富有成效地展示出来。为达到良好的展示效果，设计者需要绞尽脑汁，将不同知识之间建立联系，或通过图片、视频等创设可视化的场景，使之建立与受众的关联；或通过图形图表，或借助视觉化的矢量工具，使画面在美观大方的同时，还能用大众熟知的事物、场景、表达方式建立巧妙的关联，有助于知识的习得。

（二）图文合成工作流程

遵循课件设计原则，结合课程制作的实际，基于PPT实现图文合成的工作流程可概括如下：根据所录制课程的题材立意确定幻灯片的视觉风格（主要包括模板的整体风格确定、页面的主色调、字体、图标的使用风格等）、页面内元素的设计与排版布局、动画的设计与呈现、合成输出等。

1. 课件设计的视觉风格确定

首先要根据制作需求确定所制作多媒体课件的尺寸。用于计算机播放演示的课件需要考虑宽高比，而当用于在线课程素材时，一般将课件做成16∶9，以适应当前在线课程平台的视频多是高清标准。

然后，根据课程主题确定合适的模板样式和风格。不同内容题材的PPT应该设计成怎样的风格，怎样的视觉设计是好看的，这些往往没有一个统一的标准。建议在设计幻灯片的视觉风格时，能够把PPT设计成符合某类特定风格的视觉特征，并且不同页面间的风格具备视觉一致性。

例如，如果是计算机类、通信类的课程或某种新技术的发布会，可以设计成科技风，选好科技感的背景图，用好渐变功能和光效点缀；如果是文学、艺术类的课程，则要凸显一定的意境、写意的风格，可通过特殊字体的选用与排版、水墨画、写意类图片的艺术处理等来实现；如果是物理、化学、数学等基础学科类课程，应呈现出稳重大气严谨的风格，可以选用试验设备器材、重要公式、代表性图表等为前景或背景图，字体选用常规的易辨识的字体即可；同样，如果是党政类的课程，通常以红黄作为主色调，突出沉稳庄重为宜，常见的一些元素有人民大会堂、党旗、党徽、华表、长城、天安门、红绸、和平鸽等。

由于多媒体制作完成输出的动画是合成到视频课程内的，所以可以使用动态背景做模板，也可以在设计的静态背景图基础上与已有动态背景底叠加，以使前后衔接更加流畅自然，在后期视频合成时能更加无缝衔接。

遵循多媒体课件设计的整体性原则，我们要对需要做多媒体合成的部分进行整体性设计，在制作课件时要统筹考虑。通俗来讲，需要理清多媒体课件呈现的部分主要分为几个板块，应该分别从哪几点进行讲解。要在满足教学目标的前提下，对教学内容进行体系化设计。

幻灯片的视觉美感不能仅体现在某一页上，要达到整体的视觉风格统一，需保持不同页面间的视觉具有延续性，即要将不同知识之间建立联系，或通过图形图表，或借助视觉化的矢量工具，使画面美观大方。同时，画面还要有巧妙的关联，有助于认知与习得，使学习者产生精致化的视觉联系。并且不同页面应该进行统一化的风格设计，PPT 课件的不同页面间要风格统一，不能风格迥异，或脱离整体风格。

此外，根据认知心理学的规律，给学习者提供全景式的知识框架图谱有助于对所学知识的掌握。所以在页面底部、两侧或顶部加入一个导航栏，可以让前后的内容展示更为紧密，更便于观众理解整体的内容结构。这一点在教学型的图文动画多媒体制作中尤为适用。

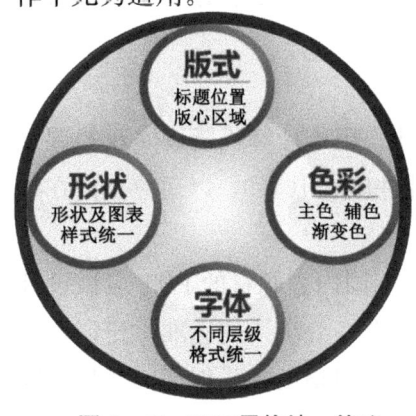

图 5-41 PPT 风格统一策略

要确保 PPT 视觉风格的统一，应从版式、色彩、形状和字体等方面进行统一，确定一致的设计规范，如图 5-41 所示。

版式：一般要规范标题位置区域和内容正文区域位置（版心区域），是否使用导航栏等。先确定好基本的版式，再进行具体内容的排版，从而确保整体版式的一致性。

色彩：确定主色、辅色，以及是否使用渐变色等。可以从单位 Logo、学校校徽等元素上选取主题色,然后再搭配1~2个辅助色,这样整体色调会比较大气、和谐。

字体:以清晰美观大方为主要原则。大标题的字体可偏艺术感、设计感一些。至于正文字体的选择,可以采用中文微软雅黑、方正大黑,西文Arial的字体搭配。同一种字体可以通过调整字号的大小,形成字体间的对比关系,突出研究的主题。

形状:PPT课件中所使用的图标,比如项目符号等,应尽量风格一致。图标的视觉效果是渐变、半透明还是简笔画风格,页面色块是纯色填充、渐变色填充还是具有透明度,图形元素是二维还是三维的,这些要素应做统一。

2. 页面内元素设计与排版布局

单位Logo、标题以及正文、内容知识导航栏等要素需综合统筹考虑,使它们以相对固定的形式呈现出来,然后再进行具体正文图文内容的排版。一般来说,大的框架版式相对固定,这样便于学习者掌握。而对于正文的版式(主要有图文混排、图片排版、逻辑图示、文字云、时间线类等),只要版式能够符合内容的逻辑呈现即可,没有固定的版式。例如,图5-42展示了几种常见的图文混排版式。

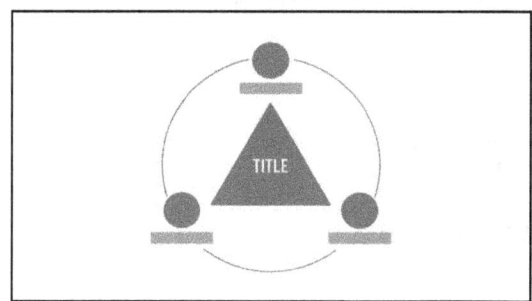

并列关系的逻辑图形

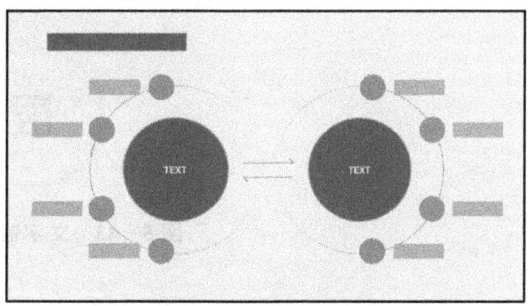

对比关系的图文排版

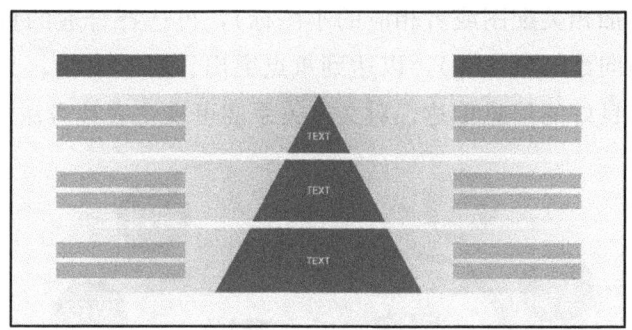

递进关系的文字排版

图5-42 几种常见的图文混排版式

正文内容包含的元素比较多,常见的有提示性文字、大段文字、图形图像、数据图表、流程图、表格、逻辑关系图等。可先将内容编排好,再对页面进行符合受众认知特点和视觉平衡的布局。正文以文字为主是实践中经常遇到的情况,切忌将大段文字内容直接照搬到多媒体课件中,而应通过结构化梳理文字内容后,将文字所传达的逻辑关系、层次关系可视化地呈现出来,再以恰当的排版布局到页面中。具体操作过程如下:

- 梳理文稿信息的内容结构。
- 提炼信息,找出关键内容,并把一些连词、重复内容删除,模块化呈现内容要点。根据认知心理学的基本观点,将知识模块化、模型化展示有助于学习者的识别记忆。
- 基于内容之间的层级关系,对页面进行简单排版布局。
- 对重要的信息加粗、更改颜色或添加色块,让信息的层级关系更清晰。
- 利用图形或图标,来增强内容的逻辑可视化效果。

以上过程可以概括为"理—删—层",如图5-43所示。

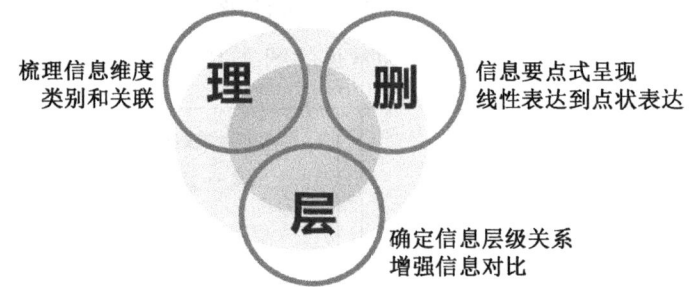

图5-43 文字信息结构化梳理思路

其中,信息间的层级关系往往比较复杂,在正确理解知识内容的基础上,借助恰当的方式(如添加相关配图或者相应的小图标),再选择合适的页面布局方式(如将页面分栏或者横向添加色块等),以达到重点突出、层次分明,又兼具视觉均衡性的效果,从而实现良好的信息传达。对文字关系的可视化表达方法如图5-44所示。

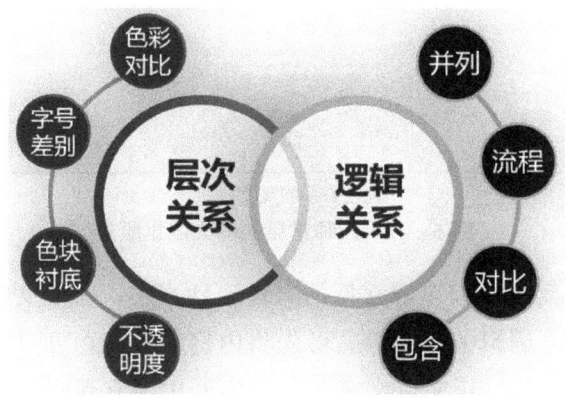

图5-44 可视化表达文字关系的方法

作为一个例子，图 5-45 中给出的是对"置管方法"这一知识点进行多媒体呈现的实例。不难看出，该页面既具有层次感，又重点突出，还兼具视觉平衡的美感。

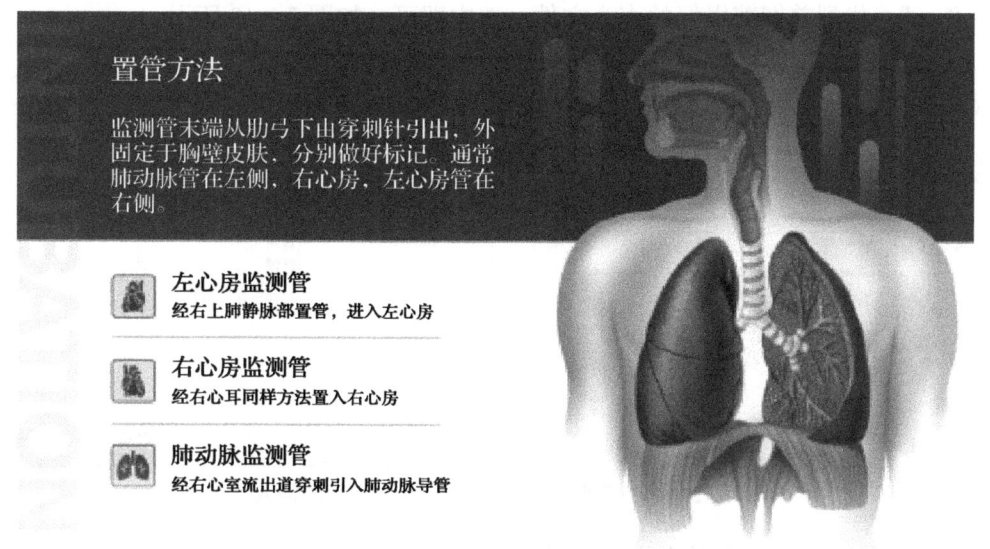

图 5-45 "置管方法"课件页面设计示例

3. 动画的设计与呈现

图文版面布局完成后，需要进行动画的设计。给页面内的特定视觉元素设置恰当的动画样式时，应遵循以下原则：

重复原则：同一张 PPT 中动画不宜太多，一般以不超过两三种动画类型为最佳。

强调原则：当一页 PPT 中内容较多时，如果想凸显某一元素或突出某一内容，可以单独为其添加特殊动画，或者为该动画再添加"强调"效果，教学中常用的有"脉冲""放大/缩小""改变字体颜色""添加下划线"等。

顺序原则：在添加动画时，根据呈现的内容，将动画按顺序播放，可以增加观感。

并列关系：对于内容上存在并列关系时，可以让其同时出现。

层级关系：可以按照"从左至右"或"从下到上"、"从上到下"的逻辑顺序依次展示。

简洁大方原则：虽然动画样式繁多，但在教学中使用的动画不宜过于花哨拖沓，通常可使用淡出、擦除、浮入、放大/缩小、路径动画等。

与授课人现场操作演示型 PPT 不同的是，声画同步型多媒体课件的制作要根据配音的音频来设计多媒体视觉元素的动画。在前期用专业录音软件将声音录好后，再根据文字稿本确定每一页内对应的音频，将前期录制完成的完整声音切割成多个片段声音文件，导入到 PPT 的相应页面中。具体操作方法如下：

在 PPT 当前页的画布外，插入一矩形框（或任意其他形状），将此矩形框的动画样式设置为"出现",动作属性设置为"与上一动画同时"。在动画窗格内选中该动画项,双击,在"出现"窗口中选择"效果"选项卡,在"声音"下拉菜单内选择"其他声音…",找到前期剪辑好的声音文件,选中即可,如图5-46所示。

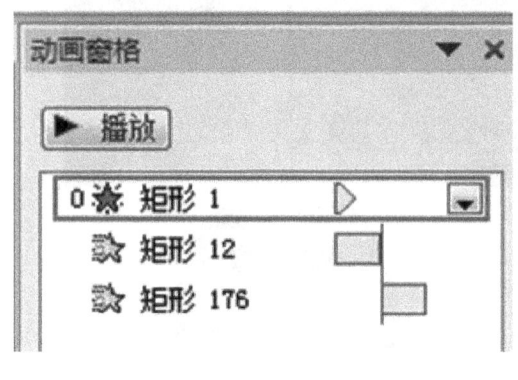 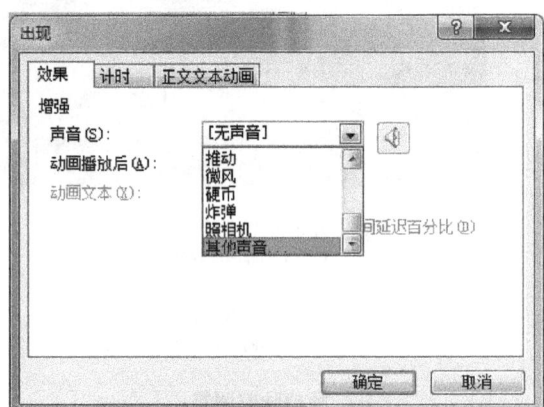

图5-46　声画同步型课件中页面配音的插入

在遵循动画设置原则的基础上,进行页内动画的设置。根据需要选用动画类型、设置持续时间与时延,再在动画窗格内设置相应的动画参数,根据声音调节相应的动画出现时间和时长等参数,使声画同步。

需要注意的是,有时候为了特殊的呈现效果,需要多动画组合应用。比如某一模块在淡出后还需进行强调,这时需要在页面内选中该模块,同时选择"添加动画"—"强调",选择某种强调效果的动画(比如"脉冲"),然后在动画窗格内双击该动画,设置动画属性参数即可。

由于声画同步型动画的解说声音一直持续,所以画面的动画时间一般应设置成与上一动画同时。根据需要,可用延迟时间的数值设置不同动画的起始。如果动画层级比较多,为了校准声画同步,调整起来会比较费时费力。

4. 合成输出

在调整好页内动画、确保声音画面同步、检查展示效果设置是否恰当、版面设置是否合理以及图文排版、文字提炼是否正确无误后,即可进行图文合成的输出了。具体的操作方法如下:

方法一:选择"文件"—"另存为",将保存类型设置成"MPEG-4视频",然后点击"保存",等待系统输出即可。

方法二:选择"文件"—"导出"—"创建视频",设置好相应的参数,点击下方的"创建视频",等待系统导出即可,如图5-47所示。

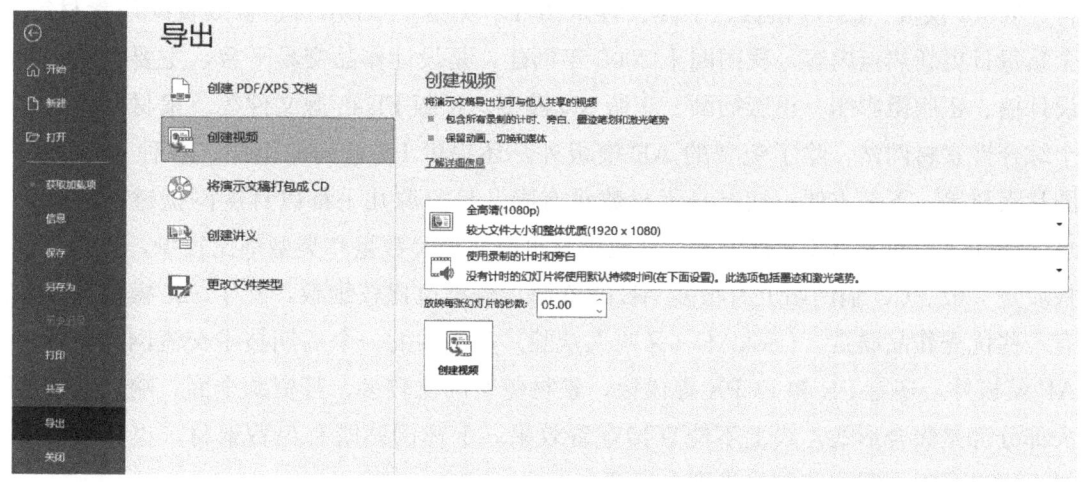

图 5‑47　PPT 课件合成输出视频

三、动画合成包装软件的应用

Adobe After Effects（简称"AE"），是 Adobe 公司推出的一款图形视频处理软件，是视频后期合成处理的专业非线性特效合成软件，是制作动态影像不可或缺的辅助工具。AE 软件与主流 3D 软件（如 Maya、3dsMAX 等）也可很好结合，能创造出丰富的视觉效果。在影像合成、多媒体和网页动画、电视及影视片头、片花制作等领域，AE 都发挥着重要作用。在教育信息化领域，尤其是在线课程微视频制作中，AE 软件同样能发挥重要作用。它不仅可以胜任课程宣传短片、片头等的制作，而且还可以图文动画的形式精准、美观地实现教学内容可视化呈现。由于在线课程建设经费投入不高，且教学训练单位自有课程建设力量对 AE 软件的应用水平有限，为了提高课程制作效率，一般可按下列方法使用 AE 软件制作在线课程。

（一）收集模板

AE 软件具有创建新图层、创建关键帧动画和创建 3D 空间的功能。然而，根据需求自主设计 AE 动画需要考虑的因素比较多，效果也可能不尽如人意。因此，一般可根据创作需要收集下载合适的模板，然后在模板的基础上进行加工修改。

常见的下载 AE 模板的网站有 VJ 师网、昵图网、熊猫办公、我图网、素材商社、shareAE、CG 猫、LookAE 等。

VJ 师网正式成立于 2012 年，是一个素材共享平台网站，主要内容有视频素材、VJ 素材、LED 视频、演出背景视频、影视素材等。如今，VJ 师网已成为专业、素材更新频率高的素材交流平台。昵图网成立于 2007 年，是一个设计素材、图片素材共享平台。熊猫办公是一家专注创意设计模板下载的网站，涵盖行业 PPT 模板、视频素材、Word模板、Excel模板、字体、背景图片、免抠PNG素材、音效及配乐素材等，全站每日更新热点内容。我图网于2008年创建，是设计作品交易平台，主要经营正版设计稿、正版摄影图、正版插画、正版3D模型、正版Flash源文件等。素材商社是一个综合性素材网站，除了免费的AE模板外，还提供PS系列的笔刷、各种3D模型、图片素材等，下载方便；缺点是素材数量有限，且资源几乎都以百度网盘链接进行分享。shareAE网的AE素材居多，其他素材也有，但是数量和类型都比较少，且AE模板质量一般。CG猫网站上有很多AE的资源，分类也比较细致，除了AE模板外，还有一些优秀作品欣赏。LookAE（又叫大众脸）是国内的一个后期技术交流网站，除了AE模板外，还有PR和FCPX等模板，素材免费的比较多，且资源全面；缺点是模板大部分都是集合形式，线上不能直接查看效果。上述网站既有免费素材，也有收费素材，用户可根据需要和制作难度自行甄选。

（二）修改模板

AE模板帮我们节省了很多时间，选择合适的AE模板是简单高效完成课程制作任务的法宝。找到合适的AE模板后，可按下列方法使用。

- 打开下载好的AE模板压缩包，解压后会产生很多文件和文件夹，选择*.aep文件用AE打开。在项目窗口中找到"总工程"的合成文件，双击之后可以在时间轴窗口发现打开的各个合成。

- 对工程文件进行分析，最下面一层为音乐素材，该配乐与视频画面的节奏匹配较好，一般可不修改。若自己的教学内容需要解说，则可将音乐替换掉，导入解说词，再根据解说词的内容调整画面节奏。

- 按照时间轴从下至上、从左到右进行审视，可以发现第二层为合成层（合成的嵌套层），这里的第二层类似"总工程"，为多个素材的合成，双击打开就可以进行相应的修改了。

- 对文字的修改。在合成窗口我们可以发现其中的文字图层，双击选中就可以进行修改了。如果需要对文字的大小以及字体（字体可以在网上进行下载，安装之后与PS、PR等软件通用）进行调整，再次双击即可进行更改，行间距以及字间距的调整方法也是一样。

- 对图片的修改。对于图片的修改要比文字复杂一些。首先要把想要替换的图片素材导入到项目窗口中（双击素材窗口空白处即可）。在时间轴上选中想要替换掉的图片，然后在项目窗口中选中想要添加进去的图片，拖至时间轴的图片上覆盖住，松开鼠标即可。然后根据具体情况再对图片大小、位置进行修改。还可以找到需要替换的图片、Logo等，在项目窗口右击要替换的素材，选择"替换素材"—"文件"，然后选择要替换的文件导入就可以了。更改的时候要注意，有些文字和图片设置了动画路径，修改时需要保留模板定好的动作路径（除非想要实现另外的动画效果）。

• 对动画的修改。对模板中已有层的各项属性进行动画调整，如大小、位置、中心点等，调整动画的节奏感以适应课程内容的需要。还可添加效果，如光晕、发光等，可根据需要调整摄像机位置，改变光影的呈现效果等。

（三）导出视频

在模板基础上完成修改后，需要导出视频，一般可按以下方法操作：

• 选择要导出的合成：在 AE 软件中，选择要导出的合成，可以通过单击该合成在项目面板中选中它，或者在时间轴中选择该合成的图层。

• 打开导出设置对话框：在菜单栏中选择"文件"—"导出"—"添加到渲染队列"，或者使用快捷键"Ctrl+M"。在渲染队列面板，确认需要渲染的合成的"渲染设置"为"最佳设置"，打开"输出模块设置"窗口，如图 5-48 所示。

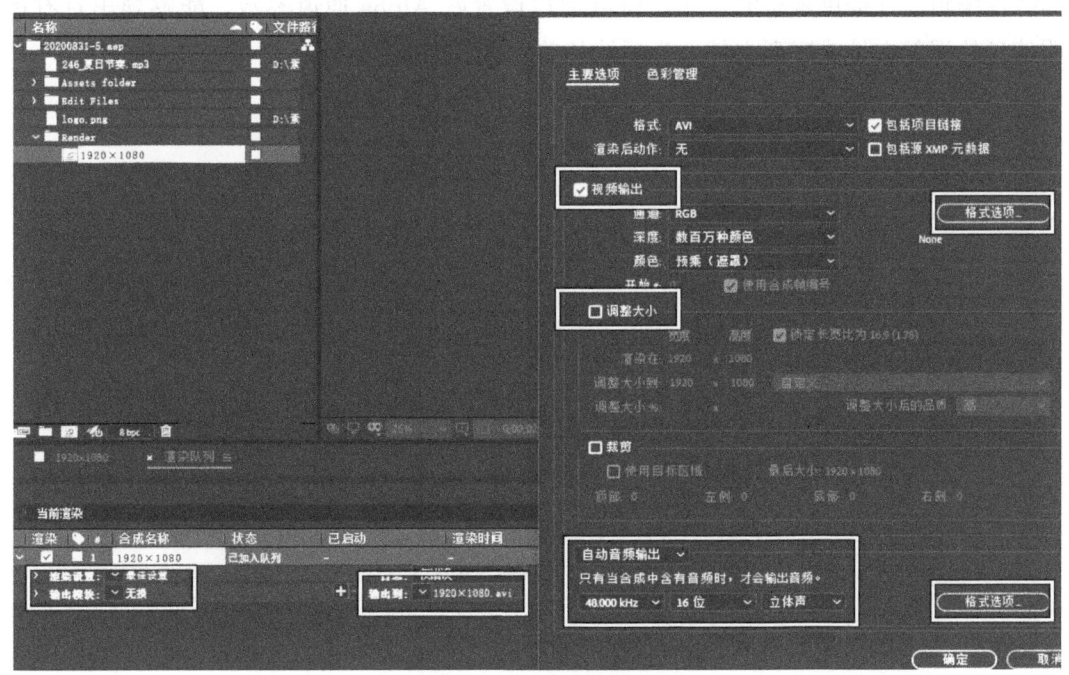

图 5-48 导出视频设置

• 选择输出格式和编解码器：在"输出模块设置"窗口中，选择所需的输出格式，例如 AVI、QuickTime 等，勾选"视频输出"，根据需要打开或关闭音频输出，在"调整大小"中设定视频分辨率，在"格式选项"中选择视频编解码器并设置相关参数。

• 配置输出路径和文件名：打开"导出到"窗口，选择输出路径，设定文件名。

• 导出视频：单击"渲染"按钮开始导出视频。在渲染队列面板可以监视导出进度和状态，并查看输出文件剩余时间。

(四) 注意事项

在导出视频时,需要考虑输出格式、编解码器、分辨率、帧率、码率等参数的设置,不同的设置会影响输出视频的质量和文件大小。由于主流的在线课程平台支持全高清视频,后期编辑的工程项目一般也相应设置为全高清,因此,AE 里输出的合成通常设置为全高清分辨率,即 1 920×1 080。

导出视频的时间和速度会受到计算机性能和输出参数的影响,如果导出过程过于缓慢或者卡顿,可以尝试调整输出参数或者升级计算机硬件。为避免不必要的重新导出和编辑,建议在导出前先进行预览和测试,确保输出的视频符合预期。

设置渲染参数时,要注意 Alpha 通道参数的设置。Alpha 通道是一个 8 位的灰度通道,该通道用 256 级灰度来记录图像中的透明度信息,定义透明、不透明和半透明区域,其中黑表示全透明,白表示不透明,灰表示半透明。由于 AE 通常发挥着为后期非线性编辑软件提供素材的作用,所以通过设置好 Alpha 通道参数,能够导出具有透明信息的视频文件或序列文件,为后续的剪辑合成提供便利。

第六章　在线课程录制案例

依照在线课程特点和内容呈现的需要,结合教学设计和录制条件,在线课程视频的录制可选用不同录制方案。根据选用摄像机数量的不同,一般可以分为单机位录制、多机位录制、音频录制、屏幕演示录制等。

第一节　单机位课程录制

单机位录制,顾名思义,是使用一台摄像机拍摄教学视频。按照视频画面呈现方式不同,有单画面模式、人像课件切换模式、画中画模式等。

一、单画面模式

单画面模式是指使用一台摄像机,以主讲人等教学主体为拍摄对象,录制单一画面的教学视频。比如,在现地课堂教学时,可以采用该模式录制视频。使用一台摄像机,采用"一镜到底"的拍摄方法,全程连续拍摄教师课堂讲授,拍摄的视频不剪除画面和声音,能够比较真实地呈现教学实况。图6-1分别是理论类和实践类课程教学所拍摄的画面。

图6-1　理论类和实践类单画面模式在线课程

单画面模式的教学视频,具有简洁直观、画面流畅的特点,还适用于演示型操作或者动作示范类课程,比如设备的操作演示、体育训练课目的动作展示等。

为让教学视频看得清楚、听得明白,在拍摄视频时,应确保画面清晰、声音干净无杂音。为此,在选取教室、演播室、训练场等不同拍摄地点时,都需要根据场景特点,重点关注光线、声音等拍摄要素,因地制宜地进行布置,选择合适的拍摄方法。

实践应用中,课堂实景拍摄和虚拟场景拍摄是比较常用的拍摄方式。

(一)课堂实景拍摄

课堂实景拍摄,一般选择的场地是教室或者会议厅,如图6-2所示。教师位于讲台处，灯光照度基本可以满足拍摄需要。而投影屏幕或者电子屏幕的存在，需要兼顾人像和投影画面，通过调整摄像机光圈等摄制参数达到最优拍摄效果。

图 6-2　教室是实景拍摄的常用场所

环境光往往会对室内拍摄光线有影响，从而影响视频拍摄效果。天气晴朗时，室外光照强烈，照射到室内，教师人像的脸部亮度高，可能会造成阴阳脸或者曝光过度。为克服光线影响，一是可以使用窗帘遮挡强烈的室外光，二是可以在背光处架设光源进行补光。天气阴雨或晚上，因为室外光线不足，室内照度会受到影响，拍摄室内人像时可以适当加大摄像机光圈。有必要时，可以架设光源进行补光，保持光线充足、照度均匀。

教师在课堂讲课时使用扩声系统，摄像机可以使用机头话筒拾取室内环境的声音，包括教师讲课和学生互动的声音。如果现场音质杂乱，或者为保证教师声音质量，建议使用领夹式无线话筒，教师带在身上，夹在领口处。摄像机的一路声音录制无线话筒的教师声音，另一路声音录制机头话筒的环境声音。如果在会议厅内，教师讲课等声音都接入调音台，可以从调音台接一路输出声音给摄像机的输入。

在室外进行教学实景拍摄时，环境光强、噪声较大。阳光明媚时，应顺光拍摄，同时控制光圈，避免曝光过度。因场地空旷，为保证声音拾取质量，使用无线话筒的效果较好。

在教师授课过程中，如何取景构图是对摄像师的一个挑战。为达到预期效果，在拍摄前，摄像师和教师应进行必要的沟通交流，主要明确教师讲授的主要环节、板书和投影需要拍摄的重点、师生互动的时机和拍摄需求等。拍摄时，画面的主角为教师，运用推、拉、摇等基本拍摄手法，全程跟踪拍摄教师授课过程。

录制画面以授课教师的中近景为主，跟随移动拍摄时，注意摇移镜头速度和授课教师移动尽可能同速。教师板书时，需要合理运用中景、特写等镜头，清晰展现板书内容，如图 6-3 所示。

图 6-3　录制画面以教师中近景为主

(二) 虚拟场景拍摄

虚拟场景拍摄指的是在拍摄教师授课活动时，背景使用蓝（绿）箱或者蓝（绿）色幕布，并对录制的画面进行抠像技术处理，去除纯色背景，选用虚拟场景和教师人像进行视频合成，如图 6-4 所示。

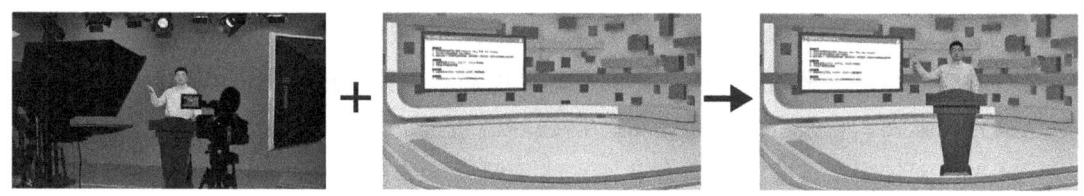

图 6-4　虚拟场景拍摄合成效果示意图

虚拟场景拍摄一般在演播室进行，有实时抠像和后期抠像两种处理方式。实时抠像需使用虚拟演播室系统，例如现代中庆 M2300 便携式录播系统就具有实时抠像处理的功能，如图 6-5 所示。后期抠像则需使用非线性编辑软件进行剪辑处理，比如 Adobe Premiere 或 GRASS VALLEY EDIUS 等软件。

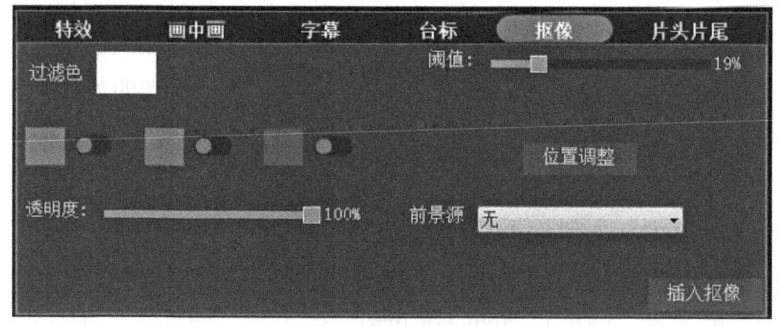

图 6-5　M2300 便携式录播系统抠像功能界面

虚拟场景拍摄对灯光的要求比较高。需要使用灯光将整个蓝（绿）箱打亮，并确保照度均匀。尤其背景光需多使用 LED 影视平板灯具。顶光需分布均衡，面光照度要充足，才能保证整个蓝（绿）箱工作区域的有效光照，使人物画面质感真实细腻，抠像后能更好地融入制作的亮丽虚拟背景。除了逆光使用 LED 聚光灯外，面光、顶光和背景光可全部采用 LED 影视平板灯,如图 6-6 所示。蓝(绿)箱高度一般不低于 2.8 m,宽度则可视演播室实际场地而定,要满足摄像机取景纵深需求。如果要全身取景,则要求蓝(绿)箱有底面;若仅半身取景,则可不做底面要求。

图 6-6 虚拟演播室灯光布设

演播室的背景、灯光、声音等环境条件比较完善,尽管如此,开始课程拍摄之前依然需要仔细进行调试和试拍,重点是调整灯光和摄像机设置,确保光线充足、亮度均匀,抠像后人像画面干净无噪点。比如,要根据授课人的着装选择蓝色或绿色抠像幕布颜色,一般我们选择蓝色背景;如果授课人是穿蓝色衣服讲课,则应选用绿色幕布做背景。

摄像机工作模式要科学合理。系统工作频率可设置为 50 Hz,现在一般采用高清录制,记录模式可使用 1 920×1 080。不抠像时可使用 4:2:0 模式,码流选 25 M;如果要在后期编辑时抠像,最好选择 4:2:2 工作模式,码流至少 35 M。在正式录制之前,需要进行抠像测试,若抠像效果不理想,还需要多次调整灯光、摄录设备参数等,反复测试,直至抠像干净、人像自然。

拍摄的人像经抠像后,需要使用虚拟背景构建场景。虚拟背景可以在虚拟演播室系统中选取,也可以根据需要进行专门设计。图片、视频或三维场景等都可以作为虚拟背景与人像进行视频合成,图 6-7 展示了几种虚拟背景图。

图 6-7 几种可用的虚拟背景图

利用成套的便携式在线课程录制条件（如以现代中庆 M2300 主机为核心的录播系统）录制课程时，与功能完备的虚拟演播室相比，其拍摄制作的环境条件简单些。该系统配备有立式组合背景幕布，将背景幕布固定在背景架上作为拍摄背景。它的底部没有配套的纯色地垫，地面没办法抠像，因此在拍摄人像构图时，仅限于拍摄半身像。配套的灯光一般有三台，仅能够满足半身人像的补光要求。因此，该系统适合进行半身取景抠像，不宜用于全身抠像。

二、人像课件切换模式

人像课件切换模式是指在课程视频中主要使用人像画面和课件画面，根据课程内容需要，分时呈现人像或者课件内容，以更清晰准确地表达教学要点，如图 6-8 所示。该模式的视频录制可以采取实时合成方式或者后期剪辑方式。

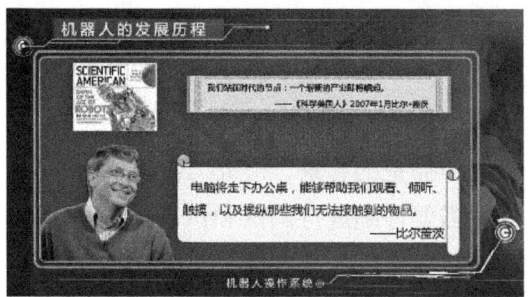

图 6-8　课程视频中人像与课件交替呈现

（一）实时合成方式

实时合成方式是将人像信号和课件信号接入录制系统，由导播人员在现场切换信号，实时录制。其中，人像信号的拍摄可参考单画面模式，主要区别在于需要加入课件信号。以使用便携式录播系统 M2300 为例，拍摄系统的拓扑图如图 6-9 所示。

这种在线课程录制方式效率高，课程讲授结束后，进行简单的后期处理即可完成视频成片的制作。这种录制方式采用实时导播切换，对导播人员的要求较高。在讲课过程中，导播人员需要集中精力关注教师授课过程，根据授课现场情景和授课内容呈现需要，恰当选择切换人像和课件画面的时机。为提高录制效果，需要做好以下工作：

- 授课人需要充分备课，确保课程讲授流畅、内容讲解透彻，讲授和课件配合恰当。

- 课前，授课人和导播应进行有效沟通，结合课件内容明确教学设计、重点内容等关键部分的呈现重点；在教案基础上制作简洁明了的导播计划，以更准确地完成画面切换；在录制过程中，对授课内容熟悉的人员可实时提醒导播切换，有助于提高录制质量。

• 导播人员应做好录制记录，当出现讲授中断或错误时，记录时间节点，便于后期剪辑。

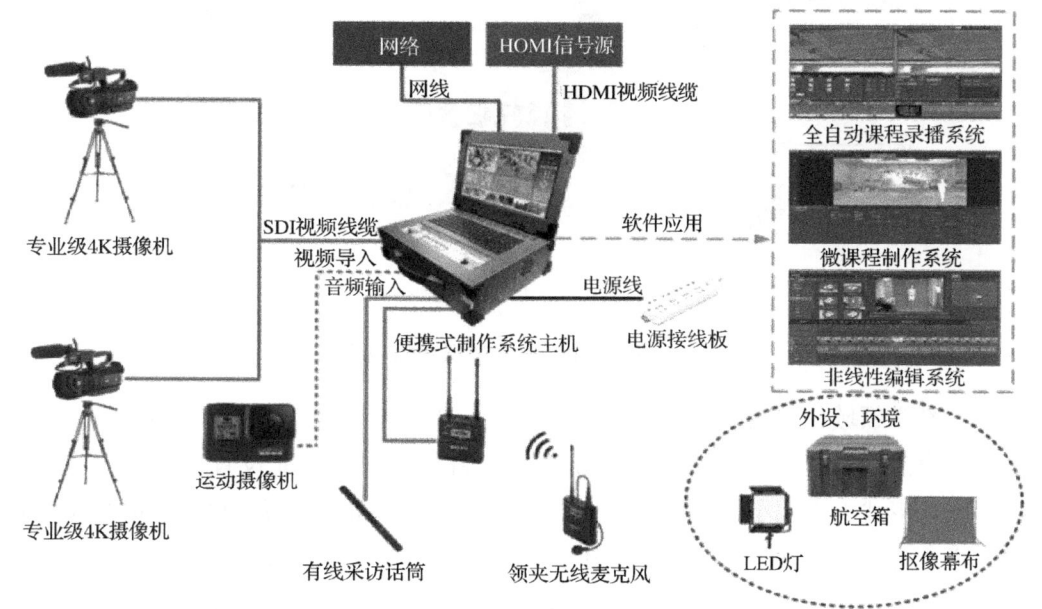

图6-9 人像课件模式在线课程录制系统拓扑图

（二）后期剪辑方式

录制时，人像视频和课件视频需分别同步录制，根据需求录制多路视频，授课结束后进行后期处理和剪辑合成。

这种录制方式更加关注授课效果，因为视频录制后能够进行剪辑和包装处理。在录制过程中，授课人和技术人员需充分沟通，以最优化录制效果。为保证录制质量，依然需要授课人充分备课、与导播有效沟通并做好录制记录。录制时出现问题可以随时停止录制，问题解决后再重新从出问题处开始录制。授课人若感觉讲授效果不够理想，可以多次重新录制。课程讲授可以精益求精，视频呈现效果可以在后期使用非线性编辑、图形图像处理、三维动画等软件进行精致包装与剪辑处理。

授课视频和课件的包装与剪辑合成工作专业性强。在后期设备与软件的选取上，可以分为便携式录播系统后期编辑和通用后期编辑与制作。在操作使用上的思路与方法方面，可参考本书第五章相关内容。

三、画中画模式

课程视频同时使用人像画面和课件画面，其中课件画面为主体，人像画面为小窗口；或者人像画面为主体，课件画面为小窗口。这种模式一般称之为画中画模式，课程画面呈现效果如图 6-10 所示。

图 6-10　画中画模式的课程视频示例

在线教学领域,尤其是传统网络教学时代,画中画的布局是常见场景。使用不同的在线教学工具软件,如雨课堂、腾讯会议、钉钉等,在功能设置使用上虽有差异,但画面布局形式上大同小异。共同之处是多窗口的画面布局设置,可以同时显示课件、教师、学生等多个画面,增强现场感和交互性,如图 6-11 所示。

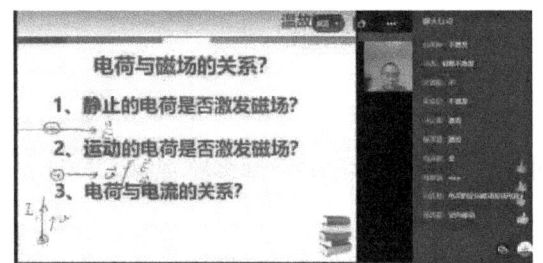 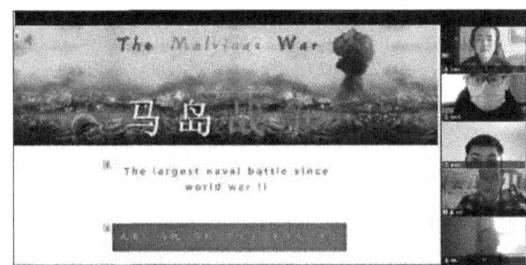

图 6-11　多窗口画面布局的课程视频示例

画中画模式录制简便,只需确保接入的人像信号和课件信号正常,画面和声音清晰,就可以使用录制系统完成录制。录制系统可以是便携式录播系统,也可以是在线教学软件或者录屏专用软件提供的录制功能模块。

以便携式录播系统 M2300 为例,该系统提供的画中画固定布局共分为 17 种格式。当使用单机位录制时,只需选择 AB 布局格式。画中画的主画面 A 和副画面 B 可以在人像和课件两种画面之间调整,如图 6-12 所示。

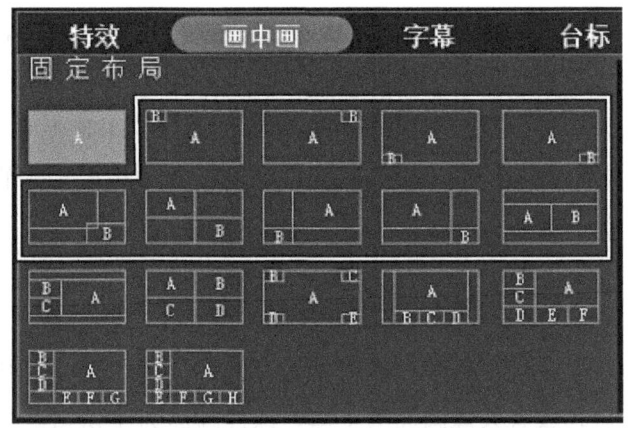

图 6-12　M2300 系统中可用的 AB 双画面画中画布局

四、高分辨率摄像应用模式

4 K 摄像机和数码相机等高分辨率设备都可用于课程视频拍摄。4 K 摄像机，如索尼 PXW-Z280、FS5、FS7 等，视频拍摄的最高分辨率为 3 840×2 160；数码相机同样能拍摄 4 K 分辨率的视频，如：佳能 5D Mark Ⅳ 视频拍摄的最高分辨率为 4 096×2 160，索尼 Alpha 7 视频拍摄的最高分辨率为 3 840×2 160。

拍摄视频时选用 4 K 分辨率，后期剪辑处理时，可以使用高清分辨率剪辑制作。以索尼 PXW-Z280 为例，拍摄分辨率选用 3 840×2 160，在后期剪辑制作时，使用分辨率 1 920×1 080。剪辑制作的高清画面可以根据需要从 4 K 画面中裁切使用。若 4 K 画面构图为人像的全身，剪辑制作时，可以选取人像腰部以上部分，得到人像的近景画面，也可选取人像的全身，得到人像的全景画面。通过画面布局的重构，得到两个或者三个不同景别的画面。

一台高分辨率的摄像设备拍摄的画面，经过后期剪辑处理，可以提供不同构图的人像画面。这种应用模式不仅具有架设设备少、画面一致性较好等优点，而且拍摄时授课教师的目光可以始终对着镜头——即观众的"眼睛"，为学习者创设了一对一的教学情境。画面重构示意如图 6-13 所示。

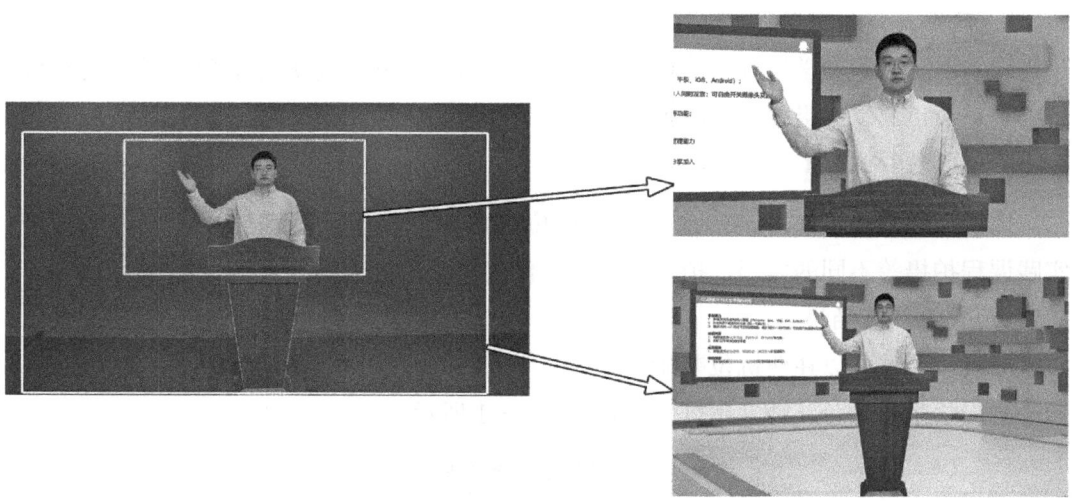

图 6-13　高分辨率视频画面的重新布局

第二节　多机位课程录制

多机位录制指的是使用两台以上摄像机拍摄教学视频，以实现拍摄场景的多样化。

采用多变的视频画面呈现方式，可以更好地展现参与教学过程的不同主体，进一步丰富课程的视觉效果，直观体现课程教学设计，增强课程的艺术性和教学性。

一、常用多机位场景

课程录制时，使用两台或三台摄像机拍摄，可以称为两机位拍摄或三机位拍摄。

（一）两机位拍摄

以拍摄课堂授课活动为例，可以采用以下拍摄策略：

1. 同一角度，景别不同

两个机位拍摄取景都是教师，拍摄角度相同，但景别构图不同。一个机位可以拍摄教师全身景，展现教师在讲台区域的主要活动。另一个机位可以拍摄教师近景，能够比较清晰的呈现教师的表情和动作。在教师书写板书时，近景镜头能够清晰地呈现板书过程与内容。

2. 同一场景，角度不同

为清晰呈现教师教学活动，两个机位都是拍摄教师教学场景，但拍摄角度不同。一个机位主要拍摄教师正面，另一个机位主要拍摄教师侧面。两机位拍摄景别可以不同，也可以相近。

3. 同一环境，画面不同

课堂上，教师和学生有互动环节，两个机位分别取景才能更好呈现教学活动全貌。比如，一个机位以拍摄教师正面画面为主，另一个机位以拍摄学生正面画面为主。

（二）三机位拍摄

两机位扩展为三机位，增加的一个机位可以更好地增加现场感。针对课堂讲授、实践课程拍摄等不同的应用，拍摄时的机位设置需要考虑不同取景。

1. 课堂授课拍摄

三机位时，可以在两机位基础上增加一个授课全景机位，或者增加一个反打机位用于拍摄学生场景。几种常用机位设置如表 6-1 所示。

表 6-1　课堂教学常用拍摄机位设置

机位设置	1号摄像机	2号摄像机	3号摄像机
方案一	课堂全景	教师中景	教师近景
方案二	课堂全景	教师中景	学生中景
方案三	课堂全景	教师全景	教师近景

2. 实践课程拍摄

实践操作类的课程拍摄要求高、难度大。在拍摄之前，针对操作演示内容，编导、摄像师和教师需要沟通研讨机位设置、拍摄重点、画面构图等方面的具体要求，还需结合实践操作的设备、人员、场地、光线等具体情况，考虑跟拍路线、灯光布置等辅助手段的运用。

三机位拍摄位置与取景往往需要根据实际情况进行针对性的布置，以确保三机位的协调配合，较好地覆盖作业流程各环节的主要场景。通过综合运用全景、中景、近景、特写等画面，完整地体现实践课程的教学活动与重点内容。

以室外开阔地域的装备实践操作拍摄为例，三机位可如下设置：

全景机位主要拍摄实践课程教学训练活动的全景，取景范围覆盖教师、学生和装备，必要时可以兼顾拍摄周围环境的画面，用于体现实践教学的场地选取和环境条件。

主讲机位拍摄教师画面，主要包括教师讲授、操作演示、指导学生等活动，该机位需要根据教学活动进程跟踪拍摄。

近景（特写）机位主拍教学细节、操作特写、互动交流等场景，与主讲机位积极配合，形成画面互补。

3. 研讨式课程拍摄

研讨式课程是在教师引导下，教师和学生共同参与讨论的课程形式，具体组织形式多样。比如：圆桌研讨式、小组报告式、师生角色互换式等。教学场地可以是传统教室，也可以是具有智慧教学功能的研讨教室，还可能是室外场地等。

因其组织形式和教学场地的多样性，课程拍摄需要随机应变，因此难度相对较大，需要根据课程设计灵活布置摄像机位。在拍摄之前，编导、摄像师和教师需要沟通研讨活动流程、机位设置、拍摄重点、画面构图等方面的具体要求。

以智慧教室小班化研讨式课程拍摄为例，三机位可如下设置：

全景机位布置于正对讲台的位置，取景范围覆盖教师和学生的授课全场，主要拍摄研讨全景和讲台位置主讲的近景，必要时可以兼顾拍摄教学区域两侧的研讨中景。

左侧机位布置于教室左侧，主要拍摄教室右侧的学生，取景以中景、近景为主，该机位需要灵活机动，根据研讨情景变化而推、拉、摇、移，控制好取景范围，还可以配合全景机位拍摄讲台位置的中景（需要拍摄前沟通确定）。

右侧机位布置于教室右侧，主要拍摄教室左侧的学生，其拍摄要点与左侧机位类似。

二、在线开放课程录制

在线开放课程（如慕课）、精品视频公开课以及微课等课程视频，一般以影片画面的形式呈现。这些课程视频会对多机位拍摄画面、课件和动画等素材按照教学设计进行后期合成处理，将某个教学知识点或教学专题的内容剪辑形成单一视频文件。

以慕课微视频录制为例，普遍采用多机位拍摄和虚拟抠像等技术录制教师教学影像，采用专业拾音技术录制声音。编导人员使用后期软件包装和剪辑处理影像和声音，添加教学同期声字幕（唱词），按编码要求合成为教学视频文件。图 6-14 是用于拍摄在线课程的虚拟演播室系统应用示意图。

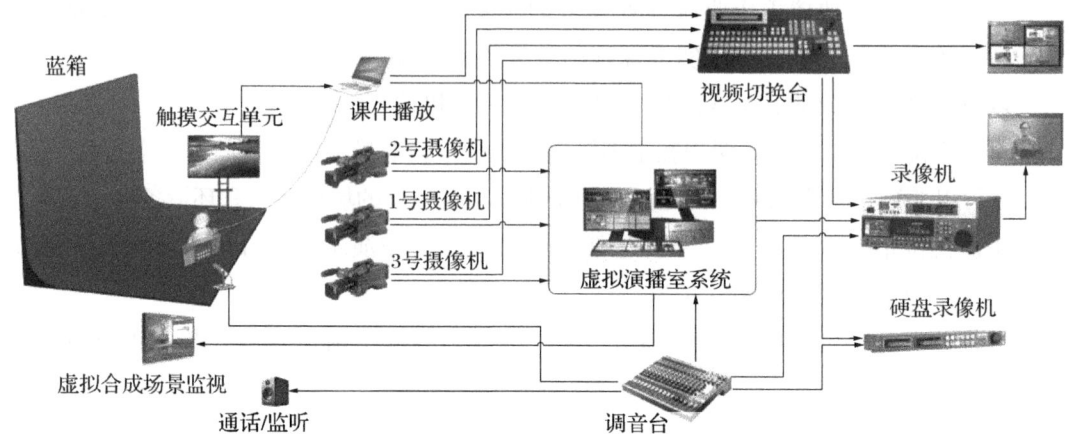

图 6-14　虚拟演播室在线课程视频拍摄系统应用示意图

在实践过程中，慕课微视频的录制普遍由一个建设团队集体完成。为录制高质量的慕课微视频，发挥各方面的综合优势，可以重点关注下列几个方面。

（一）课程建设团队是关键

影响慕课质量的最关键因素是课程的建设团队。课程微视频录制的各个环节，包括知识点的选取与命名、教学设计、教学方法与手段、教学内容的摄制等，都需要课程团队的全力合作。

在慕课的教学微视频建设中，团队作用尤其明显。专题立项建设的课程视频录制有规范性、时效性等要求，且建设内容较多，因此团队人员需分工合作。团队人员组成应包含主讲人、教育技术人员、视频录制人员等。主讲人员尽量选取名师，一般具有高级职称，能对课程设计和教学方法做到整体设计和把控，个人形象和授课效果俱佳。教育技术人员负责为视频录制人员和主讲人建立联系，正确理解课程内涵与教学设计，给出专业化的录制建议。视频录制人员一般为制作技术人员，在视频录制之前应与团队其他人员充分交流，了解课程特点和定位，合理确定录制方案。

（二）视频录制筹划是前提

视频开始录制之前，应根据录制内容进行筹划。主讲人提出个人录制内容与基本想法，教育技术人员给出教学方法与手段的合理建议，录制人员筹划具体实施方法，明确主讲教师准备工作的内容、视频拍摄注意事项、后期剪辑的预期效果等。为较好地统筹团队的视频制作，录制人员应撰写脚本文案。脚本中应体现课程团队商定的筹划工作，包含总体设计、讲授文本、媒体呈现、视频拍摄画面、教学设计等，在视频录制时需遵循执行。

（三）视频录制的软硬件条件是支撑

技术先进的软硬件条件支撑，可以为视频的录制提供便利性，是高品质视频录制的基本条件。当前，视频拍摄制作的一般流程如下：以虚拟演播室为基本环境，在蓝箱或绿箱背景下讲课，使用两台或三台摄像机拍摄，随后利用虚拟演播室系统软件进行抠像、画面合成，并在后期剪辑处理时进行教学内容包装设计。有时也采用后期抠像进行教学资源的合成。

个人自建教学微视频时，在软硬件条件支撑方面往往是弱项。然而，随着当前信息技术的发展和教学应用的推动，便携式录播系统为个人自建视频提供了良好的条件支撑。其便携性、自助式的录制方式，可以让教师把录播系统架设在办公室或者教室。录制完成后，系统提供的软硬件设备还支持简单剪辑处理。

（四）录制过程中的质量控制是核心

录制过程中的质量控制对于慕课视频的制作至关重要，是保证视频建设质量的核心手段。在建设实践中，往往容易忽视录制过程中的质量监督。主讲教师对教学内容熟悉，但不熟悉教学方法与媒体呈现手段的结合运用；而负责制作的技术人员为赶工作进度，在优化教学内容呈现上积极性、主动性不够。如果所有课程视频录制完成后才发现视频效果不理想，再对视频进行重新录制的难度很大。因此，试录样片审查、阶段性检查验收等过程中的质量控制是微视频品质保证的重中之重。

视频样片录制阶段，主讲人、教育技术人员、视频录制人员等团队成员应进行充分沟通，从主讲人的仪容仪表、教姿教态，到教学内容的语言表述、媒体呈现，以及摄像机位设置、画面构图、艺术设计等方面达成一致意见，并在视频样片中得到体现。通过教学视频的科学性、技术性、艺术性与创新性设计与制作，较好地运用教学方法、呈现教学内容、实现教学目标。

样片的质量控制，建议采取典型的质量控制循环PDCA（Plan-Do-Check-Act），以"筹划—录制—检查—改进"的循环过程打磨优质样片，形成该课程视频脚本的一个范例，树立课程视频录制的标杆。后续课程录制参照样片标准制作，必将能够打造出优质课程。

（五）成片验收是品质保证的最后关口

成片验收不仅仅是邀请专家进行审查验收，更重要的是在审查前完成内审，即由课程团队进行前期验收，包括讲述内容的准确性与科学性、画面排版是否规范、媒体表现形式是否恰当、视频剪辑是否流畅等。当发现存在问题时，应在专家验收前进行修改完善。

验收时可以关注以下几类问题：

- 总体设计是否恰当，比如教学图示设计是否准确、媒体呈现与教学内容是否匹配等；
- 教学内容是否准确，比如内容是否完整、讲授是否正确、授课教师姓名、课件内容、唱词字幕等是否准确无误；
- 视频录制是否符合技术要求，比如视频格式是否正确、人像是否清晰、声音是否纯净、画面构图是否美观、声音画面是否同步、播放是否流畅等；
- 媒体呈现是否存在问题，比如引用资料是否清晰、文字使用是否规范、地图标注是否准确、图形图像是否合规等；
- 教学内容与引用资料是否符合保密规定，政治上是否合规等。

验收作为保证质量的关键环节，应遵循相关技术标准、法规要求和教学需求，符合视频媒体的表现特点，从科学、技术、艺术、创新等各方面进行综合检验，确保符合性和适用性。验收发现的问题，应按照"修改—再检查"的循环过程，检查通过后再上线发布。

三、资源模式课程

有些应用场景，比如网课的实时记录、教室系统录制的课堂视频、网络视频会议的实时录制，能够同时记录下多个视频画面，并形成一个视频文件。在回放该文件时，多个视频画面仍能同步播放，很好地再现当时的活动。图6-15为智慧教室教学视频采集系统可以录制到的多画面视频截图。

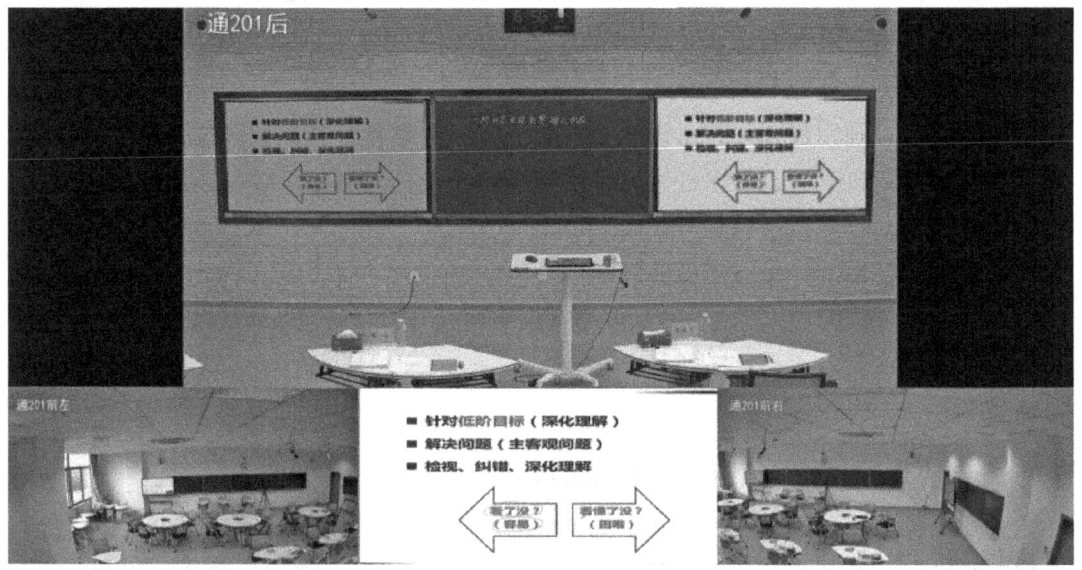

图6-15　智慧教室教学视频采集系统记录的视频画面

资源模式录制方法运用在教学课程的视频录制上,是一种保留教学资源的有效录制模式。它运用多机位拍摄不同画面,比如老师中景、教室全景、学生正面中景或学生正面全景等。从课程开讲,多机位同时录制,还同步记录下课件展示和板书过程的画面。一个视频文件就能将课程全要素、全流程、多角度全部记录,不仅能够展示教学内容,还把教学过程、教学对象全部活动进行记录,更有利于全面展示教学活动的组织实施情况。

以便携式课程录播系统录制资源模式课程为例,系统提供的画中画布局为课程录制提供了多种画面组合形式。其中,序号 2 至 10 的布局样式为双画面构图,序号 11 至 17 的布局样式为多画面构图,最多可支持同时显示 8 个画面,如图 6-16 所示。

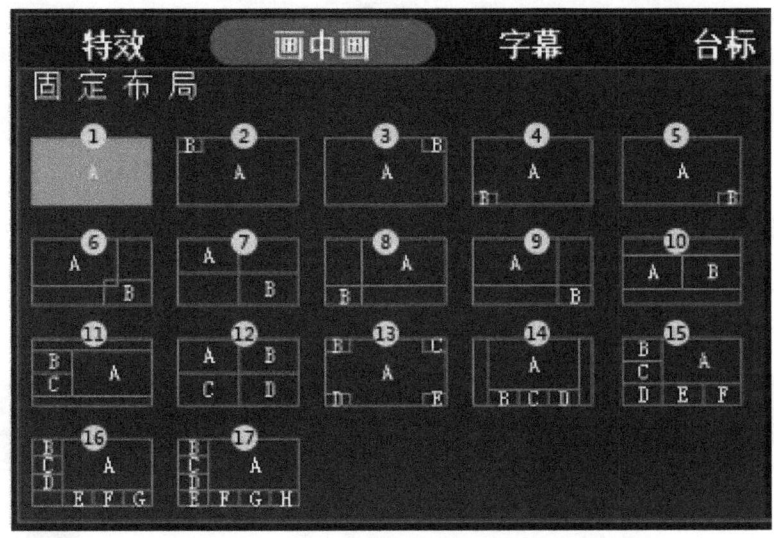

图 6-16 录播系统的多画面资源录制模式

在教室以资源模式录制课堂教学活动时,为达到多角度全景记录的效果,可设置 3 个摄像机机位。1 号机位设置在教室讲台附近,拍摄学生正面全景;2 号、3 号机位设置在教室后面,拍摄教室全景和教师中景。其中,3 号机位拍摄中景时,摄像师可以采用推、拉、摇等拍摄技巧跟随教师拍摄,特别是教师书写板书时,能够清晰拍摄板书内容。另外,课件可以作为一路信号接入录制系统,作为一个画面的内容。3 路摄像机采集的视频信号和 1 路来自计算机的课件信号共同组合为资源视频。在该系统中,可以选用图 6-16 中序号 14 的画中画布局或者序号 15 的布局,将课件信号或者拍摄板书的视频信号作为 A 画面,有助于教学内容的展示。

以某校智慧校园教学资源采集系统为例,在智慧教室授课时,系统会自动记录授课活动,采取多画面形式,分别记录教师、学生、课件等教学场景,如图 6-17 所示。

图 6-17 教学资源采集系统记录教室中的教学场景

在使用某网络会议系统开展授课或研讨活动时，可以将活动全程进行录制。这类网络视频会议系统有一个主画面，可用来显示课件或主要场景视频，其他参与者各有一个小窗口画面，如图 6-18 所示。

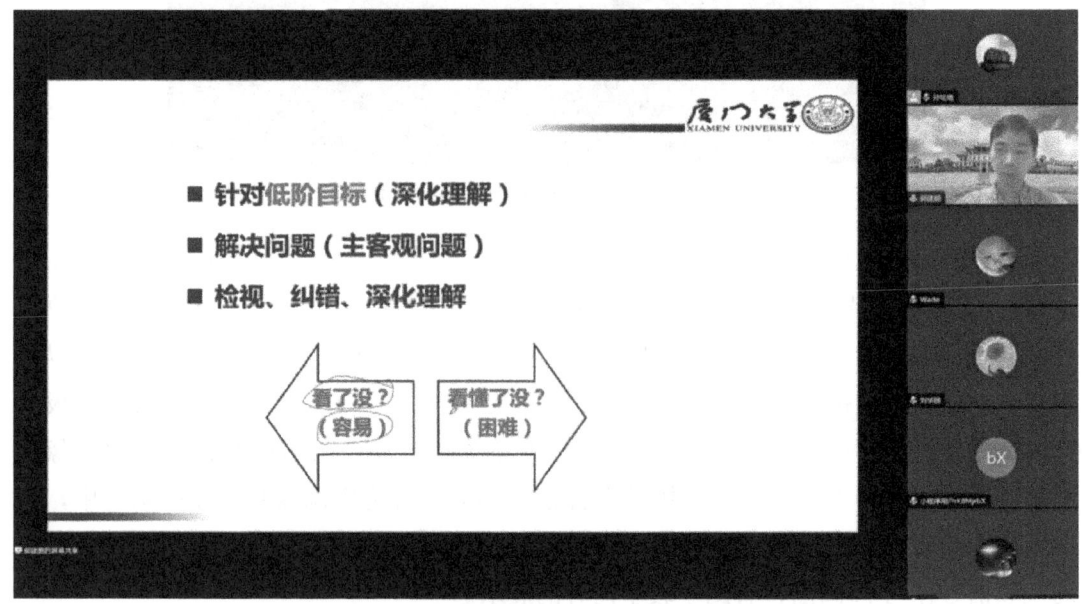

图 6-18 网络视频会议系统记录的教学研讨活动视频

第三节　音频课程录制

近年来，音频课程作为一种新型课程形式出现于在线教学平台。一门音频课程包含一个或若干个音频文件，每个音频为一个基本的独立教学单元，如图 6-19 所示。

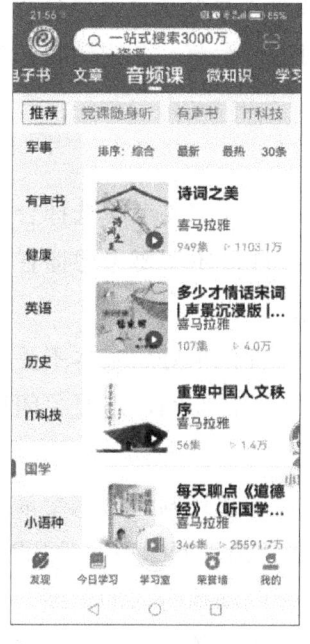

图 6-19　在线教学平台上的音频课程

一、音频课程应用与特点

音频课程内容呈现的特点是以声音为主导，强调听觉体验，可以包括讲座、讲话、对话等各种声音形式。与图形图像、文字、视频等媒体形式相比，音频媒体单独用于教学内容的呈现时具有其独特性和适用性。

在某 APP 上听讲坛、品诗词，人们可以享受着听觉盛宴，还不耽误做事。无论在上班路上、休闲旅途中，还是一边做家务，都可以边听边动，耳听体动两不误。这样的应用场景充分展现了音频课程的独特魅力。

便携性是音频课程传播知识的主要特点之一。学习者可以通过手机、电脑或其他音频播放设备随时随地进行学习。音频课程教学内容还可以提供丰富多样的声音素材，例如自然声音、动物声音、演讲者的语音等。此外，在一些特定的学习情境中，音频还可以帮助学习者专注于听觉，沉浸于声音营造的情境中。

二、音频课程的录制

音频课程的录制与慕课视频录制有相似之处，慕课视频的录制关注点同样具有参考意义，有助于保证课程录制质量。

在音频的录制流程上，主要包括音频采集、音频剪辑、音效制作和后期合成等主要环节，可以使用许多专业音频剪辑软件来实现，比如 Cool Edit、Adobe Audition、Avid Pro Tools 等，也可以根据自有专业系统设备建设情况或个人喜好选择其他合适的软件。下面结合实践应用，主要以 Cool Edit 软件的操作使用进行示范，介绍录制音频课程的各个环节。

（一）音频采集

音频采集，也就是常说的录音，是录制音频课程的关键一步。需要考虑选择合适的录音场所、拾音话筒、调音设备、录音设备等软硬件设施条件，还需要考虑播音人的站姿或坐姿、情绪、音量、音调和话筒布设位置等相关因素。

录音场所方面，环境条件最好的是专业录音棚，其隔音吸音效果好，基本不受外部环境噪声影响；也可以选择安静、没有背景噪声的房间，在录音期间，需要关闭风扇、空调等会产生噪声的电器。

拾音话筒等录制软硬件设施在专业录音棚中一般成套配置，并且调试测试至最佳效果。在安静房间临时搭设录音环境时，应注意调试设备以避免出现底噪声。录音时，需根据播音人的具体情况，调整音量大小和调音台参数，同时调动播音人的情绪，使其符合音频课程内容的呈现需要，比如语句的快慢节奏、抑扬顿挫等，以反映情绪和情感表达。

以使用 Cool Edit 软件录制音频为例，可以在波形编辑界面下新建一个声音工程，此时需要设置采集的基础参数，包括声音的采样率、声道和采样精度，如图 6-20 所示，可以设置为 44 100 采样率、立体声、16 位采样精度。使用左下角的控制按钮实现"录

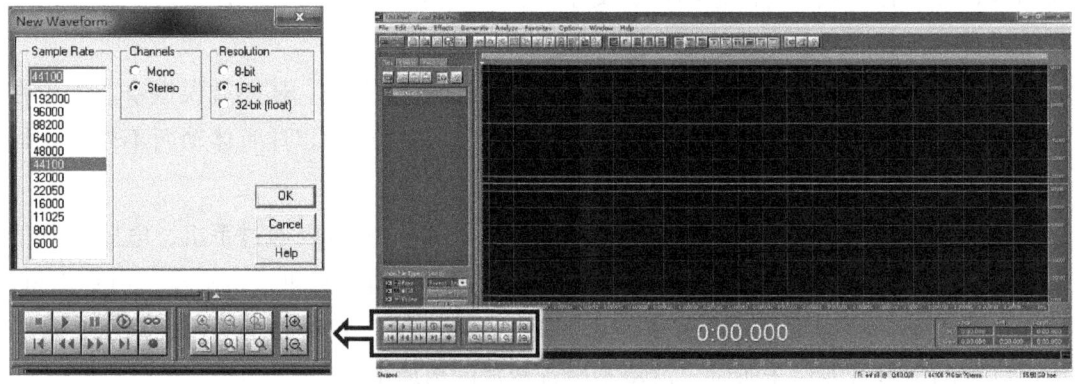

图 6-20 Cool Edit 软件工作界面和录音参数设置

制""暂停""停止"等功能。点击红色圆形的"录制"按钮开始录制,在录制过程中,声音波形实时显示,在软件界面中可以清晰地看到浅绿色的波形随着播音人的话音大小高低起伏的动态展示,直观显示声音的录制过程,如图6-21所示。

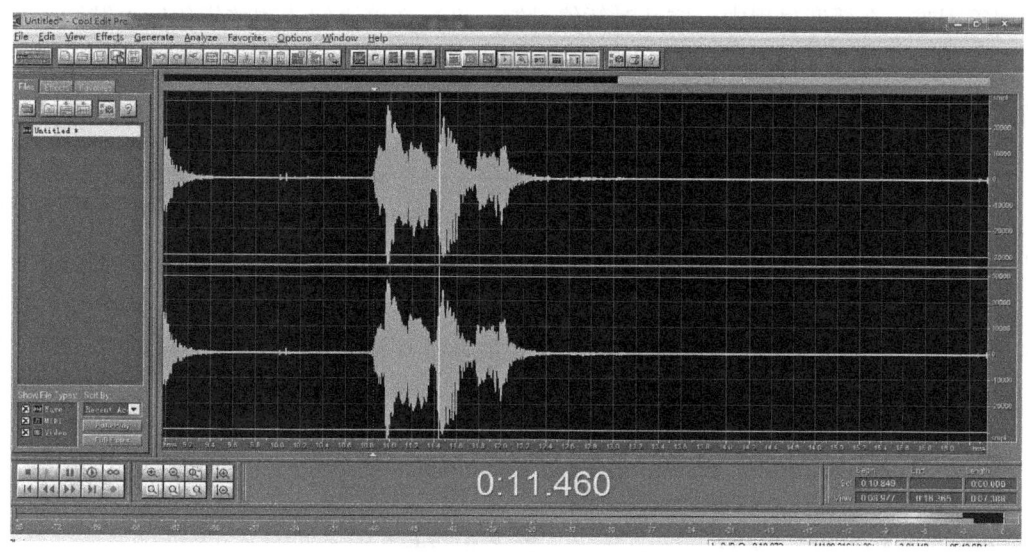

图6-21 录音时记录下的声音波形

音频课程的声音采集可以分为调试准备、实时录制、检查补录三个阶段。

1. 调试准备

在正式录制之前,应调试设备、设置软件等,确保环境安静无杂音、声音清晰无底噪、音量适中不失真等,并试录一段声音测试录制效果。

准备录制环境时,应注意排查并解决可能造成杂音干扰的因素,例如关紧门窗、关闭空调或风扇、手机静音或关机、电话座机静音等。

操作软件进入录制状态时,查看波形幅度可以判断声音是否正常接入、音量大小是否合适等情况。当底噪声较大或者声音异常时,能够通过观察波形发现。软件底部能够实时显示声音音量大小,两绿色水平条形图通过长短的动态变化实时显示左右声道的音量大小。在准备阶段,应通过调节设备避免音量过小或者过大,尤其要避免音量条达到右侧最大,出现红色告警。

试录一段声音,回放检查声音效果,可以有效避免出现问题。需要注意的是,试录应按照正式录制的要求实施,防止出现试录时播音人嗓音没打开、正式录制时声音过大导致破音的情况。

2. 实时录制

进入正式录制时,播音人的精神状态将直接影响声音效果。应根据录制的课程内容调整发声状态,使用恰当的语气和语调,把握讲课的节奏和情绪表达。音频课程仅通过声音一种媒介表达情感，配音时可以适当突出情绪表达，以增加声音的感染力。

实时录制时，应关注内容的断字断句是否正确、专业术语的发音是否准确、长语句是否存在表达困难等问题。尤其是字数较多的长语句，可能存在语句过长不易读、不易理解等困难。在播音过程中，应及时暂停录制，进行文稿语句的调整优化后再继续。

录制时，波形下面的白色时间码显示当前录制的时间。当出现口误、需要重录等情况时，应将该时间码记录下来，这有助于剪辑处理时快速定位，提高工作效率。

3. 检查补录

声音录制完成后，需回放检查并及时保存文件，主要检查有无遗漏和出错，是否补录完整等。如发现问题，应及时补录。

保存文件时，选择 Windows PCM 编码的 WAV 文件格式，如图 6-22 所示，可以达到相同采样率和采样大小条件下的最佳音质，适用于音频保存、音频编辑和视频后期非线性编辑应用。

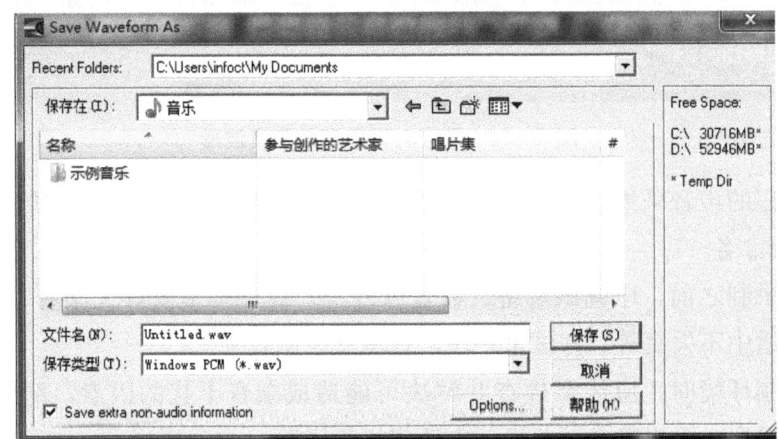

图 6-22　以 WAV 格式存储原始录制的音频文件

（二）音频剪辑

音频剪辑是指在录制的音频基础上进行修剪、切割等多种操作，主要作用是剪去杂音、噪声和口误部分，修补节奏、顺序、音量等，让音频更符合预期效果。

目前的剪辑方式主要是波形剪辑，即通过视觉与听觉相结合对照音频波形图进行剪辑，基本能够达到所见即所得。这种剪辑方式能够快速有效地确保剪辑准确度，提高剪辑效率和质量。

在实践应用中，剪切、去噪、调节音量是常用操作。下面结合一段音频的剪辑进行相关功能和操作的介绍。

波形观察与声音播放相结合是音频剪辑的常用判断方法。如图 6-23 所示，通过观察音频波形可发现音频可能存在杂音、底噪、音量大小不一致等问题。播放疑似问题部分的音频进行核实后再做处理。

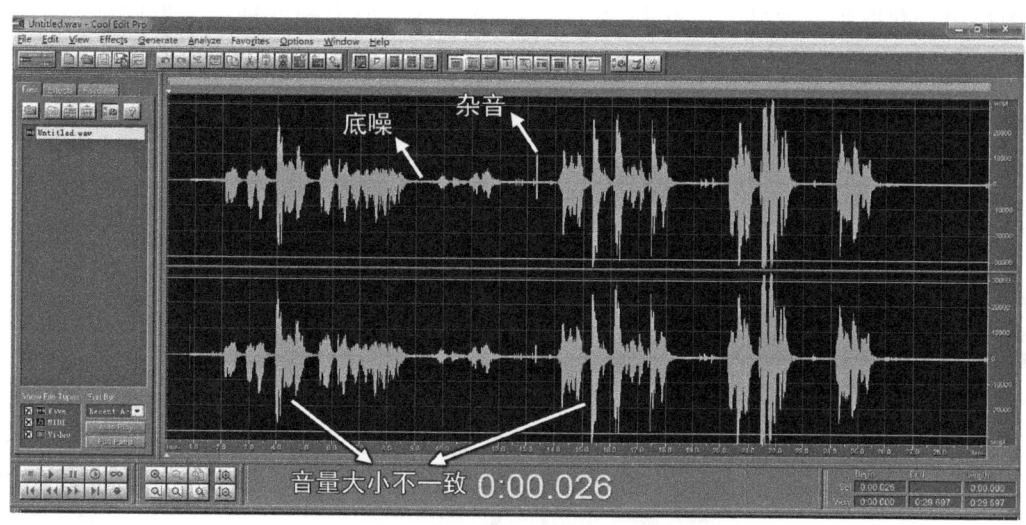

图 6-23　存在问题的待处理音频波形图

1. 去除底噪声

静音处的波形应为直线。观察此波形发现静音处都有较低音量的波形，这是环境或线路产生的底噪声，严重影响声音品质。可以使用软件的去噪功能消除。

使用鼠标选取一段底噪声的波形，如图 6-24 所示，使用菜单 "Effects-Noise Reduction-Noise Reduction" 噪声消除功能，将打开 Noise Reduction 功能窗口。

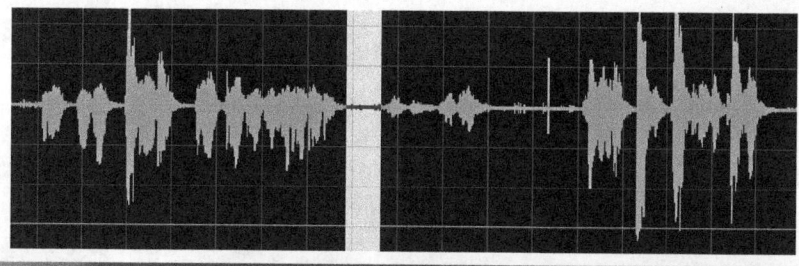

图 6-24　选取底噪声并启动噪声消除功能

如图 6-25 所示，选择"Get Profile from Selection"按钮获取噪声样本，按钮左侧窗口出现获取到的信息，再点击"OK"按钮，对波形去噪处理后，返回剪辑窗口。此时查看处理效果，若此处波形变为一条直线，说明刚才选取的样本有效。

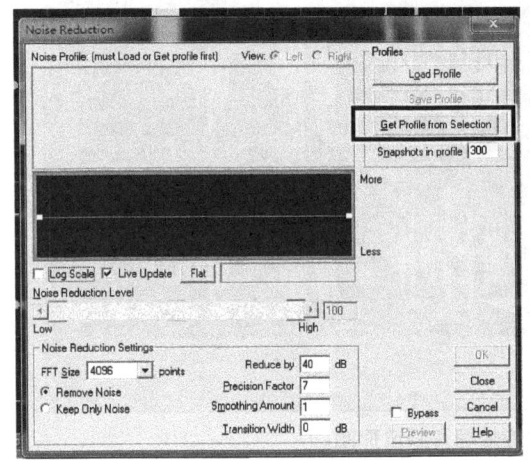 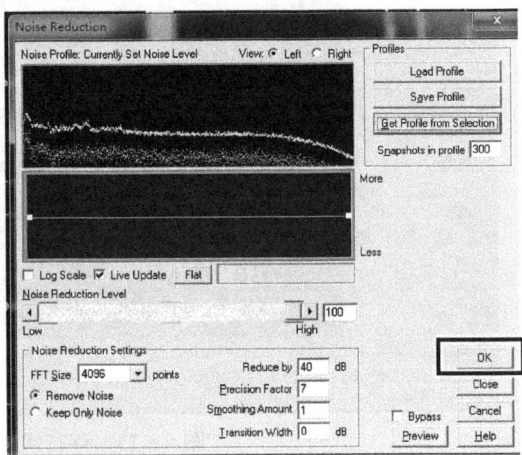

图 6-25　获取噪声样本并消除噪声

然后，选择此声音文件的全部波形，再次打开功能窗口，直接点击"OK"按钮，软件将使用刚才的取样信息对整个波形进行去噪处理。处理后的声音波形如图 6-26 所示，底噪声已消除干净。

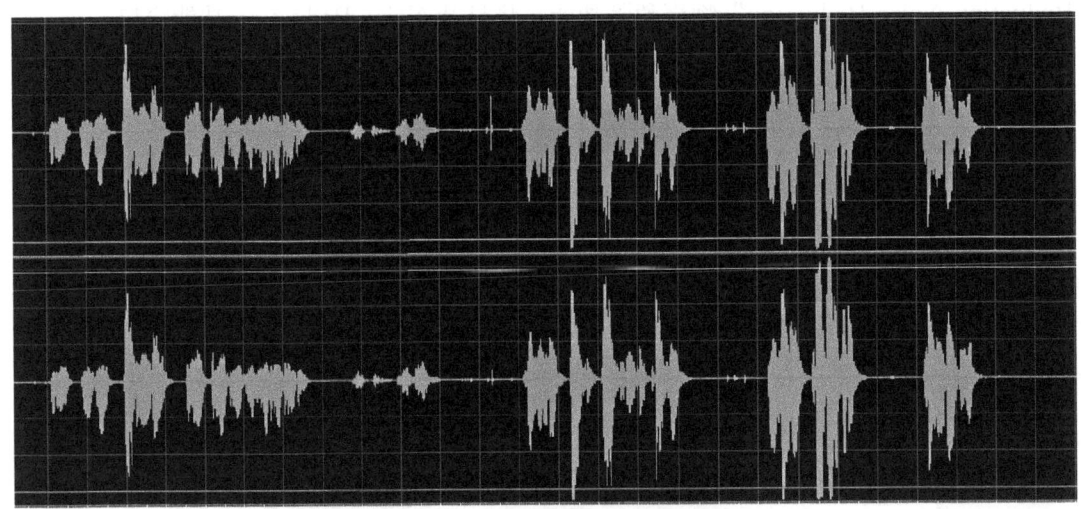

图 6-26　已消除底噪声的音频波形

2. 杂音消除

在波形中，还存在几处小的波动。经播放声音判断，可以确认是杂音。移动鼠标到某处杂音波形左侧，按住鼠标左键，拖动鼠标选中杂音波形，使用"删除"键可以将杂音消除。这种操作类似于在文档中删除选中的某段文字。也可以选中杂音波形后，使用"Effects"菜单中的"Silence"功能，将杂音静音，实现杂音消除。采用静音的操作方法不影响原来声音的间隔停顿时长，能够维持原来的声音节奏。

3. 音量标准化

观察声音波形的幅度可以发现前段声音波形幅度明显小于后段声音的波形幅度，播放声音通过听觉判断可确认前段声音的音量明显小于后段声音的音量，如图6-27所示。需要将选中的前段声音音量调整为与后段声音一致。

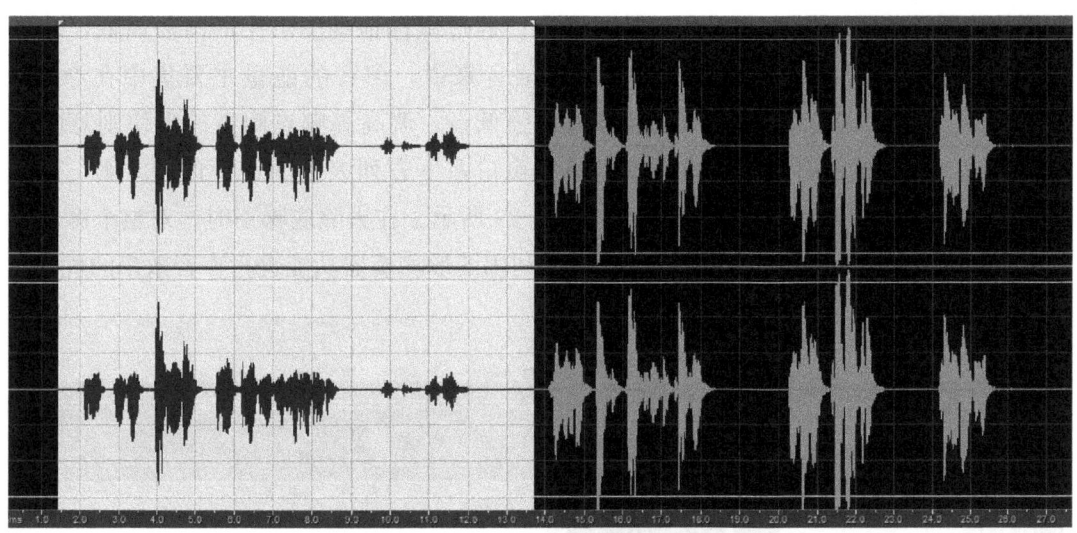

图6-27 前后段音频音量大小不一致

在Cool Edit软件中，使用"Effects"菜单中的"Amplitude—Normalize"音量标准化功能，可以调整选中的音量达到标准音量的比例，如图6-28所示。使用100%的比例调整音量后，波形如图6-28中的右图所示。

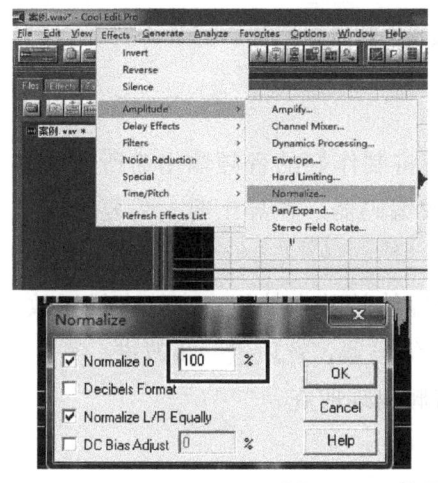 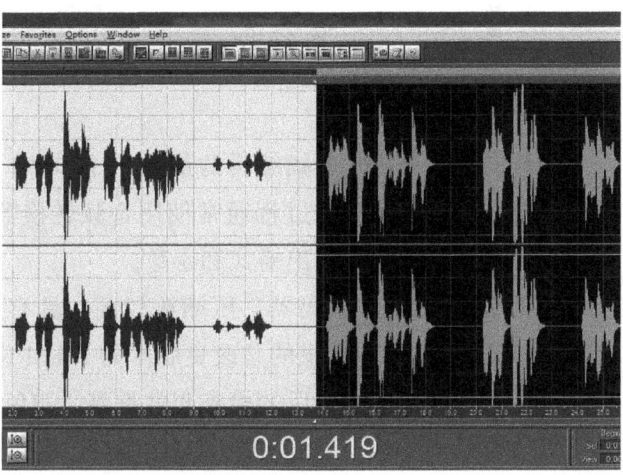

图6-28 使用音量标准化功能调整音量的一致性

(三) 音频效果增强

音频效果增强可以包括均衡器调整、混响、压缩、配乐等操作。这些操作可以让音频更加清晰、具有层次感和表现力。

对于不同的音效，需要使用不同的工具插件或者软件功能实现。在进行处理和增强时，需要根据音频的特点、风格和需求来进行选择和调整。同时，对于复杂的音效处理和增强操作，需要有一定的专业技巧、工作经验和艺术修养才能实现。

在 Cool Edit 软件中，使用"Effects"效果菜单中的"Filters—Graphic Equalizer"图形均衡器功能，可以调整选中音频的音色。通过鼠标拖动图形中的滑块高低，就可以调整各个频率点的声音强弱。对于授课语音来说，声音的能量主要集中在 200～4 000 Hz。调高低频点附近的滑块意味着增强低音，调高高频点附近的滑块则意味着增强高音，可根据需要进行调整。或者选择窗口左下方列表中的某个预设方案，蓝色图形的高低就是调整后的效果示意，如图 6-29 所示。在去除底噪声时，对整个声音进行了除噪处理，音色会有所改变，此时可以利用图形均衡器功能进行声音效果的优化。

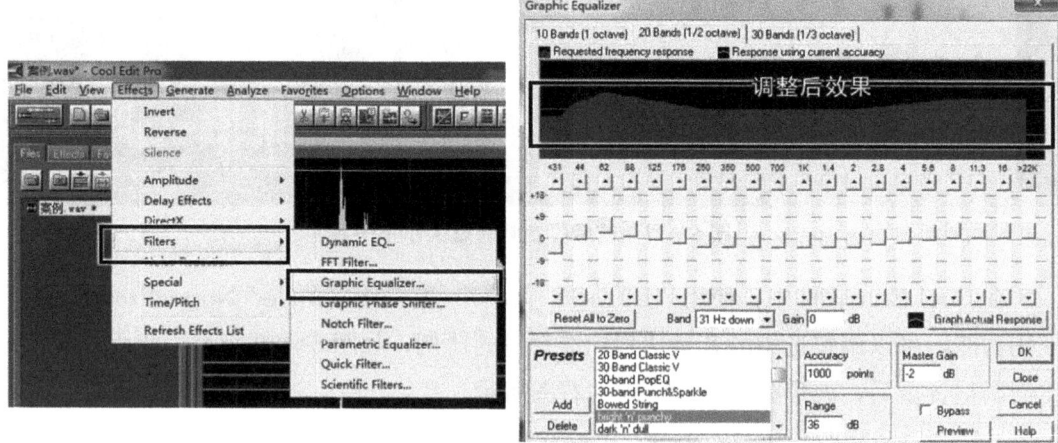

图 6-29　使用图形均衡器功能改进音频效果

(四) 音频输出

音频转换和导出是音频编辑的最后一个步骤，需将制作好的音频输出为所需的格式和质量。转换和导出的过程通常使用音频转换器或编码器。在导出时，需要保证音频质量，并选择适合的导出格式和参数。

比如常用的 MP3 编码器，压缩比较高，具有流媒体的基本特征，支持在线播放。在 Cool Edit 软件中，提供的是改良版本的 MP3PRO 编码器，音质进一步改进。

同时，导出前进行最后的检查非常重要，避免音频出现瑕疵。

第四节　屏幕录制课程

屏幕录制是指使用计算机或手机屏幕展示和演示一项技术或者软件，比如展示课件内容、演示软件功能的操作等，把屏幕的内容录制下来，包括屏幕画面、鼠标移动与点击、键盘输入、解说声音、演示音视频等内容的同步录制，录制后制作成一个视频文件。

屏幕录制的应用非常广泛，可以用于许多不同场景。其中一种常见的应用是在教育培训领域，教师可以使用屏幕录制功能来制作教学视频，作为教学课程提供给学生，便于学生随时学习和反复观看。

手机屏幕录制一般可以使用系统自带功能实现，不同品牌和功能设置的操作方式有所区别，但普遍操作简便、影音效果好。

计算机屏幕录制基于操作系统平台和软件功能，可以分为通用软件和专业软件录制。通用软件如新版 Windows 操作系统自带软件具有屏幕录制功能，微软 Office 2016 及以上版本的 PowerPoint 也具有录屏功能。专业录屏软件在功能上更加强大，例如 EV 录屏、OBS、喀秋莎（Camtasia Studio）等。本节将介绍这几种录屏软件的优势与特点，有助于建设屏幕录制类课程时有针对性地选择，最后以 EV 录屏软件的操作使用为例，展示屏幕录制课程的制作。

一、通用软件录屏

（一）Windows 系统自带软件录屏

在 Windows 11 操作系统的应用中，Xbox Game Bar 是系统自带的游戏平台，具有截屏录屏、好友社交、调整音量输出等功能，还能查看 CPU、内存使用等性能情况。利用其录屏功能，可以将屏幕演示录制为 MP4 视频。下面介绍使用它进行屏幕录制的流程：

第一步，点击开始菜单，打开"所有应用"选项，如图 6-30 所示；

第二步，在页面中点击"Xbox Game Bar"，如图 6-31 所示；

第三步，按下组合键【Win】+Alt+R 开始录制，开始教学内容的演示，系统记录视频数据，如图 6-32 所示；

第四步，内容录制完成后，再次按下组合键【Win】+Alt+R 停止录制，自动打开图库窗口，可以预览视频内容。点击"打开文件位置"，在浏览器中查看视频文件，文件名为系统自行命名。

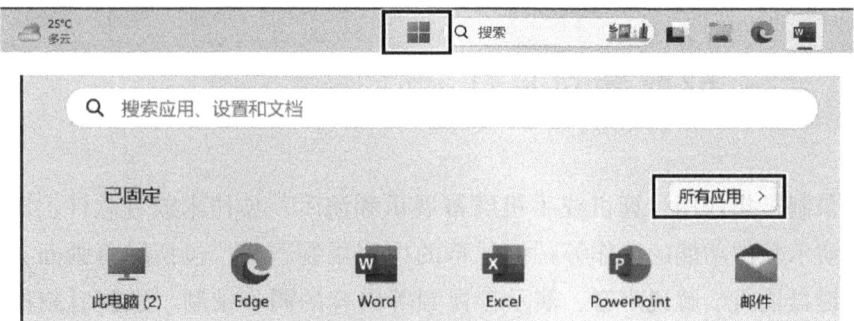

图 6-30　Windows 11 操作系统平台打开【所有应用】

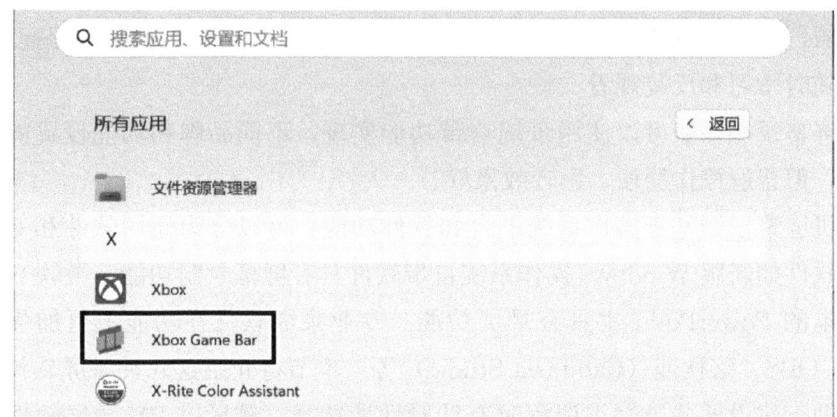

图 6-31　打开 Xbox Game Bar 应用软件

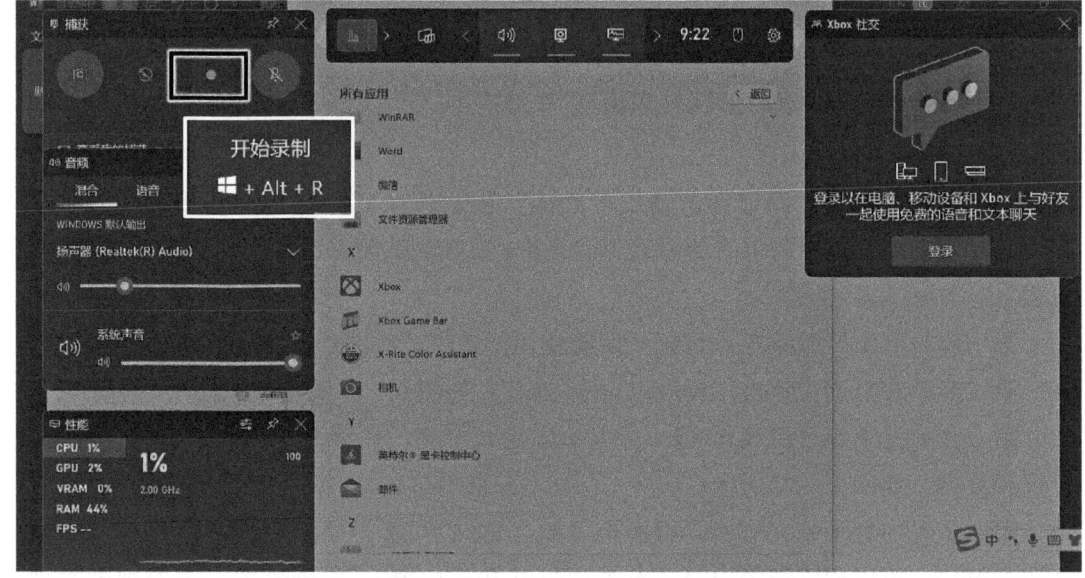

图 6-32　使用快捷组合键开始录制

(二) Microsoft Office PowerPoint 录屏

Microsoft Office PowerPoint 2016 及以上版本具有录屏功能，录制完成的视频会自动插入当前幻灯片中。使用 PowerPoint 自带功能可以完成视频剪辑，也可以导出为视频文件单独使用。主要录制流程如下：

第一步，点击"插入"菜单的"屏幕录制"选项，如图 6-33 所示；

图 6-33 启用屏幕录制功能

第二步，点击"选择区域"确定后，使用鼠标框选需要录制的屏幕区域，点击"录制"，或者按组合键【Win】+【Shift】+R，开始录制，如图 6-34 所示；

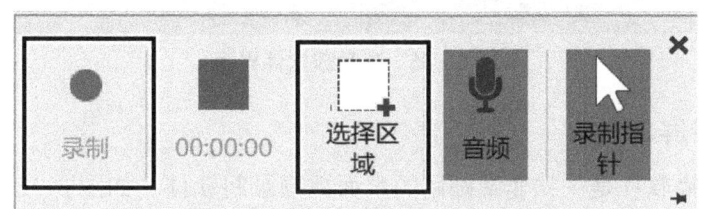

图 6-34 选择录制区域并开始录制

第三步，按组合键【Win】+【Shift】+Q 结束录制。

二、专业软件录屏

(一) 喀秋莎 (Camtasia Studio) 软件录屏

Camtasia Studio，中文名称喀秋莎，不仅屏幕录制功能强大，能够记录下屏幕演示、鼠标移动轨迹、音效、人像和解说声音等，而且具有视频剪接、转场和编辑等剪辑功能，广泛应用于教育、企业和游戏等领域。

使用喀秋莎软件，教师个人就可以完成录制视频教程、发布微课、慕课的整个过程。该软件操作简单，无需任何经验，零基础也能轻松上手，创作出专业级的视频内容，其软件界面如图 6-35 所示。

点击录制按钮后，会自动弹出录制前需要设置的硬件选项，可以调整录制区域、摄像头和麦克风等。点击录制按钮（或者按【F9】）开始屏幕录制。接下来，屏幕上所有的操作都会被记录下来。讲完课之后，按下【F10】停止录制，录制的内容会自动出现在编辑窗口。然后，教师就可以进行简单剪辑处理。最后，点击软件窗口右上角的"导出"—"本地文件"，选择文件名、保存路径和视频编码参数，就可以生成 MP4 视频文件。

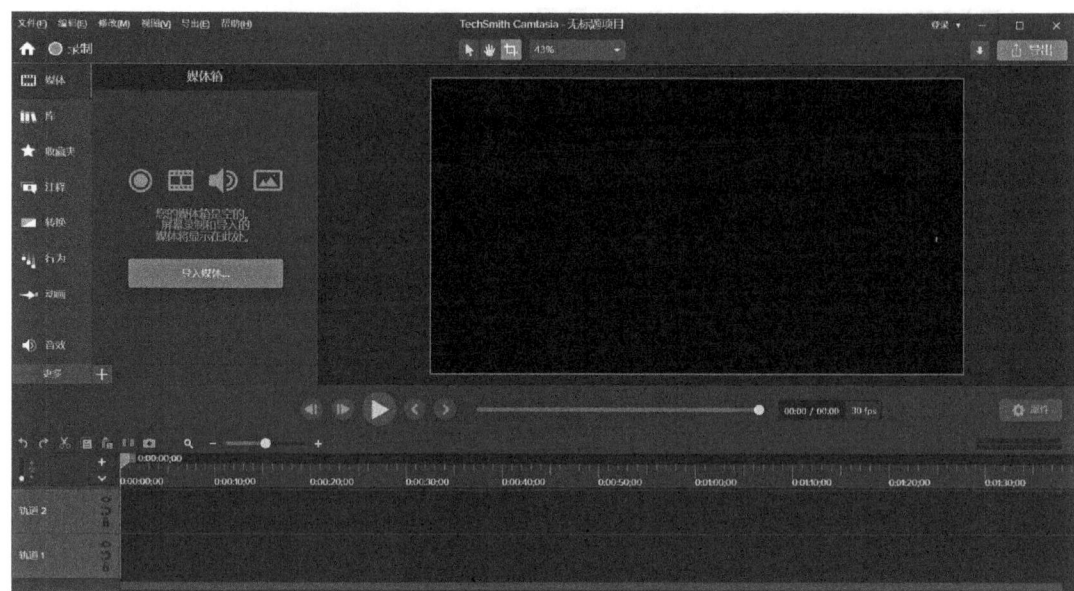

图 6-35 喀秋莎软件界面

(二) EV 录屏

EV 录屏直播软件是一款非常好用的桌面视频录制软件，如图 6-36 所示。这款软件具有比较丰富的功能，满足屏幕录制的常用要求，可以帮助用户轻松地录制电脑屏幕。其突出特点是界面简洁、操作使用简单、容易上手。不仅支持全屏录制，还支持选择屏幕区域录制，可以嵌入摄像头视频。支持长时间、大文件录制，并且功能全免费、无水印。输出视频质量可选，文件数据量也比较小。软件不但可以录制视频，还可以直接推流直播，低内存、低 CPU 消耗，支持市面上所有主流系统。

图 6-36 EV 录屏软件

(三) OBS 录屏软件

OBS，全称 Open Broadcaster Software，是一款免费开源的实时视频录制和直播工具，广泛应用于教育、会议和游戏直播等多个领域。其具有非常高的自定义性，用户可以根据自己的需求调整视频和音频设置。无论是实时转播游戏比赛，还是在线教学、会议，OBS 都能满足用户各种需求。

OBS 工作界面如图 6-37 所示，其支持多种平台，可以在 Windows、Mac 以及 Linux 上简单且快速地进行视频录制和串流。此外，OBS 还提供了很多额外的插件、扩展和工具，可以进一步增强直播体验。用户可以选择添加绿屏特效、音频降噪等功能，以及使用混流器实时编辑直播内容。除了自定义性和领先的功能，OBS 还因其开源性而备受青睐。开源意味着用户可以自由地使用、修改和分享软件代码，而不受限于专有软件的束缚。

图 6-37　OBS 软件工作界面

三、录屏课程制作案例

"PPT 设计与制作方法"课程需要录制 PowerPoint 软件功能的操作演示。选择通用性较好的免费 EV 录屏软件，使用的软件版本是 EV 录屏 3.7.1。录制流程上，可以分为授课准备、设置与试录、实时录屏和剪辑合成等步骤。

（一）授课准备

录制之前，需要准备授课资料和环境条件。录屏需要的授课资料主要包括必要的课件和演示软件。根据授课需求准备环境条件，包括房间环境、电脑的软硬件、音视频采集设备等。

以课程的一个知识点内容录制为例，教师准备了授课课件，如图 6-38 所示。授课主要流程是结合课件,在 PowerPoint 软件中演示讲解 PPT 的图片处理功能。分析可知录屏需求:教师讲授课件和操作演示都需要授课电脑提供 PowerPoint 2010 及以上版本的软件;录屏时同步采集教师的声音和人像,需要录屏电脑能够接入摄像画面和话筒声音。

图 6-38 准备授课课件

根据需求,准备一台笔记本电脑,电脑配备摄像头和麦克风,安装 PowerPoint 2016 软件和 EV 录屏软件。在灯光充足且环境安静的房间中,教师着装整齐,就可以调试设备进行试录。

(二)设置与试录

电脑录屏的设备调试主要包括电脑操作系统、录屏软件、摄像头、麦克风等参数的设置与调试。

电脑屏幕的分辨率应与高清视频在尺寸比例上保持一致,选择比例为 16∶9 的分辨率。录制软件操作演示时,为显示菜单字符更清楚,设置分辨率时可以选择较小数值。例如,电脑推荐的最高显示分辨率为 1 366×768,可以设置为 1 280×720 的分辨率,这是该电脑最低的 16∶9 比例选项。在控制面板的显示窗口中,更改显示的文本大小为"中等(M)-125%",将使得阅读屏幕上的内容更容易,如图 6-39 所示。

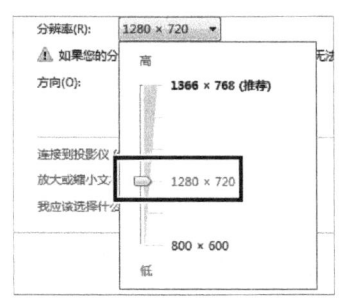 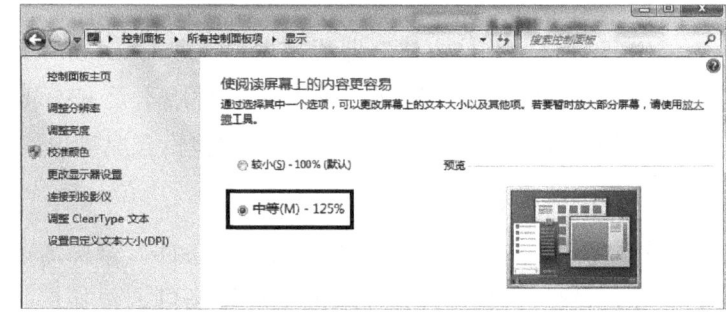

图 6-39 调整电脑显示分辨率为字符显示比例

需要录制鼠标操作时，还可以通过更改操作系统的鼠标配置方案，改变鼠标的大小、颜色、形状等，使得鼠标操作演示更加清晰可见。如图 6-40 所示，操作系统提供了一些可选的鼠标指针方案，也可以从网上下载一些定制的鼠标指针方案。

打开 EV 录屏软件，选择录制的要素和参数，主要设置视频录制的区域、音频采集的来源和音视频编码率等参数，如图 6-41 所示。该案例的录制区域和音视频采集参数选择默认设置，即"全屏录制"和"麦克风声音"。如果需要更改，可以在对应选项中修改。该案例的录制需求还需要采集人像画面，因此在辅助工具中点击"嵌入摄像头"。在弹出的窗口中，设置摄像头参数，"画面大小"的选项中有四个选项，可选择"320×240"，确定后摄像头采集的实时视频窗口出现，鼠标点击该视频窗口后可以拖动调整人像画面的显示位置。查看课程的课件布局，视频窗口可以移动到左下角位置，以免遮挡课件内容。

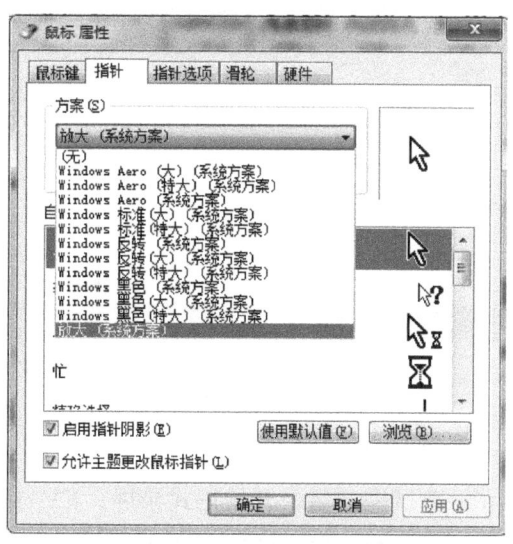

图 6-40　更改鼠标指针方案

图 6-41　设置录制参数

点击底部的三角形"播放/录制"按钮，EV 录屏窗口自动隐藏，倒计时 3 s 后开始录制。使用快捷键"Ctrl+F2"组合键停止录制。预览录制的视频，检查屏幕画面、声音、人像是否达到预期效果，如图 6-42 所示。如果存在问题，可以进一步在 EV 软件设置中调整参数，进行优化。

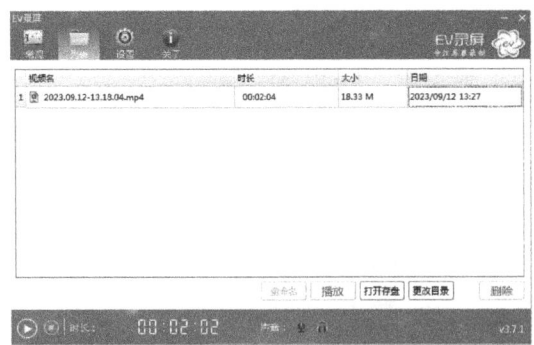 

图 6-42 测试录制效果

(三) 实时录屏

调试完成后，开始正式录屏。EV 录屏能够实时录制软件的操作演示画面和讲解的音视频，包括鼠标的移动轨迹，也能够清晰显示。

为了增强操作演示的教学效果，在软件操作演示时，应注意控制讲解示范的节奏与速度，适当放缓操作速度。在某些重点区域或重点功能按钮上，适当延长停顿时间，或重复提示重点参数。通过放慢节奏、突出重点的方式，学习者在观看视频时更容易理解教学内容。

EV 录屏软件提供的"光标阴影"功能能够进一步增强鼠标的操作轨迹显示。在"设置"窗口中，默认参数下，"光标阴影"功能是不启用的，需要勾选该功能，并设置其参数：绘制半径、绘制颜色和透明度。如图 6-43 所示，该案例选择绘制颜色为正红色（RGB：255，0，0），其他参数默认。录屏效果如图 6-44 所示，鼠标效果得到明显增强。

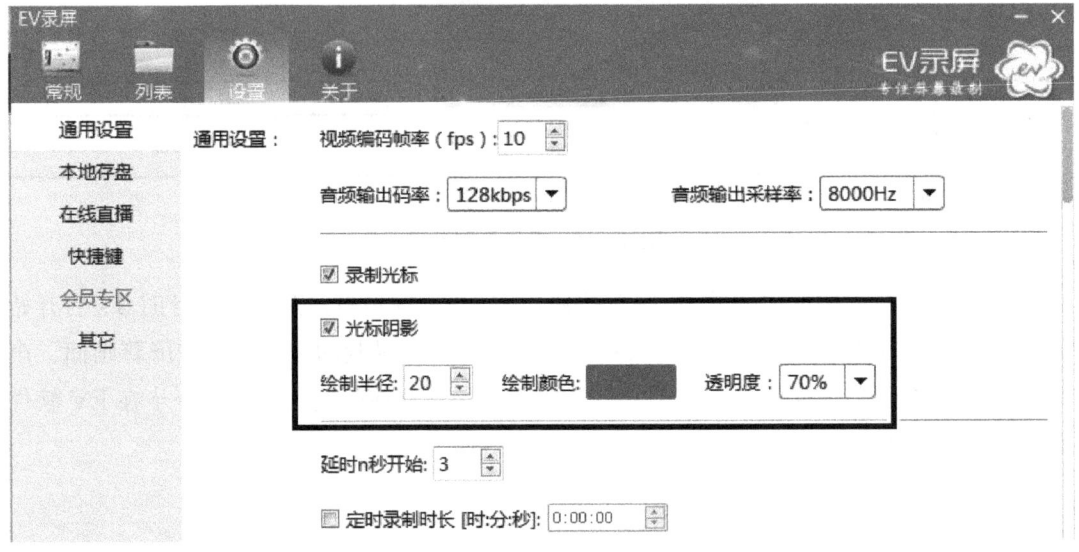

图 6-43 设置光标阴影参数

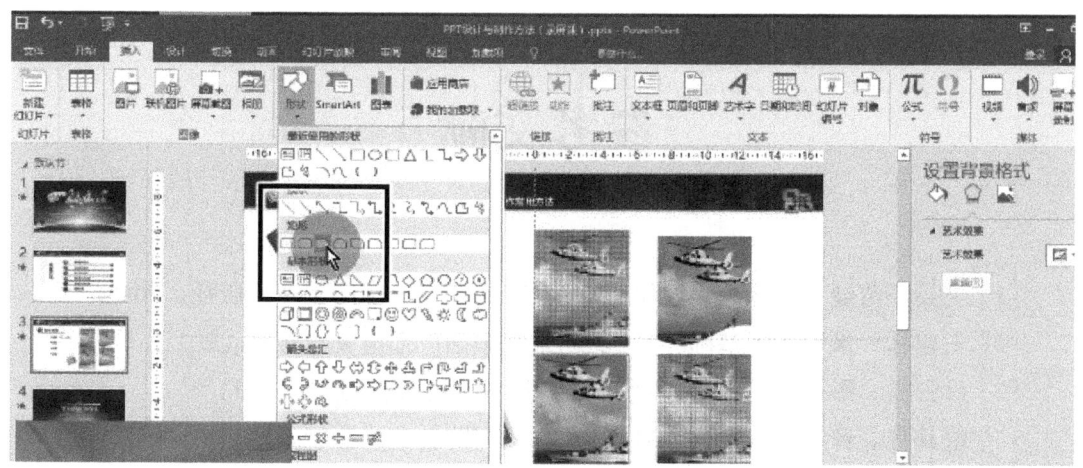

图 6-44 增强鼠标显示效果

(四) 剪辑合成

课程录制完成后,在 EV 录屏软件的"列表"窗口点击"打开存盘"按钮,可以在资源浏览器中查看录制的视频文件。MP4 格式文件自动以日期和时间命名。使用视频剪辑软件,还可以对其进行剪辑和后期合成。

参考文献

[1] 吴兵，苗健.影视数字制作技术［M］.北京：国防工业出版社，2012.

[2] 王建林.录音技术基础［M］.北京：中国广播电视出版社，2011.

[3] 吕云祥.影视技术导论［M］.北京：清华大学出版社，2011.

[4] 倪其育.音频技术教程［M］.北京：国防工业出版社，2011.

[5] 钟金虎.录音技术基础与数字音频处理指南［M］.北京：清华大学出版社，2017.

[6] 杨睿.新媒体视频直播和短视频制作中音频采集设备的使用［J］.传播力研究，2020，4（11）：191-192.

[7] 邵云蛟.PPT设计思维：实战版［M］.北京：电子工业出版社，2020：2-15.

[8] 北京中庆现代技术股份有限公司.M2400便携式全高清录播用户手册V6.0.9.7［EB/OL］.（2022-11-22）［2023-11-18］.http：//www.zonekey.com.cn.

[9] 张晓锋.电视教材镜头组接的基本原则［J］.电化教育研究，2000（8）：61-63.

[10] 王赤勇.多机位节目录像系统概述及实际工作的运用［J］.电视技术，2015，39（12）：82-84.

[11] 范少华.利用多机位拍摄示范课的探索［J］.中国有线电视，2004（8）：78-80.

[12] 赵峰臣.数字全自动课程录播系统建设与应用研究［J］.科技风，2017（6）：43.

[13] 刘正，金旭，杨秀云，等.自动录播系统在精品课程录制中的应用研究［J］.教育现代化，2017，4（24）：174-175.

[14] 邓文新.录播系统在精品课程教学录像制作中的应用研究［J］.中国电化教育，2008（5）：101-103.

[15] 邓博文.自主录播系统在高校课程改革中的应用研究：以中国石油大学为例［J］.中国教育技术装备，2016（4）：45-46.

[16] 张金城.浅谈精品课程自动录播系统解决方案［J］.张家口职业技术学院学

报，2010，23（1）：60-62.

［17］李建龙. 高校录播教室的建设与探讨［J］. 科技资讯，2012，10（5）：238.

［18］李娟. 多媒体全自动录播教室的建设与应用［J］. 电脑知识与技术，2012，8（15）：3613-3616.

［19］龙伟. 以就业为导向的高职教学特点研究［J］. 湖南科技学院学报，2007，28（6）：153-154.

［20］朱华. 新形势下录播教室的建设与使用探究［J］. 网友世界，2013（3）：28-29.

［21］王洪梅，孟性菊，王运武. 教学微视频资源的创意设计研究：以"人类学习历史的演变过程"为例［J］. 现代中小学教育，2017，33（2）：51-55.

［22］孟祥增，刘瑞梅，王广新. 微课设计与制作的理论与实践［J］. 远程教育杂志，2014，32（6）：24-32.

［23］深圳市大疆创新科技有限公司. DJI Air 3—用户手册 V1.6［EB/OL］.（2024-06-27）［2024-07-19］. https：//www.dji.com/cn/downloads/products/air-3#doc.